国家社科基金
GUOJIA SHEKE JIJIN HOUQI ZIZHU XIANGMU
后期资助项目

职业教育统筹发展论

朱德全 著

科学出版社

北京

内 容 简 介

　　本书以问题为导向,致力于职业教育统筹的理论与实践研究。从分析职业教育统筹的背景出发,洞悉国内新时期社会发展的大趋势和职业教育研究的新动向,借鉴国外经验,寻找多维理论,采用多元研究方法,着力于职业教育的统筹发展的治理逻辑、改革方向、战略模式、技术平台和评价体系的研究。立足区域,关注热点,面向实践,取得了一系列具有突破性的创新成果。

　　本书既可作为职业教育学术研究参考用书,也可作为职业技术教育学专业研究生的教材。同时本书可为各级政府行政管理人员、职业学校教育与职业培训机构的教师和培训管理人员提供参考。

图书在版编目(CIP)数据

职业教育统筹发展论／朱德全著.—北京:科学出版社,2016
ISBN 978-7-03-048744-5

Ⅰ.①职…　Ⅱ.①朱…　Ⅲ.①职业教育-研究　Ⅳ.①G71

中国版本图书馆 CIP 数据核字(2016)第 130018 号

责任编辑:张　展　孟　锐／封面设计:墨创文化
责任校对:王　翔／责任印制:余少力

科学出版社 出版

北京东黄城根北街16号
邮政编码:100717
http://www.sciencep.com

成都锦瑞印刷有限责任公司印刷
科学出版社发行　各地新华书店经销

*

2016年8月第　一　版　　开本:B5 (720×1000)
2016年8月第一次印刷　　印张:18 1/2
字数:445 千字

定价:**108.00** 元
(如有印装质量问题,我社负责调换)

职业教育统筹发展论

朱德全 著

主研人员

林克松 李 鹏 杨 鸿 徐小容
施丽红 梁成艾 袁顶国 金 盛
张家琼 吴晓英

国家社科基金后期资助项目
出版说明

  后期资助项目是国家社科基金项目主要类别之一，旨在鼓励广大人文社会科学工作者潜心治学，扎实研究，多出优秀成果，进一步发挥国家社科基金在繁荣发展哲学社会科学中的示范引导作用。后期资助项目主要资助已基本完成且尚未出版的人文社会科学基础研究的优秀学术成果，以资助学术专著为主，也资助少量学术价值较高的资料汇编和学术含量较高的工具书。为扩大后期资助项目的学术影响，促进成果转化，全国哲学社会科学规划办公室按照"统一设计、统一标识、统一版式、形成系列"的总体要求，组织出版国家社科基金后期资助项目成果。

全国哲学社会科学规划办公室
2014 年 7 月

前　言

　　"五大统筹"是党的十六届三中全会提出来的重大战略，也是当代中国社会与经济发展的重要任务。党的十八大报告指出，"必须更加自觉地把统筹兼顾作为深入贯彻落实科学发展观的根本方法，坚持一切从实际出发……统筹城乡发展、区域发展、经济社会发展、人与自然和谐发展、国内发展和对外开放，统筹各方面利益关系，充分调动各方面积极性，努力形成全体人民各尽其能、各得其所而又和谐相处的局面"。"五大统筹"的关键在于经济社会发展的统筹，其根本是区域人力资本的统筹。职业教育肩负着技术人才的培养与劳动力培训的使命，直接影响着区域劳动力的多寡与人力资本的优劣，是国民经济和社会发展的重要基础，也是促进经济、社会发展和劳动就业的重要途径，可以说，职业教育统筹发展是"五大统筹"的重要力量和重要组成部分。

　　职业教育统筹发展的本质是人的发展，主线是协调发展，核心是均衡发展，支点是可持续发展。因此，寻找职业教育统筹发展的多维理论，借鉴国外经验，调查现实问题，测度发展水平，分析治理逻辑，制定多元战略，开发技术平台，跟进系统评价，搭建立体路径，完善保障机制是职业教育统筹发展研究的系列主题。本书是国家社会科学基金后期资助项目成果，主要致力于职业教育统筹发展的理论与实践研究，以课题为依托，以问题为导向，从不同角度进行理论探索和实践分析，具有以下特点。

　　(1)关注热点问题，彰显时代特色。职业教育统筹发展是一项艰难而长期的挑战，也是当前我国经济社会统筹发展和城乡教育统筹发展的难点与热点问题。本书以城乡职业教育统筹发展为研究起点，以职业教育与区域经济联动发展为着力点，系统地分析和研究了职业教育统筹发展的各种理论与实践问题，问题意识明显；同时，城乡职业教育、区域职业教育与不同层次职业教育的统筹发展研究，反映了国内新时期社会发展的大趋势和职业教育研究的新动向，时代特色鲜明。

　　(2)致力于课题研究，研究方法多元。本书是国家社科基金的后期资助项目，在研究方法上，具有集大成的多元特色。在课题研究思想的指导下，课题组成员深入而全面地展开了城乡职业教育统筹研究、职业教育与区域经济联动发展研究以及其他主题的研究。广泛地借用了国内外前沿的文献和数据，运用多元研究方法分析论证研究问题。既有传统研究方法的演绎范式和经验范式，又有新时代教育研究的创新。质性研究与量化研究相结合，理论探索与实证研究为依存。

（3）聚焦于实际效用，体系简明规范。一切研究的最终目的在于问题的解决。职业教育统筹发展研究的目的在于解决城乡职教二元分离、区域间职教发展不平衡以及不同层次职业教育发展不协调的问题，进而推动城乡二元经济的融合、区域间经济社会的协调统筹发展。为使研究成果效用达到最大化，本书在结构体系上坚持"规范原则上的简明"，由浅入深地安排内容结构，尽量规避过于学术和文学化的语言，使本书的可读性和耐读性大为提升。

本书是课题研究成果的拓展与升华，也是课题组全体成员汗水与智慧的结晶。本书历时 5 年，由朱德全规划、设计、修改并定稿，课题的主要研究成员，林克松、李鹏、杨鸿、徐小容、吴晓英、吕鹏、吴金航、陈甜、姚元锦、廖晓衡、施丽红、梁成艾、袁顶国、金盛、张家琼、张瑞、阳作林等也对书稿做了大量贡献。同时，要感谢科学出版社孟锐先生，正是在孟锐先生友善的帮助下，才有了本书的面世。

本书既可作为职业教育学术研究的参考用书，也可作为职业技术教育学专业研究生的教材，还可为各级政府的教育行政管理人员、职业学校教育与职业培训机构的教师和培训管理人员、企业教育与人力资源开发部门的相关专业人员提供学术参考。追求完美是我们一直的信念，但限于著者的学识与水平，书中难免存在疏漏之处，恳切期待读者的批评与指正。

西南大学教育学部

朱德全

2016 年 3 月 10 日

目　　录

导　论

新中国成立以来，特别是改革开放以来，我国经济、文化、教育飞速发展，成绩显著。然而，区域之间、城乡之间的经济社会发展差距却越来越大，问题也日益突出。党的十六大明确提出"统筹城乡经济社会发展"的主张，党的十六届三中全会进一步提出"统筹城乡发展、区域发展、经济社会发展、人与自然和谐发展、国内发展和对外开放"。党的十八大再次强调"正确认识和妥善处理中国特色社会主义事业中的重大关系……努力形成全体人民各尽其能、各得其所而又和谐相处的局面"。职业教育肩负着技术人才培养和劳动力培训的使命，在我国从人口大国向人力资源强国的转变过程中做出了不可替代的历史贡献。[①] 因此，职业教育不仅是社会经济腾飞的重要力量之一，而且是"五大统筹"的重要力量；职业教育统筹发展则是"五大统筹"的重要组成部分和当前教育研究的重要课题。

一、什么是职业教育统筹发展?

何为"统筹"? 从表层含义来看，《现代汉语词典》的解释就是"统一筹划"。从深层含义来看，统筹实际上包括了一个过程的五个步骤，即统一筹测(预测)、统一筹划(计划)、统筹安排(实施)、统一运筹(指挥)和统筹兼顾(掌控)。党的十六届三中全会进一步明确要按照"五个统筹"的要求全面建设小康社会，将统筹城乡发展摆在首位。[②] 职业教育统筹发展是一项综合性的社会变革，从形态上讲，应该包括城乡职业教育统筹发展、区域职业教育统筹发展、职业教育与其他教育类型(普通教育、成人教育)统筹发展、职业教育与经济社会统筹发展等。其中，城乡职业教育统筹发展[③]是职业教育统筹的主要内容，职业教育与经济社会统筹发展则是核心内容。

---

① 姜大源. 中国职业教育发展与改革：经验与规律 [J]. 职业技术教育，2011，(19)：5-10.
② 郭建军. 我国城乡统筹发展的现状、问题和政策建议 [J]. 经济研究参考，2007，(1)：24-44.
③ 邬志辉. 中国农村职业教育的战略转型 [J]. 社会科学战线，2012，(5)：194-199. 邬志辉认为统筹城乡职业教育发展着重于打破城乡二元分割分治的管理体制，把城市和农村的职业教育放在一个统一的大系统中，统筹规划、合理布局，建立城乡统一的职业教育与培训体系、劳动用工和就业管理制度，促进城乡劳动力的公平竞争、平等就业，推动农业、工业和服务业劳动力的平衡协调发展。

　　职业教育统筹发展的治理体系比较复杂。如图 0-1 所示，首先职业教育统筹的治理主体至少包含了国家、政府、职业院校和社会公众，不同治理主体因为职业教育统筹发展治理体系公共理性的缺失和多重制度阻隔的信息不对称，在各自不同治理逻辑的驱动下走向了行动中的自由博弈。又由于传统科层制的痼疾，职业教育统筹发展的治理出现了以成果为导向的"行为偏向"，使得整个职业教育统筹发展的治理陷入了一种迭绎循环的低效率困境之中。[①] 其次，职业教育统筹发展的客体不仅是优化配置教育资源，还包括聚纳和培育教育资源。职业教育统筹发展中的各种治理问题和相关事宜包括统筹城乡职业院校的布局、办学、资金、师资等宏观事项，也包括人才培养观、培养方式和培养体系、评价体系等微观事宜。再次，职业教育统筹发展不仅是职业技术教育系统内部的统筹发展，还包括职业技术教育系统外的政治、经济、社会、文化等因素的统筹发展，因此，要从"大职业技术教育观"与总社会系统的高度去下好整盘统筹大棋。最后，职业教育统筹发展的手段不再是简单的控制型管理模式，而是民主型的治理模式，其目的不仅是城乡职业教育协调均衡，还包括城乡职业教育的效率提升。[②] 因此，职业教育均衡、职业教育公平与职业教育和谐是职业教育统筹发展的重要目标。

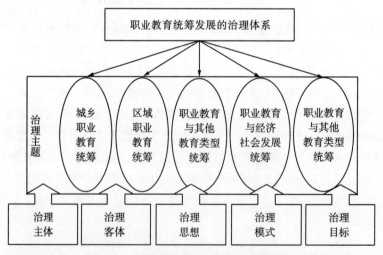

图 0-1　职业教育统筹发展的治理体系

---

① 朱德全，李鹏. 论统筹城乡职业教育的多重治理逻辑 [J]. 西南大学学报 (社会科学版)，2014，(4)：43-52.

② 李涛. 统筹城乡教育的实践探索 [J]. 教育发展研究，2008，(20)：1-5.

职业教育统筹发展具有以下三重属性。一是职业教育统筹具有配套性。配套性意指职业教育统筹并不是职业教育本体的单纯改革，而必须服务于社会发展的总系统、服务于城市与农村的单元融合，不能将城乡职业教育总体规模性增长简单等同于城乡职业教育统筹发展。[①] 二是职业教育统筹具有系统性。系统性说明职业教育统筹要兼顾多元要素，强调制度设计、政策创新、结构优化等要素的通盘考虑以及城乡管理体制、帮扶体制、财政体制、人事体制、教材体制等各系统的协调配合。三是职业教育统筹具有多样性。多样性强调职业教育统筹不是标准化的单一模式，而是各种城乡教育发展思想的多元实践样态。

新的历史时期，我国职业教育统筹发展必须面向人人、面向社会、面向企业、面向市场、面向世界。第一，职业教育统筹发展必须平民化、大众化。以"人人发展、发展人人"为根本出发点，实现人与人、人与自然、人与社会的和谐共处，"使无业者有业，使有业者乐业"。第二，职业教育统筹发展要联动化、特色化。职业教育要在与区域经济、区域文化乃至于区域社会的联动中面向社会，形成特色，从而更进一步符合社会需要。第三，职业教育统筹发展要面向企业。主要是职业教育教学面向生产、面向实践，大力发展现代学徒制，让学生走进实践、走进企业，具备及时生产力。第四，职业教育统筹发展要面向市场：一是农村经济与农村市场；二是城市经济与城市市场。要以服务社会主义现代化建设为宗旨，培养新型农民和新型高素质技术人才。第五，职业教育统筹发展要国际化、合作化。在全球化背景下，各国更加重视人力资源建设，大力发展职业教育，制定新一轮的国家技能战略，走向联合、走向合作、走向创新。

二、职业教育为何要统筹发展？

当前，城市与乡村的分割、经济与社会的失衡等问题构成制约我国区域和谐稳定发展的桎梏和顽疾。[②] 城乡之间、区域之间的发展差距，经济社会发展水平的高低，归根结底，是以人力资本多寡与人才质量优劣为外在表征，区域经济社会发展的不平衡，归根结底在于人力资本的不平衡以

---

① 李涛，邬志辉，邓泽军.中国统筹城乡教育综合改革：统筹什么？改革什么？——《国家中长期教育改革和发展规划纲要（2010—2020 年）》视域下的"城乡治理论"建构[J].西南大学学报(社会科学版)，2011，(5)：122-130.
② 杨峰.我国农村社会经济发展的财政政策研 [D].吉林：东北师范大学硕士学位论文，2007：1.

及人才质量的差异。① 职业教育直接肩负着区域经济社会发展的人才培养与劳动力培训，影响着区域人力资本的多寡与人才质量的优劣，职业教育统筹发展水平的高低直接关乎城乡统筹发展、区域统筹发展、经济社会统筹发展等各方面统筹发展的成败。因此，推进职业教育统筹发展，是国家"五个统筹"战略的必然要求，也是我国经济社会发展的时代诉求。

第一，职业教育统筹发展是落实党和国家"五个统筹"战略的重要组成部分。党的十六届三中全会提出的"五个统筹"，被学界视为我国发展战略的重大调整。② 统筹发展是我国转型发展的重大战略调整，意味着我国的经济增长方式和社会发展方式的转向，从追求速度到追求效益、从追求效率到兼顾公平。职业教育统筹发展作为区域经济一体化发展系统的重要构成部分，是实现城乡经济融合、改变农村落后面貌的必要举措，是保持区域经济持续健康发展的必然要求。在呼吁和追求公平、公正发展的社会背景下，统筹发展理应成为区域职业教育发展的指导性战略。在整个经济社会转型的大航向和大船上，职业教育本身也必须完成新的转型，从"非均衡发展"过渡到统筹发展，以职业教育的城乡统筹发展、区域统筹发展、与其他教育统筹发展、与经济社会统筹发展推动"五个统筹"的实现。

第二，职业教育统筹发展是改变我国经济社会"非均衡发展"的重要措施。当前中国社会的转型是经济社会发展方式的转型，所引发的变革是整个社会经济运行机制和人的价值观念的变化，外显为生活方式和行为习惯的变化，最终则是引导人类的生存意识、生存方式的转型。③ 社会经济的转型迎来了思想的大解放与各种机会的大爆炸，也意味着"发展"和"不稳定"，也是我国经济社会"非均衡发展"的重要原因。职业教育作为

① 区域经济社会的发展水平与区域社会的文明程度则很大程度上取决于地区人力资本的多寡与人才质量的优劣，换而言之，城乡间、区域间的发展差距归根结底是人力资本与人才质量的差异。哈里比逊(Haribison)与马亚(Myer)通过对各国劳动力的职业与教育程度构成进行了统计分析，进而对其与经济发展阶段的相关系数进行了计算，结果发现，受过中等教育的劳动力与人均国民生产总值(GNP)的相关最大，由此得出了为实现经济的发展必须扩大中等职业教育的结论。参见：刘文君.职业教育与经济发展——日本的经验教训对我国的启示 [J].教育与经济，2007，(2)：64-68.此外，相关研究还有：倪超，王颖.战略人才与经济增长：基于中国 1978-2011 年时间序列数据的分析 [J].经济问题探索，2014，(2)：1-8；桂昭明，梅介人，娄星.人才与经济增长 [J].科技进步与对策，1997，(3)：10-11；孔凡菊.谈经济社会发展与高技能人才培养 [J].中国成人教育，2007，(3)：72-73.
② 张继承."五个统筹"的理论背景——理论界关于社会公正的思考和建议 [J].西藏大学学报(汉)，2004，(3)：8-12.
③ 叶澜."新基础教育"探索性研究报告集 [M].上海：上海三联书店，1999：196.

与经济社会联系最为紧密的技术人才培养组织和劳动力培训组织，对区域经济社会发展影响巨大。一方面，有利于城乡、区域职业教育的协调均衡发展，有利于增进城市职业教育系统和农村职业教育系统双边的利益以及区域职业教育整体系统的利益。同时，职业教育统筹发展可以打破传统区域经济、社会要素的单一流向，从而使区域内资金、福利、人力、信息、科技等要素按需求合理流动。另一方面，职业教育的统筹发展，在很大程度上有利于城乡、区域间人力资本的平衡与协调。通过区域内技术人才的培养和劳动力培训，使城乡之间、区域之间经济社会发展的人力资本匹配达到最优水准，进而推动城乡之间、各区域之间经济社会发展的"帕累托最优"，进而实现全局的统筹发展。

第三，职业教育统筹发展是职业教育系统自身协调可持续发展的重要条件。职业教育统筹发展是一项综合性的社会变革，更是教育系统内部的变革。教育系统内部的变革是遵守教育规律，服务教育发展的变革。职业教育统筹发展，要统筹城乡职业院校的布局、职业教育办学、职业教育资金、职业教育师资等宏观事项，也要统筹职业教育人才培养、职业教育课程教学、职业教育评价体系等微观事宜。职业教育系统内的统筹发展，有利于城乡职业教育、区域职业教育和不同层次职业教育的统筹发展，是职业技术教育系统内的统筹协调发展。但是，职业教育统筹发展，还必须是职业教育与其他教育的统筹协调发展。事实上，职业教育、成人教育、基础教育、高等教育以及其他各级各类教育是一个先天的"自系统"。一方面，职业教育的发展离不开其他教育的支持与发展；另一方面，职业教育的发展又可以促进其他教育的发展。职业教育与其他教育是一种共生共荣、互为支撑的关系。因此，统筹职业教育发展不仅是职业教育自身发展的需要，而且是整个教育系统均衡协调发展的需要。

三、如何推进职业教育统筹发展？

职业教育统筹发展是一个恒久的学术命题，最早起源于恩格斯"城乡融合"的构想。随后，"城乡联动"与"城乡可持续化发展"的思想积累了更多的城乡职业教育统筹发展的理论基础；而城乡均衡发展的思想则为当代职业教育统筹发展提供了现实理论基础。职业教育全局性的统筹发展则在党的十六大之后推向了高潮，党的十七大、十八大后，面向人人、面向社会、面向企业、面向市场、面向世界的职业教育统筹发展成了推进"新四化"进程中重要的社会变革性工程与实践，更是学界研究的热点课题。因此，在理论研究中开展实践探索、在实践探索中检验理论成果，一种研究型实践道路是当前推进职业教育统筹发展的重要范式。

第一，在多重理论中寻找支点。职业教育统筹发展包含了区域经济、文化等多重要素，是政府、企业、职业院校和社会公众等多元主体参与的综合性社会变革，因此，必须系统地、生态地审视职业教育统筹发展的要素与关系。从教育学意义上来说，职业教育统筹发展是教育公平思想的重要主张，也是教育与劳动相结合的实践样态，更是教育与社会发展融合的应然追求。从经济学的视角来看，二元经济理论深刻而真实地反映了当前中国经济社会发展的实情，人力资本理论则是职业教育与区域经济统筹发展的着力点，共赢博弈理论则提供了职业教育与区域经济社会发展的应然价值取向，规模经济理论则是当前中国经济与职业教育发展的实践形式。在大数据的时代，加强农村薄弱职业学校的信息化建设，生成城与乡、校与校之间在信息技术上的合作共享平台和机制，搭建职业教育统筹发展的技术平台、管理平台和服务平台，缩小信息技术上的"鸿沟"，用科技进步赋予职业教育统筹发展全新内涵。同时，还必须借助生态学、社会学、政治学等理论，审视职业教育统筹发展的理论与实践。

第二，从历史与现实中总结经验。具体来说，也就是从国内外职业教育统筹发展的现状中总结经验、归纳问题，从而指导当前我国职业教育统筹发展。首先，我国职业教育统筹发展必须借鉴国际经验，从国外职业教育统筹发展背景解析入手，深度探析国外职业教育统筹的发展模式，总结其成功经验，并切合我国经济社会发展的实际，批判性地借鉴国外经验或移植国外模式。其次，职业教育统筹发展必须全面地掌握国内职业教育均衡发展的水平，从中分析问题并总结推广典型经验。一方面，选择我国职业教育不同发展水平的城市或地区，对我国职业教育发展水平进行测度与比较。例如，东、中、西三地的职业教育统筹发展水平测度与比较，又如京、津、沪、渝四大直辖市职业教育均衡发展水平的测度与比较。另一方面，要选择典型案例进行剖析，如国内职业教育发展领先的长三角地区、珠三角地区以及成渝地区的职业教育统筹发展模式与经验需要总结、分析并推广。最后，农村地区、民族地区、边远地区职业教育发展的突出问题也值得反思。把国内职业教育统筹发展现状水平正反两方面相结合、相比较，对于全方位推进我国职业教育统筹发展大有裨益。

第三，从逻辑起点寻找发展战略。职业教育统筹发展包含了四种基本的逻辑：一是国家的逻辑，即以公平为起点的和谐共生；二是地方政府的逻辑，即以效率为目标的科学发展；三是职业院校的逻辑，即以利益为核心的差序进步；四是公众与社会的逻辑，即以问题得以解决的"善治"理想。因为职业教育统筹发展治理体系公共理性的缺失和多重制度阻隔的信息不对称，在各自不同治理逻辑的驱动下走向了行动中的自由博弈。因此，要厘清职业教育统筹发展治理逻辑之间的相互行为关系，构建一种"基于参与、因为理解、出于认同、所以自愿遵从"的综合性民主治理模式。因为职业教育统筹发展的多重治理逻辑，所以，在职业教育统筹发展的具体实施上要按照城乡联动、院校联动、院地联动、校地联动的联动思路，实施以区带区、以人带区、以院带校、以校带校、以校带人和以人带人等六种模式变革。在深入的、立体化的联动中，推进职业教育统筹发展。

第四，构建多重机制与技术平台。动力生成机制、内部运作机制、外围联动机制是职业教育统筹发展的三大核心架构。首先，职业教育统筹发展主要有自组织动力、他组织动力和共组织动力三种动力，其动力的强弱受到多种因素影响。因此，要从职业教育统筹发展的根本需求、物质依托、前进方向和发展创新四个维度去构建并拓展职业教育统筹发展的动力机制。其次，在职业教育统筹发展的内部体系运行中，以"和谐共生"为目标，理顺办学机制、管理机制、人才培养机制和招生就业机制等多重内部运行机制的关系。最后，职业教育统筹的外围联动机制的构架包括职业教育与区域社会、区域经济、区域文化的联动发展。在职业教育统筹发展的进程中，区域社会与职业教育的发展相互作用、相互影响，因此，应构建职业教育与区域社会联动发展的多重机制；同时，职业教育是促进区域经济协调发展的有效桥梁和纽带，所以，又必须构建职业教育与区域经济协调发展的体制机制；还必须从文化审视的高度，以"文化共生"为目标，构建职业教育与区域文化联动发展的相关机制。在多重机制构建的基础上，职业教育统筹发展还必须借助一定的技术平台，基于技术平台和科学合理的评价技术，推动职业教育统筹发展的稳步进行。

第五，立体化推进职业教育统筹发展。新型城镇化是职业教育统筹发展的又一重大历史机遇，搭建国家、地方政府、职业院校和社会公众多元主体参与的立体化路径，以突破当前职业教育与区域经济联动发展路径"平面化"的困境，以"多维对接"勾勒职业教育与区域经济联动的"经络"；以"点-线-面"塑造职业教育与区域经济联动的"血肉"；以"利益""规则""效率"的"三位一体"支撑起职业教育与区域经济联动发展的"骨架"；通过立体式联动道路的构建，赋以职业教育与区域经济联动的生命活力。在立体化推进职业教育统筹发展的过程中，保障职业教育统筹发展的顺利实施。职业教育统筹发展包含众多的子系统，统筹发展就是通过对该系统中各个子系统进行时间、空间和功能结构的重组，通过思想观念体系、制度保障体系、管理服务体系和资源保障体系等体系机制的相互调适和协同创新来产生聚众规模效益，从而更好地保障职业教育统筹发展战略发挥作用。

职业教育的统筹发展要始终坚持把职业教育摆在突出位置，坚持面向人人、面向社会，坚持以服务为宗旨，以就业为导向，坚持政府主导、行业指导、企业参与，不断满足人民群众接受职业教育的需求，满足经济社会对高素质劳动者和技能型人才的需求。① 兼顾区域经济社会的需求，兼顾学生与教师的需求，面向实践、面向未来，把职业教育与区域经济、区域社会、区域文化相结合，以现代性、服务性、开放性、衔接性、融通性、终生性为目标，发展并建设一种更有吸引力，更具创新性，更加适切，更易获得，更高质量，更加灵活，更有利于实现终身学习的职业教育。②

---

① 职业技术教育编辑部.十八大：加快发展现代职业教育——关于背景、内涵和路径(大路径)[J].职业技术教育，2012，(11)：36-39.
② 颜炳乾.职业教育发展新思维——第五届中国中青年职业技术教育论坛综述[J].职业技术教育，2009，(11)：62-65.现代性，即职业教育应体现时代特征，满足我国转型期的经济与社会需求；服务性，即职业教育要服务于地方经济、服务于广大人民群众；公平性，即合理统筹资源的区域分配、城乡分配、校际分配；开放性，即所有公民在需要的时候都能接受最合适的职业教育；衔接性，即各层次职业教育相互衔接，各形式职业教育相互认可；融通性，即职业教育与普通教育在体制上允许较自由地流动，在课程上相互渗透；终身性，即职业教育贯穿人的一生，涵盖职业启蒙教育、职业准备教育和职业继续教育。

第一章 职业教育统筹发展的时代语境

一个时代有一个时代的语境。当时代的车辙进入 21 世纪上叶，世界从七大洲四大洋的茫茫相隔变成了今天的"地球村"；中国也迎来了改革开放之后的 30 年，迎来了"十二五"规划和党的十八大。变革与转型成为了时代的烙印，刻在了经济社会的方方面面。社会、经济、文化、教育从远古时期的一体，走向了近代的分离，而今，在巨大的城乡差距、数字鸿沟面前，"统筹"与"一体化"成了新的时代话语。近年来，我国职业技术教育虽取得了突飞猛进的发展，但各种问题亦在发展中日益凸显，突出表现在区域间、城乡间的发展不平衡。这种不平衡与实现教育公平、构建社会主义和谐社会的愿景相背离。《国家中长期教育改革和发展规划纲要(2010—2020 年)》明确指出："整体部署教育改革试验，统筹区域协调发展。"[①] 因此，实现区域间职业教育的均衡发展是新时期职业教育的必由之路。

第一节 职业教育统筹发展的思想流变

职业教育统筹发展思想源远流长，最早的职业教育统筹发展思想源于城乡融合发展的思想主张。随后，城乡联动发展思想和城乡均衡发展思想也是职业教育统筹发展思想的重要理论依据。整个职业教育统筹以城乡职业教育统筹为主线，先后经历了职业教育统筹发展思想的萌芽期、积累期与发展期。这些思想的演变与积累是职业教育统筹发展的理论基点，对职业教育统筹发展具有重要的启迪意义。

一、城乡融合发展：城乡统筹思想的萌芽

城乡统筹概念的提出源自城市与农村的分离与对立而导致的城乡非均衡发展现象的提炼，恩格斯关于"城乡融合"的观点在某种意义上是这一概念的肇始。恩格斯指出："通过消除旧的分工，进行生产教育，变换工

---

① 中华人民共和国教育部. 国家中长期教育改革和发展规划纲要(2010—2020 年)［EB/OL］. http：//www.gov.cn/jrzg/2010-07/29/content_1667143.html［2010-07-29］.

种，共同享受大家创造出来的福利，以及城乡融合，使全体成员的才能得到全面发展。"① 恩格斯从历史和社会变迁角度揭示了城乡发展关系从对立走向融合的必然性，暗含城乡统筹既是人类文明进步和现代化的基本内容，也是未来共产主义的基本特征，城乡统筹追求的终极目标是全体社会成员的共生共享与全面发展，城乡融合是结合城市和乡村生活方式的优点而避免两者的偏颇和缺点。②

二、城乡联动发展：城乡统筹思想的积累

城乡统筹思想的积累过程与城市化进程中工业革命的发展过程有关。"以农养工"和"以工促农"是城市化进程早期和中后期的不同举措，使城乡统筹思想在内涵与外延的表述上不尽相同。城市化进程中的诸多不和谐问题需要自动调节城乡增长方式来应对日益凸显的生态危机、社会危机、道德危机、精神危机及价值危机，"生活实质上是自动调节"。③ 通过城乡联动发展实现城乡差距的缩小以推进社会整体发展的思想得到经济学界、社会学界、教育学界的广泛关注，"城乡一体化"是城乡联动发展的条件保障，"可持续发展"是城乡联动发展的动力保障。

（一）城乡一体化思想

城乡融合是从共生单元角度关注农村、农业与农民发展的统筹思想，城乡一体化则更多倾向于从体制机制角度论及城乡统筹，尤其关注城乡布局结构、资源配置、城乡就业、城乡环境等一系列问题的一体化管理。"城乡一体化是发展过程和发展目标的统一体，城乡一体化是城乡文化的趋同。"④ 城乡统筹理论较集中于从空间统筹理论、产业筹备理论以及要素统筹理论的视角分析城乡统筹中的具体问题。以霍华德为代表的田园城市理论主要从城市与农村布局出发论证城乡一体化发展问题；以刘易斯为代表的二元经济结构理论主要从农村剩余劳动力向城市转移进程中的农村劳动力素质提高出发论证城乡一体化发展问题；以赫尔希曼为代表的非均

① 中共中央马克思恩格斯列宁斯大林著作编译局.马克思恩格斯选集（第一卷）[M].北京：人民出版社，1995：243.
② 中共中央马克思恩格斯列宁斯大林著作编译局.马克思恩格斯选集（第四卷）[M].北京：人民出版社，1995：368.
③ 小威廉姆·E.多尔：后现代课程观[M].王红宇，译.北京：教育科学出版社，2000：19.
④ 淄博市城乡一体化教育发展研究课题组.淄博市城乡一体化教育发展研究[J].教育研究，1998，(4)：23-28.

衡增长理论主要从城市偏向发展进程中城市优质资源相对丰富的背景下论证以城带乡的一体化发展问题。

（二）城乡可持续发展思想

"城乡统筹"是我国为解决城乡差距不断拉大问题而从科学发展观的战略高度提出的发展理念。坚持以人为本，就是要以实现人的全面发展为目标，以人民群众的根本利益出发谋发展、促发展，不断满足人民群众日益增长的物质文化需要，切实保障人民群众的经济、政治和文化权益，让发展成果惠及全体人民。科学发展观关注的是发展的全面性、协调性及可持续性，在这些关注点中尤为重要的是"统筹发展"。然而，"五个统筹"的首位就是"统筹城乡发展"，因此，职业教育统筹城乡发展在我国现阶段经济政治发展中具有重要的战略地位。

三、城乡均衡发展：城乡统筹思想的革新

职业教育城乡均衡发展的最终目的是人的发展问题，从经济学的视角看，城乡二元经济结构关注的核心问题是教育机会不平等问题和资源配置不均衡问题。而统筹视角是基于系统论角度出发的均衡协调的视角，因此，职业教育城乡均衡发展的统筹视角是从系统论角度出发以均衡协调发展为关注点的视角。

首先，均衡发展不是平均平行的发展，更不是单纯追求"缩小差距"的发展，而是在各自"可塑性"发展水平上"尽可能充分"的发展。其次，以人为本的价值定位预示着研究职业教育统筹，需要从"发展"与"需要"两个维度解读城乡统筹问题。统筹城乡，既要考虑城市与乡村各自的发展，又要考虑城市与乡村各自的需要。因此，城乡统筹不是单纯以追求"缩小差距"的统筹，更不是"弃高抬低"、"削峰填谷"的统筹，而是在城乡职业教育的发展规划、教育条件的外部投入、教育资源的有效配置、能力建设的动力保障、政策措施的制度支撑上，要尽可能公平地统筹，是"追高隆谷"的统筹。城乡统筹既要体现农村薄弱教育的"雪中送炭"，也要体现城市高端教育发展的"锦上添花"，要体现以优质教育引领、带动薄弱教育以及薄弱教育追赶、跟近优质教育的统筹理念。

第二节　职业教育统筹发展的时代诉求

职业教育是我国现代化建设的重要基石之一。加快发展现代职业教

育，是国家大战略的内在要求，也是国家大战略的重要内容。党的十七大报告要求"大力发展职业教育"，十八大报告强调"加快发展现代职业教育"，发展经济必须抓职业教育，改善民生必须抓职业教育，促进公平必须抓职业教育，职业教育是经济社会发展的基石，也是实现人的可持续发展的有效途径。而职业教育统筹发展，更是统筹区域经济发展的重要途径，是城乡社会和谐发展的重要力量，是促进教育均衡发展的重要基础。[①]

一、职业教育的战略地位

2005 年国务院《关于大力发展职业教育的决定》，明确把职业教育作为经济社会发展的重要基础和教育工作的战略重点。2009 年 12 月，胡锦涛同志在广东视察职业教育时强调"没有一流的技工，就没有一流的产品"，他鼓励同学们"努力成为高素质技能型人才"。温家宝同志强调"要适应经济社会发展对技能型人才的需要和提高青年就业能力的要求，以发展中等职业教育为重点，大力调整教育结构"。2010 年颁布的《国家中长期教育改革和发展规划纲要（2010—2020 年）》也提出"大力发展职业教育"，可见，职业教育作为经济建设和社会发展的重要支撑，应该处于战略发展地位。

（一）职业教育在经济建设和社会发展中处于战略地位

职业教育与社会经济之间是一种动态的关系。社会生产的规模越大，技术水平越高，生产的社会化程度越高，社会生产中需要受职业教育的劳动力人数越多，两者的关系就越密切。[②] 新技术革命使职业教育与社会经济的关系在深度和广度上进一步拓展，职业教育对经济发展的作用进一步加强，日益成为经济建设和社会发展的重要推进器。鉴于职业教育对经济建设的直接推动作用，英国经济学家巴洛夫认为，"发展中国家的职业教育与经济发展是相辅相成、相互促进的，教育与人力资本、科技、经济增长之间成正相关的辩证关系"。[③] 有专家曾对职业教育在经济发展中的贡献进行了具体测度，认为职业教育对经济贡献度达到 6.8%，并且将对产

①　职业技术教育编辑部. 十八大：加快发展现代职业教育——关于背景、内涵和路径（大战略）[J]. 职业技术教育，2012，（11）：26-28.
②　杨海燕. 城市化进程中的职业教育发展研究 [D]. 北京：北京师范大学硕士学位论文，2006：103.
③　欧阳河. 职业教育基本问题初探 [J]. 中国职业技术教育，2005，（12）：19-25.

业结构的优化升级起到积极促进作用。① 当前，就经济发展而言，大力推动经济增长由粗放型向集约型转变，急需大量应用技能型人才，这必将成为推动职业教育发展的强大动力；就社会发展而言，在经济发展的同时能否缩小贫富差距，让老百姓共享改革发展的成果，充分体现社会公平，关系到和谐社会目标的建设大局，而在这些方面职业教育责无旁贷。因此，与普通教育相比较，职业教育与经济建设、社会发展的联系更为紧密，作用更为直接，功能更为强大，理应处于经济建设和社会发展的战略地位。

（二）职业教育在整个国民教育体系中与普通教育处于同等重要地位

长期以来，职业教育被看成一种地位"卑下"的教育，处于其他教育类型的从属地位。这种片面的意识不仅影响职业教育自身发展，也影响整个教育事业和经济、社会的发展。实际上，职业教育在我国整个教育体系中处于不可替代的重要地位。无论是我国还是世界各国，职业教育都是由国家教育法规明确规定的教育类型。英国早在 1562 年就颁布了《工匠、徒弟法》，这是从法律角度明确职业教育地位的最早雏形。自工业化开始，世界各国都将职业教育列入国家学制体系，通过立法和行政手段，把它作为国民教育事业加以积极推动和发展。例如，德国职业教育"双元制"就明确职业教育的重要地位。在我国，1996 年颁布的《职业教育法》明确规定了"职业教育是国家教育事业的重要组成部分，是促进经济、社会发展就业的重要途径"。职业教育以培养技术应用型、技能型人才为己任。当前我国教育发展的主要矛盾是人民群众与日俱增的教育需求同优质教育资源供给不足的矛盾，是结构性的矛盾。这几年我国高等教育跨越发展，毛入学率达到 22%，高等教育规模成为世界第一。照理说，这个矛盾应该基本解决了。但是教育的矛盾非但没有缓解，反而越演越烈，还由此派生出许多其他问题。这说明，教育的主要矛盾根本点在于教育结构单一，没有满足人民群众多样化的教育需求。温家宝同志提出的"教育结构调整总方向是：普及和巩固义务教育，大力发展职业教育，提高高等教育质量"表明了政府鲜明的教育政策取向。② 因此，职业教育是我国国民教育体系不可缺失的重要形式，与普通教育处于同等重要的地位，而不是隶属或低于普通教育。

---

① 宋乃庆.教育对经济发展的贡献测度：重庆的证据［J］.改革，2009，(5)：82-87.
② 翟海魂.比较视野下职业教育的时代特征［J］.职业技术教育，2008，(11)：10-13.

(三)职业教育决定人的职业，在人的全面发展中处于重要地位

职业教育的本质是培养人的社会活动，通过对人的培养使其在社会生产生活中更好地为社会服务。职业教育既促进人的职业发展，使其获得职业能力，更能促进人的全面发展，使其成为合格公民。如果说，普通教育是将人们带入自然科学、社会科学的知识世界，让人们掌握运用这些知识，而职业教育则是在普通教育的基础上，影响人们的个性发展，它把学生的兴趣和个性发展与谋生职能结合起来，能够使每个学生的个性、潜能发挥出来。因此，职业教育实际上决定人的职业并与人相伴一生，对人的全面发展产生重大影响。可以说，职业教育作为一种与职业能力和就业直接相关的教育类型，担负着促进人的全面发展的重要使命，肩负着使个体与社会和谐一致的使命。职业教育与人的发展之间是紧密相连、相互依赖的，发展职业教育不仅是个人社会化的需要，还是社会融合的需要。把发展职业教育放在战略发展的位置，就是要使教育能够满足全体社会成员的多样化、个性化需求，使教育成为面向社会、面向人人、人人成功的教育，也是实现人的尊严、择业自由和全面发展的终身教育。

二、职业教育统筹发展的战略意义

(一)职业教育统筹发展是统筹区域经济发展的重要途径

区域经济社会的发展差距是当前我国经济社会发展突出的问题表征。以重庆市为例，当前重庆市城乡之间存在着"三大差距"：城乡居民的收入差距为 3.4：1，高于全国城乡居民收入差距；最高收入的区县和最低收入的区县的人均增加值相差 10 倍，高于上海和贵州的差距；"一体"或称之为"一小时经济圈"的人均增加值高于"两翼"——渝东北和渝东南的 2.5 倍。[①] 过分悬殊的区域、城乡和贫富收入差距，严重影响我国经济社会的可持续发展。贫穷落后的根本原因不在于物质资本的短缺，而在于人力资本的匮乏和对人力资本投资的不足。舒尔茨特别强调了教育投资在人力资本形成中的重要作用。[②] 由于教育资源的分配不均，个人受教育水平存在着差异，而教育差距会影响到人力资本积累，其正是造成收入分配

① 重庆基尼系数已超警戒线，城乡收入差距 3.4：1 [EB/OL]. http：//finance. ce. cn/rolling/201101/07/t20110107 _ 16491541. shtml [2011-1-7].
② [美]西奥多·舒尔茨. 论人力资本投资 [M].北京：北京经济学院出版社，1990：110-159.

差距的重要原因。① 要缩小城乡收入差距,提高农民收入水平,必须让农民接受职业教育和培训,帮助他们提高职业能力,通过能力的提高、择业机会的增加来增加收入。为实现城乡之间在经济、社会方面的协调发展,前提是统筹城乡就业,促进城乡统一的劳动力市场形成,这在客观上要求提高广大农村劳动力的素质,引导农村富余劳动力向城镇转移,加快农村城镇化的进程,而这一切都依赖于职业教育的城乡统筹发展。加快职业教育统筹发展,既能够大规模地转移农村剩余劳动力,提高农民收入,带动农村经济发展,又能提高转移农民的就业技能,并以此来提高他们的工资收入,减小城乡收入差距,不失为缩小城乡二元化差距的重要途径。

(二)职业教育统筹发展是城乡社会和谐发展的重要力量

教育公平是最大的社会公平。职业教育作为教育的组成部分,它是实现教育公平,进而推进社会公平的基础和途径。以重庆为例,重庆目前总人口3100万,其中1000万城市人口,2000多万农民。若按照《重庆城乡总体规划》规定到2020年重庆市的城镇化率将达到70%,那么,未来每年需要将50万农村人口向城镇转移,争取达到2000万城市人口、1000万农民。主城将在现在300万人口的基础上再增加200万～300万,形成500万～600万人口的大城市,周围万州、涪陵、永川等形成5～6个50万～100万人口的国家级大城市,大部分县城由5万～10万发展为20万～30万人口的城市。在城乡统筹和户籍制度改革中,我们不仅要把农民转为城镇居民,帮助他们在城镇就业,更要转变农民的思维方式、价值观念、行为方式和生活方式,帮助他们树立城市居民意识、法制观念,这个过程就是农民完成个体社会化的过程。个体社会化表达了个人融入社会或社会将个人吸纳进来的一种倾向。职业教育在提高转移农民的就业能力的同时,还要发挥其社会功能,促进转移农民适应城市生活,遵循城市的行为规范,完成其市民社会身份的转换,促进社会和谐发展。

(三)职业教育统筹发展是促进教育均衡发展的重要基础

职业教育一直是我国教育体系的一个薄弱环节,也是制约当前我国经济社会发展的重要因素。以重庆市为例,近年来,重庆的职业教育虽然发展较快,但与高等教育、基础教育发展相比仍有很大差距,教育结构的失衡问题依然严重。特别是在我国城乡统筹中,急需大量应用技能型人才,

① 　杨俊,黄潇.基于教育差距引致农村贫困的背景观察 [J].改革,2010,(3):110-119.

但从当前的人才结构来看，接受普通教育的人口数量要远远多于接受职业教育的人口数量，而在接受职业教育的有限人口中，农村与城镇之间的差距又非常大，在职业教育阶段人才供给的不足，严重影响了当前城乡统筹对应用技能型人才的需求。以重庆IT业为例，随着惠普、富士康等品牌IT企业落户重庆，信息产业将在两到三年内取代并超越汽车、摩托车产业，成为重庆的第一支柱产业，成为西部最大的笔记本电脑生产基地，在未来三年内，重庆需要机械、轻工、化工、IT等技工总人数超过20万人，其中IT业需求量就超过5万人。而目前重庆的职业教育所培养的适应IT产业发展需要的应用型人才每年仅有几千人，学生还未毕业就被用人单位一抢而空。因此，为适应重庆产业结构调整的需要，重庆教育现在急需把教育结构中"凹"下去的职业教育补上来，把大力发展职业教育作为教育均衡发展的战略突破口，作为我们当前教育工作的重中之重。把加快发展职业教育作为当前教育均衡发展的重点，这既是城乡教育统筹发展的重要突破口，也是完善国民教育体系、实现教育事业科学发展的必然要求。

第三节　职业教育统筹发展的时代特征

中国未来社会发展将涉及城镇化、工业化、市场化、国际化和劳动力大流动五大进程[1]，职业教育统筹发展将面临分化与整合、均衡与特色、竞争与合作、本土与国际和外延与内涵五个问题。就发展趋势来说，职业教育将由单兵作战向专业化、协作化方向转化，呈多极化发展趋势；由一元结构向多元化结构发展，表现为地区结构、专业结构、层次结构和形式结构的变化；由单一功能向多元功能方向转化，表现为教育功能、经济功能和文化功能等方面的渗透；由传统的学校式教育向市场需求转变，由单一专业学科知识向市场需求的岗位群体知识扩展。[2]

一、职业教育统筹发展面向人人：职业教育平民化、大众化

职业教育始终面对的主要是两个世界，即"人的世界"和"职业（劳动）的世界"，而其基本问题就是人与职业的关系问题，即如何满足人对职业的需求和社会对人的需要，达到人与职业的和谐，进而促进社会的和谐

---

① 李松林."基础教育区域性发展战略与实践——基础教育未来发展新特征研究"专题研讨会综述 [J].教育研究，2013，(3)：156-175.
② 卞韵.职业教育发展的新特点及应注意的问题 [J].湖南工业职业技术学院学报，2009，(4)：105-106.

发展。① 因此，在经济与社会转型期的中国，职业教育统筹发展必须大众化与平民化，职业教育统筹发展的过程与成果，都必须面向人人，以"人人发展、发展人人"为根本出发点，实现人与人、人与自然、人与社会的和谐共处。近年来，世界职业教育越来越走向平民化，先后出现了针对学习困难者的"差生"补偿教育，针对移民的第二语言教育（ESL），针对残障群体的特殊职业教育，针对失业者的再就业培训，针对青年无业者的职业培训，针对经济困难家庭的职业培训和针对妇女的职业教育与培训等。②

　　职业教育的公平和基础教育的公平一样，关系着大多数人的福祉。因此，职业教育统筹发展面向人人，在其走向平民化与大众化的过程中，更深刻的是职业教育公平治理的问题。如图 1-1 所示，近年来，围绕职业教育公平治理问题，政界、学界乃至普通大众带着各自的主体性前见和主体性旨趣纷纷介入其中，展开了多元纷呈、立体层次的探讨，"中国语境"下职业教育公平治理的话语体系从单薄走向丰富、从碎化走向体系。职业教育统筹、职业教育均衡、职业教育一体化等语词构成核心概念和关键术语，成为职业教育公平治理话语体系的"基石"。

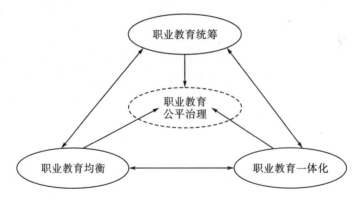

图 1-1　"中国语境"的职业教育公平治理话语体系

二、职业教育统筹发展面向社会：职业教育本土化、特色化

　　职业教育要面向人人，更要面向社会。职业教育统筹发展面向社会只

---

① 熊惠平.关注"穷人经济学"：中国职业教育发展新话语 [J].教育科学，2006，（2）：77-79.
② 刘晓.顺应变革："后危机"时代的全球职业教育发展新动向 [J].职业技术教育通讯，2010，（5）：26-30.

能通过职业教育与区域经济、区域文化乃至于区域社会的联动发展来实现，在职业教育与社会系统的联动中，形成特色，更进一步符合社会需要。这里的特色主要有两点：一是行业特色，以行业为依托，培养行业人才；二是区域协同特色，整体推进区域经济发展的集群式发展。① 近年来，发达国家不断采取积极措施让职业教育的发展面向社会的做法值得我们借鉴。例如，匈牙利根据国家经济发展情况大幅度调整职业教育专业；法国根据国家经济发展需要，创设"学习证书"与"能力证书"的证书制度，并开设新兴的化学与污水处理专业、城市卫生专业等。② 职业教育统筹发展，除了要适应经济本身之外，更要能够形成持久的特色，要强化职业院校的文化建设，提高职业院校的核心竞争力。③

在职业教育统筹发展与区域经济社会的联动中，四个关键问题日益凸显。一是区域经济社会的跨越式发展与职业教育的持续稳步发展问题。职业教育发展如何跟进经济社会发展的速度是第一个关键要素。二是职业教育超前发展与教育资源相对不足而带来的教育多元化发展问题。教育理应超前于区域经济社会的发展，但是，当前我国区域社会却面临着教育资源的稀缺与教育资源配置的难题。④ 三是职业教育的普及与提高、公平与效益问题。伴随着地方高校的转型和职业教育发展真正暖春的到来，职业教育普及之后，如何提高？新的目标的台阶在哪里，又如何达成？数量与规模上涨的同时，公平与效益的问题如何抉择？四是不同区域的梯度推进策略与教育的均衡发展问题。职业教育面向社会，必然只能面向一域的社会，然而，每个区域的经济社会基础不同，就决定了所用的策略不同，不同区域的职业教育统筹发展采用了不同的策略与路径，发展的效率和效果如何又成为了新的忧虑。

三、职业教育统筹发展面向企业：职业教育学生学徒化、技能通用化

职业教育是面向生产、面向实践的教育，更是走进实践、走进企业的教育，因此，职业教育统筹发展也必须面向企业。职业教育统筹发展面向

① 花鸥，周启国.后大众化视野下我国高等职业教育发展——基于理性特征的分析 [J].职业技术教育论坛，2013，(30)：8-11.
② 赖建辉，邱永渠.国外职业教育发展新动向 [J].职业技术教育论坛，2003，(7)：57-58.
③ 花鸥，周启国.后大众化视野下我国高等职业教育发展——基于理性特征的分析 [J].职业技术教育论坛，2013，(30)：8-11.
④ 李鹏，周甜，林克松，等.重组与优化：教育资源配置的产权安排 [J].教育学术月刊，2013，(10)：53-58.

企业至少有两层含义：一是职业教育自身的教学过程和人才培养面向当地企业；二是区域内职业教育的人才培养与教育规模能够面向企业，所培养人才能够满足区域经济社会发展的需要，特别是各种企业的需要。

在职业教育教学和人才培养的过程中加强学生与企业的联系是职业教育面向企业的第一步。在这方面，德国的"双元制"、美国的"工作教育"、日本的"产学合作"、英国的"工读交替制"都是职业教育面向企业的成功经验。近年来，我国的"订单式"培养、校企合作、"产学研一条龙"也是有益的尝试。为了适应现代生产的需要，许多国家在吸收传统学徒制的优点以及融合现代学校职业教育优势的基础上，发展了现代学徒制。2009 年 2 月 5 日，英国政府发布《学徒制、技能、儿童与学习法案》，"提出要给予所有能力合格的年轻人在工作中接受培训的法定权利"[1]；2010 年 2 月 19 日，澳大利亚副首相在悉尼宣布，为应对经济危机造成的失业问题，联邦政府将实施一个近 1.5 亿澳元的计划，帮助受训者或学徒通过培训获得工作。[2] 然而，现代工作性质的变革、工作变化的速度日益加快、生产的自动化对工人专业知识与能力的要求更宽……正是鉴于这些考虑，世界各国纷纷改革其职业教育内容，由原来的岗位技能培训转向通用能力（generic skills）的培养。与此同时，宏观层面，加强职业教育与区域企业人才需求的吻合度调查，统筹调整各职业院校专业设置，也是职业教育统筹发展面向企业的重要措施。

四、职业教育统筹发展面向市场：职业教育走向服务、走向高端

面向企业，终究还要面向市场。职业教育统筹发展所需要面向的市场有两个：一是农村经济与农村市场；二是城市经济与城市市场。职业教育具有职业技术教育性、地域性等特征，立足和服务于所在区域是其重要的价值取向。职业院校开展社会服务是职业教育发展的必然趋势，是区域经济社会发展的客观要求，也是院校自身生存发展的需要，更是职业教育服务于地方经济发展过程中的题中应有之义。[3]《国务院关于大力发展职业教育的决定》明确提出，职业教育要以服务社会主义现代化建设为宗旨，《教育部关于全面提高高等职业教育教学质量的若干意见》也强调高等职

---

① 刘晓. 顺应变革："后危机"时代的全球职业教育发展新动向 [J]. 职业技术教育通讯，2010，(5)：26-30.
② 李玉静，陈衍. 赢对金融危机：全球变局中的职业教育 [J]. 职业技术教育，2009，(33)：24-37.
③ 花鸥，周启国. 后大众化视野下我国高等职业教育发展——基于理性特征的分析 [J]. 职业技术教育论坛，2013，(30)：8-11.

业教育要以服务为宗旨。

职业教育统筹发展面向市场的服务，主要有三个方面：一是职业教育为区域市场经济发展输送人才，这是教育意义上的服务；二是职业院校发挥社会服务的职能，为区域市场培训技术人才，这是社会经济学意义上的服务；三是职业院校培养的人才，进入社会，在市场的各行各业服务，这是后续意义上的服务，尤其是随着当前我国城市与农村市场经济产业结构的升级与调整，职业院校面向服务市场的人才输送与培养更为常见与重要。市场的国际化和第三产业的迅猛发展，使市场对技术人才的要求越来越高，因此，职业教育面向市场的人才培养和人力资源培训越来越走向高端化。新型城镇化进程中的新型农民培养和农村劳动力资本转化都必须面向高要求的新市场。而城市市场的各行各业发展越来越走向"高大上"，技术设备的更新以及顾客的高要求，对职业教育面向市场的准确性与及时性提出了新的要求与挑战。

五、职业教育统筹发展面向世界：职业教育发展国际化、合作化

近 20 年来，世界上跨国公司经过长足发展，国际经济形成区域集团化，这为职业教育发展国际化提出了需求与条件。全球化背景下，各国更加重视人力资源建设，大力发展职业教育，纷纷制定新一轮的国家技能战略，力图通过职业教育提升国民技能水平，拉动经济复苏、助推产业升级、支撑企业竞争。[①] 全球化时代的职业教育发展方向越来越走向联合、走向合作、走向创新。

当世界由封闭走向开放，由分割走向融合，职业教育也由曾经的"闭关锁国"和"各自为政"走向了联合与合作。在中等与高等职业教育统筹发展中，职业教育与国际企业的雇主及行业间建立密切的合作关系，并加强雇主、行业及劳动力市场参与对生涯和技术教育项目的设计和实施；建立联合财团，通过拨款确保中等与中等后教育机构间的合作；引进国外技术师资，参与国内学校教学；与外企签订订单，直接输送人才到外企工作；通过国家政策和实践的改革创新，达成国际职业教育合作契机，支持生涯和技术教育项目在各地的有效实施。

---

① 刘晓. 顺应变革："后危机"时代的全球职业教育发展新动向 [J]. 职业技术教育通讯，2010，(5)：26-30.

第二章　职业教育统筹发展的理论检视

职业教育统筹作为一项综合性的社会改革，并不是孤立地存在着，相反它总是以"置于其中"的方式存在于社会整体之中。因此，对职业教育统筹问题的研究不能用单维视角，那样只会"只见树木不见森林"，要以教育学、经济学、社会学、生态学、文化学、系统科学、信息技术学等多学科的相关理论为视角来对我国职业教育的统筹发展问题与现状进行梳理，并在此基础上探讨职业教育统筹发展的多重理论基础，并构建城乡职业教育均衡与和谐发展的变革路径，进而能在共时与历时的坐标体系中，基于多维理论视角全方位、多层次、全景式地揭示我国职业教育发展与变化的内在规律，解析与探寻职业教育在"社会、经济和文化"融为一体的社会大环境中的问题与对策。

第一节　职业教育统筹发展的理论分析框架

职业教育的统筹发展是一个复杂的问题系统，包含了职业教育系统本身及其与区域经济、社会、文化等系统的多方面的统筹与发展。从职业教育系统来看，职业教育的主体构成离不了政府的宏观指导与管理，少不了职业学校的办学支撑以及企业与社会公众的参与；从要素层来看，职业教育的发展不仅受政治、经济、文化、教育等宏观要素的作用，还受社会资金、技术、人才、资源、市场等微观要素的影响。当前职业教育统筹发展存在着职业教育属性的物本化、职业社会功能失调、劳教结合相分离等多种问题。为了系统地分析职业教育统筹发展的复杂问题，本节诉诸于教育学、经济学、社会学、生态学等多学科理论，运用多学科交叉的分析视角，去探究职业教育统筹发展的问题系统。

一、职业教育统筹发展的几个关键问题及其审思

问题是一切分析框架的出发点。基本问题是任何一份研究中根本的、稳定的和具有纲领性的问题，从而构成了该研究一以贯之的灵魂。[①] 当

---

① 邓友超. 教育解释学 [M]. 北京：教育科学出版社，2009：14.

前，中国职业教育统筹发展的问题表征在每个方面，而构成了一个复杂的问题系统。

(一)职业教育价值地位、社会功能与教育方式的问题

首先，教育作为一种有意识有目的的培养人的活动，重在关注人的主体性和人本身价值的实现。职业教育的核心在于职业人的培养教育，注重对职业人的职业性教育，而并不是狭隘的技术性教育。然而，在整体就业环境不理想的背景下，提升就业率越来越成为职业院校发展的主要目标。受职业教育的工具理性影响，职业教育无论是在教育教学实践中或是在统筹城乡以及区域职业教育发展中均出现物本主体、以技术为中心的片面视角，人的发展也逐渐被物化，而被物化的人也就逐渐沦为社会经济发展的工具，从而导致职业教育所培养的人也论为社会与经济发展的附庸。

其次，教育除了对人的发展起着关键性的作用，还对社会的发展起着举足轻重的作用。教育的社会发展功能主要体现为经济发展功能、政治促进功能、文化传承功能、科技推进功能以及人口发展功能等方面。从职业教育层面来讲，由于受城乡二元经济结构的影响，以及"重城市，轻农村"，"重市民，轻农民"的城乡二元结构的制度安排，城乡社会无论是在经济发展还是职业教育发展上均出现失衡的情况。受社会发展失衡作用的影响，职业教育在统筹发展中的经济功能也出现失调情况，这种失调作用主要体现为城市良好的职业教育对经济发展的强力助推与农村薄弱职业教育对农村社会经济发挥的弱性功能之间的差距愈演愈烈。

最后，教育通过培养人而体现其对人的发展功能，并通过所培养的人才从事社会生产而体现其社会发展功能，在这一过程中劳动便成为人作用社会的重要手段。在不同类型的教育中，职业教育与生产岗位的关系联结最为紧密。职业教育教学与劳动结合，其实质是职业教育教学与生产结合的重要方式和途径。在职业教育统筹发展实践中，职业教育与劳动生产之间并非没有结合，而是结合度还不够高。如今社会越来越多的就业难与技工荒矛盾的出现，正是这种结合度不高的重要表现。

(二)职业教育经济环境、人力资本、利益博弈和规模效益的问题

第一，近年来，我国城市化进程突飞猛进，城乡二元结构的矛盾愈演愈烈。城乡二元经济结构之间的矛盾主要表现在城市的现代经济与农村的农业经济之间的矛盾。由于城市经济以现代化的大工业生产为主，而农村经济则以典型的小农经济为主，两者之间的实力悬殊较大；由于农村经济

发展缓慢，从而导致城乡之间的消费差距也越来越大。当然，除了经济因素之外，我国城乡二元结构还更多地体现为刚性的制度性因素，这也在一定程度上加剧了城乡二元结构的矛盾。

第二，在职业教育统筹发展中，人的问题应当是统筹发展的根本问题，对人力资源的充分挖掘也是实现新农村建设和城乡协调发展目标的根本源泉。然而从现实看，中国劳动力的素质普遍偏低，尤其是农村劳动力不仅文化程度普遍较低，而且在创新精神、专业技能、职业习惯等方面也与新农村建设和城乡协调发展的要求存在极大差距。此外，我国职业教育发展的相对滞后也使得其在人力资源开发和人力资本提升过程中效益不高，这是我国教育自身的问题，也是职业教育统筹发展要最先面对和解决的问题。

第三，城乡职业教育统筹发展从主体和要素层面来看实质上是一个复杂的关系系统。在城乡职业教育统筹发展中，不同利益主体关照下的行动决策必然存在不可避免的非理性博弈现象。博弈主体间的非理性博弈主要表征为职业教育的城与乡、院与校、院(校)与院(校)之间对职业教育条件的外部投入、政策的有力保障、资源的配置流向、信息的分布掌握、办学的市场效益等诸多利益的博弈，而博弈的结局势必会造成各种资源的浪费和博弈价值理性的不一。

第四，职业教育作为一种知识产业，其发展同样需要大量人力、财力、物力的投入，从而形成适宜的职业教育规模经济以促成自身的和谐发展。然而，我国在城乡二元经济结构十分突出的背景下，职业教育在统筹发展的过程中，管理的条块分割、政策的一刀切、信息的不对称等多种原因造就了职业教育的各自为政和盲目"趋同"，这种"无法规模"和"盲目规模"的做法，造成了职业教育统筹发展的资源浪费和统筹进程的效率低下。

(三)职业教育统筹中的公平与秩序问题

一方面，教育公平是构建和谐社会的需要，也是社会公平的重要组成部分。而在职业教育统筹中却出现重普通教育轻职业教育和重城市职业技术教育轻农村职业技术教育的失公问题。职业教育本身的弱势地位以及职业教育内部的"不统筹"，都违背了罗尔斯的正义原则，基本的、弱势的群体没有得到应有的资源与权力，造成职业教育统筹发展的公平追求沦为"二律背反"的"南辕北辙"。

另一方面，在职业教育统筹发展中，也存在秩序失范的问题，主要表征为职业教育与区域经济之间的失序状态问题。一是职业教育统筹中不同主体之间因利益需求不同，各自秉持着自身利益最大化的原则而忽视他方利益，往往是在"冲突"中寻求形式化的"和谐"。二是职业教育与区域经济之间顾此失彼，两者之间在一种缺乏合作的意识中艰难前行，以致于两者之间出现发展失序问题。

(四)职业教育统筹发展的要素均衡与生态位问题

第一，职业教育与区域经济之间实现协同共生发展是职业教育统筹发展极其重要的内容。然而在职业教育统筹发展的实践中却出现职业教育与区域经济之间共生失衡的问题。首先，受职业教育应服务于本区域经济社会发展的固势思维影响，导致职业教育缺乏生长空间，既无法满足本区域优势发展行业的需求，也没有具备在跨区域服务中成长的明显特色。其次，职业教育与区域经济的关联度低，使得区域经济实体对职业教育的参与度低，但职业教育本身的地域依存性低与其对区域经济的强依赖性却成了职业教育共生窘况的真实反照，而这两者的共生失衡，势必会导致职业教育在统筹发展中问题丛生与效率低下。

第二，职业教育与区域经济均应处于合宜的生态位才能更好地实现两者统筹发展。然而在统筹发展过程中，职业教育与区域经济之间往往处于不合适宜的极端生态位关系中。首先，由于我国长期存在着强烈的"普教情结"，致使职业教育处于不利的发展生态位上，而职业教育又因根基不稳而不能有效适应区域经济的发展需求。其次，在职业教育与区域经济系统中，职业教育往往只索取不付出，在区域经济发展中处于寄生位置，以致于常常丧失独立能力，并漠视自我的成长性，从而使职业教育本身也陷入非可持续发展的窘境。

(五)职业教育统筹发展的价值冲突、人才培养模式与特色问题

首先，职业教育统筹发展中政府与企业、职业院校存在着文化主体价值冲突问题。文化主体的价值冲突主要体现在价值理念、思维方式和行为模式的冲突三方面。企业经济利益最大化的诉求，办学质量与办学效益提高的诉求与政府服务社会大众的诉求之间存在着不同的差异，而不同的价值观念与诉求又使得各方利益主体在面对利己与利他的抉择中形成冲突。另外，由于各文化主体的思维方式不同，职业教育统筹在主体思维方式和行为模式上均产生矛盾。

其次，受职业教育文化主体的价值冲突影响，职业教育在人才规格的

导向上也出现冲突。一是受效率取向与技术性文化的影响，职业教育在人才规格的培养上以高端技术性人才培养为主，从而导致人才规格在技术能力与文化素质上的不匹配与失衡。二是职业教育的评价往往以单一的标准进行人才培养评价，以致于职业教育培养的人也出现单面化发展倾向。

最后，在职业教育统筹发展中，城乡之间、区域之间由于受不同文化理念的影响，职业教育之间以及职业教育与区域社会之间在发展的外在形态上往往出现竞争或排他的行为，而这与职业教育和经济社会和谐发展的目标大相径庭。一方面，职业院校的特色专业设置无法与区域经济的特色发展相适应，价值理念与文化塑造无法与区域经济的发展理念相融合。另一方面，由于区域经济囿于对传统经济发展的路径，对新兴的特色文化产业扶持力度不大，从而导致职业教育对特色人才培养计划最终化为泡影。

（六）职业教育统筹发展中的整体性割裂和持续性不足的问题

第一，职业教育统筹发展中整体性割裂问题主要体现在职业学校与其环境要素如政府、其他类型学校、企业和社会没有形成稳定、动态和互动的发展系统，没有处理好整体与要素、要素与要素、系统与环境、共时与历时的关系，使政府、学校、企业和社会之间缺乏有效联动。在统筹的整体系统中，各要素均处于无序与孤立运行的状态，职业教育系统内外环境的信息不通畅，缺乏从"共时与历时"以及"纵向与横向"相结合的视角来全景式地看待问题。

第二，职业教育统筹发展中存在的持存性断层问题，主要是从职业教育统筹发展整体系统的持续发展性而言的，即关注职业教育系统的长远发展情况。持存性断层问题主要体现在职业教育统筹发展中，各统筹主体没有从职业教育系统整体以及各组成部分的关系来考量持存性的问题，对系统的发展缺乏全面的设计以及长远的可持续发展规划，从而致使职业教育系统的发展面临短期效应与短期发展的危害。

（七）职业教育统筹发展中的信息鸿沟、技术保障、信息技术素养的问题

第一，城乡职业教育信息化硬件配置不均。在职业教育信息化发展的进程中，不同地区、同一个地区的不同区域间在职业教育信息化硬件资源配置上严重不均。如在城乡层面上，主要表现为城市职业院校在计算机拥有总量、教师/学生用计算机数量、计算机/多媒体教室数量、教学班平均拥有多媒体教室数量等远远超过农村职业院校。硬件配置的不均必然导致

城乡职业院校在办学效益、效果、效能等方面的差异。

第二，城乡职业教育信息资源配置失衡。在教育信息化资源的占用上，城市职业院校和农村职业学校、重点和薄弱职业学校存在着相当大的差异与不均衡。这种不均衡不仅与信息资源配置投入经费的差距有关，也与城乡职业院校间条块分割严重、缺乏流动、职业院校间教育资源难以共享有关。同时，城乡不同学习者信息素养的高低差异也导致信息鸿沟。信息鸿沟是城乡学习者信息素养产生差距的内在根源。而信息鸿沟的客观存在又强化和拉距了现有各种教育与就业的不公平现象。

二、职业教育统筹发展理论框架建构的分析逻辑

美国社会学家戈夫曼指出，框架是人们用来感知和解释社会生活经验的一种认知结构，"能够使它的使用者定位、感知、确定和命名那些看似无穷多的具体事实"。① 可以说，框架是分析复杂理论问题的重要工具。因此，要系统地检视职业教育统筹发展中的理论问题，就需要建构一个职业教育统筹发展的理论分析框架。基于分析框架的基本结构②，构建职业教育统筹发展的理论分析框架。

如图 2-1 所示，职业教育统筹发展的理论分析框架由两大部分组成，首先是职业教育统筹发展的问题系统，这是分析框架最终要解决的问题。分别是职业教育价值地位、社会功能与教育方式的问题，职业教育经济环境、人力资本、利益博弈和规模效益的问题，职业教育统筹中的发展失公与秩序失范问题，职业教育统筹发展的共生失衡与生态位失宜问题，职业教育统筹发展的价值冲突、人才培养模式单一与特色缺失的问题，职业教育统筹发展中的整体性割裂和持续性不足的问题，职业教育统筹发展中的信息鸿沟、技术保障、信息技术素养的问题。

分析每一个问题，都必须有相应的分析视角和分析理论。基于职业教育统筹发展的问题系统，结合职业教育研究本身的理论范畴，研究者提出了七个分析视角：教育学理论视角、经济学理论视角、社会学理论视角、生态学理论视角、文化学理论视角、系统科学理论视角以及信息科学理论视角。当然，学科范畴所提及的知识来源于一般性的研究理论领域，为了

---

① 陈阳.框架分析：一个亟待澄清的理论概念［J］.国际新闻界，2007(4)：15-20.
② 邓友超.教育解释学［M］.北京：教育科学出版社，2009：14. 邓友超认为：分析框架是由基本问题和范畴两部分共同组成，其中基本问题是任何一份研究中根本的、稳定的和具有纲领性的问题，从而构成了该研究一以贯之的灵魂，而范畴则指的是围绕哪些方面而展开。

准确地分析职业教育统筹发展的各种问题，本书所建构的职业教育统筹发展理论分析框架将各大学科视角中的理论点与职业教育统筹发展的问题相结合来分析。

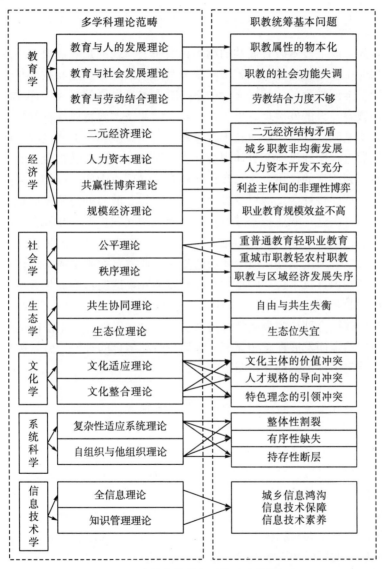

图 2-1　职业教育统筹发展的理论分析框架

三、框架分析：职业教育统筹发展多重理论检视的思路

构建职业教育统筹发展的理论分析框架，是为了更加系统、深刻地分

析职业教育统筹发展的理论问题。基于职业教育统筹发展的理论分析框架,将分析问题与理论视点相结合,在多重理论的检视中,透视职业教育统筹发展的理论与实践。

(一)教育学理论视野下的职业教育价值、功能与教育方式

首先,职业技术教育属性的物本化实质上体现的是职业教育在发展过程中因受工具理性的影响,越来越缺少对人性的关怀,这与教育与人的发展理论中强调教育的一切以人为中心,对人本身发展的终极关怀理念相背离,而教育与人的发展理论也正好为解决职业技术教育属性物本化问题奠定了人本基础。其次,职业技术教育社会功能失调实质上体现的是职业教育在发展过程中并没有充分体现其社会发展功能,反而受社会二元结构的影响而起到相反的作用,这与教育与社会发展理论中所强调的,通过教育的功能发挥促进社会发展以及教育与社会之间和谐共处协调发展理念相背离,而要解决这一职业技术教育社会功能失调问题,教育与社会发展理论不仅为其奠定了功能基础,而且为问题的解决提供了良好的理论向导。最后,劳教结合力度不够实质上体现的是在职业教育教学中或实训作业中对劳动生产知识、技术技能的重视和结合度不够,这使得职业教育所培养的学生难就业和就业后的岗位适应困难而导致资源的严重浪费,这与马克思主义的劳教结合理论中强调教育与劳动的结合,以促进学生潜能的全面开发和能力的全面发展理念相背离。教育与劳动结合的理论为劳教脱离问题的解决奠定了理论基础并指明了方向。

(二)经济学理论视野下的职业教育经济环境、人力资本、利益和规模

首先,二元经济结构矛盾的形成究其主要原因是城乡经济差距的存在。随着社会发展步伐的加快,城乡二元经济结构矛盾愈发变得不可调和,而随着这种矛盾的加剧,会不可避免地出现城乡之间配套建设与公共事业等方面出现非均衡发展,从而导致一些社会问题的出现。二元经济理论从发展中国家农村和城市发展的诸多要素出发,深层剖析农村和城市经济差距形成的原因和影响因素,这为中国解决城乡二元结构矛盾提供了较好的借鉴。其次,人力资本开发不充分问题可以最终归根于教育质量与效益不高上。教育,尤其是职业教育作为将人力资源向人力资本转换的重要载体,若不能充分实现人力资本的开发,则是教育尤其是职业教育效益不高的重要表现。人力资本理论尤其强调人力资本对社会发展的重要性,也

重点阐明了人力资本形成和运作的机理，这对职业技术教育统筹中人力资本开发不充分问题的形成原因进行了较好的解释，并为其问题的解决提供了理论基础。再次，利益主体间的非理性博弈问题实质是在职业技术教育统筹中各利益主体为了各自利益的争夺而进行的非理性竞争和博弈，而这种非理性的博弈必然会导致统筹中各类资源的浪费。共赢性博弈理论立足于博弈主体之间的理性博弈，旨在博弈主体之间实现"双赢"或"多赢"，这为解决职业教育在统筹中的非理性博弈问题树立了价值理性基础和目标指引。最后，职业教育规模效益不高问题主要表现在职业教育统筹背景下，一方面农村职业教育发展的规模明显不足，不能形成规模效益，另一方面城市职业教育发展规模过于扩张而形成规模"不经济"问题。规模经济理论重在阐释形成适宜的规模经济的重要性，以及规模不经济等问题的形成根源，这为职业教育统筹下的规模效益不高问题进行了较好的解释，也为我国农村职业教育形成规模经济、职业教育形成范围经济、区域职业教育形成聚集经济提供了路径选择依据。

（三）社会学理论视野下的职业教育统筹公平与秩序

首先，职业教育在统筹发展中存在的重普通教育轻职业教育、重城市教育轻农村教育现象均是教育发展领域的不公平问题。从重普通教育轻职业教育的问题来看，主要源于社会公众对职业教育的社会认同偏低，从而忽视职业教育发展；从重城市职业教育轻农村职业教育来看，其发展失公的重要原因在于农村发展所依附的经济环境不良和教育行政部门对农村职业教育发展的不重视。公平理论强调统筹兼顾与差异补偿以及实现社会领域各方面的公正与平等，这为职业教育统筹下不公问题的解决提供了价值导向。其次，职业教育与区域经济发展失序问题。无论是利益主体之间因利益博弈而顾此失彼，还是职业教育与区域经济之间没有形成有效对接，其问题根源均可以归结于职业教育统筹在顶层规划上没有关照全局，以致于职业教育系统与其他系统之间发展失序。秩序理论尤其强调事物发展在遵循规则的前提下形成有序发展的秩序，从自生自发的秩序到计划的秩序，再到合作的新秩序发展，这为职业教育统筹下各系统之间如何建立新的秩序提供了依据和发展的路径选择。

（四）生态学理论视野中的职业教育统筹发展的自由、共生与均衡

首先，自由与共生失衡问题实际上反映的是职业教育过强地依赖并依附于本区域经济，而区域经济却对职业教育的发展参与度较低，两者之间

并没有实现和谐共生式发展。共生协同理论强调生物与其他生物走向联合，共同适应复杂多变的环境，互相依赖，各自获取一定利益，而这种共生式发展理念为职业教育与区域经济共同发展奠定了理论基础，从而说明职业教育与区域经济之间只有相互扶助相互联结，才能使得两者之间实现共生共荣式发展。其次，生态位失宜问题主要反映了职业教育与区域经济之间均处在不适宜的极端生态位上，一方面职业教育因社会认同低和服务经济发展能力不强的原因而处于发展不利的生态位上，另一方面区域经济社会也没有发挥其对职业教育发展应有的作用，也处于不合宜的生态位上。生态位理论认为自然生态系统中任何一个种群均在时间、空间上处于应有的位置并与相关种群之间有着相互作用的功能关系。合适宜的生态位不仅决定了物种在哪里生活，而且决定了它们生活的质量。若将职业教育和区域经济看作一个有生命体的种群，若两者之间不能友好地处于恰当的生态位中，那么彼此之间在相互作用过程中也不能各取其利，不能实现共生共荣式发展。

（五）文化学理论视野中的职业教育统筹发展的价值理念与特色

　　首先，文化主体的价值冲突问题主要反映了价值主体之间因追求各自利益最大化的需求而在价值理念、思维方式和行为模式中表现出彼此脱离并发生冲突的情况，而正是价值主体各方之间不能形成一致意识并采取一致行为，使得职业教育在统筹发展中困难重重。其次，人才规格的导向冲突问题主要也是因文化主体各自秉持的价值理念不同，以致于在人才培养规格上和人才培养质量上产生背离和冲突。最后，特色理念的引领冲突问题实际上反映的是在职业教育统筹发展中，城乡之间、区域之间由于受不同文化理念的影响，职业教育之间以及职业教育与区域社会之间在发展的外在形态上往往出现竞争或排他行为。

　　理念往往代表着事物发展的方向，理念不适应必然导致发展走上弯路，使事物发展困难重重。文化适应理论强调在一定的时空条件下，主体的行为要与特定的自然生态环境和文化环境相适应以求在相互作用、动态平衡中追求共同发展。职业教育的统筹发展势必要与不同区域、不同民族的文化在长期的接触交往中，通过互相影响、互相协调，在追求动态平衡中共同发展。另外，文化整合理论强调文化在由简至繁的每一个层次上都应当按照一定的秩序在结构上相互关联、在功能上相互协调，从而使不同的文化要素、文化系统相互适应、吸取、协调而趋于和谐或统一为整体。职业教育在统筹中，无论是文化主体的价值冲突、人才规格的导向冲突抑或是特色理念的引领冲突，说到底均是职业教育在统筹中各文化主体、文化要素和文化系统之间没有按照一定的秩序进行相互适应并趋于和谐统一的整体，从而导致的文化冲突问题。

（六）系统科学理论视野中的职业教育统筹发展的整体性与持续性问题

首先，整体性割裂问题主要是站在整体系统层面，将职业教育和其他统筹相关层面均看作是整体包含的要素，整体性割裂也即是各要素之间彼此相对孤立而未有效地整合成一个整体。其次，有序性缺失问题实质是将职业教育统筹所涉及的层面均视为各个不同的系统，各系统之间并没有形成发展的有序状态而使得系统之间秩序紊乱。最后，持存性断层问题实质反映的是职业教育统筹发展缺乏一种可持续的长远发展规划，以致于职业教育在统筹发展中出现只顾眼前的短期效益，导致后期的断层式发展。

复杂性适应系统理论注重从系统整体和系统要素阐明事物发展的本质。复杂性适应系统理论认为，复杂的系统是由微观的主体相互作用生成的宏观复杂性现象，相应的，职业教育统筹系统实质上也是由各种微观主体相互作用而形成的整体体系，这为职业教育统筹中的整体性割裂问题的解决提供了现实依据；此外，复杂性适应系统主要采用自上而下的研究路线，先研究系统整体，再剖析系统要素及要素的相互作用，而对于职业教育统筹问题，复杂性适应系统理论提供了研究的技术路线。另外，复杂性适应系统理论重在揭示客观事物构成的原因及其演化历程，强调事物的长远发展，这为职业教育统筹中只顾眼前发展的持存性断层问题提供了解决方式的支持。

自组织与他组织理论重在研究自组织系统的形成和发展机制问题以及其他系统对其的作用问题。首先，自组织理论强调系统本身可以作为一个整体的系统，其内部各要素相互作用而推动系统的发展，因而要以整体眼光看待系统的发展。然而在职业教育统筹发展的现实中却存在着职业教育统筹整体系统的割裂问题，自组织理论的整体发展观则正好对解决职业教育统筹的整体性割裂问题起到了方向引领作用。其次，自组织与他组织理论强调系统自身能够自动地从无序走向有序，并从低级有序走向高级有序。而在职业教育统筹发展实践中却存在着职业教育系统内部以及与其他系统之间出现有序性缺失问题。诚然，自组织理论强调系统自身只有不断地从无序走向有序才能有持续发展演变的动力，因而从无序到有序、从低级有序到高级有序的发展模式为解决职业教育统筹中存在的有序性缺失问题提供了理论依据。最后，自组织与他组织理论强调系统自身作为一个自组织，其他系统相对于其为他组织系统，并重在阐释自组织系统与他组织系统之间的相互作用原理以及两者和谐共处走向更好地发展。在职业教育统筹发展中，若将职业教育作为一个自组织系统，其他各层面作为他组织系统，职业教育系统却与其他系统之间没有形成发展的持续性，自组织与他组织理论正好为职业教育系统与其他系统之间实现和谐共处，并走向可持续发展提供了参考。

（七）信息技术学理论视野中的职业教育统筹的信息鸿沟、技术保障与信息技术素养

在职业教育统筹发展中，由于城乡之间发展的不均衡往往致使城乡之间职业教育出现信息鸿沟问题，而这一问题本质上反映的即是发展职业教育所需的信息资源的分配不均问题。全信息理论尤其强调信息通道的重要性，要获取完全的信息必须建立畅通的信息通道，保障顺畅地获取信息。从这一观点出发，搭建城乡之间通畅的信息通道，实现信息的网络化和共享能有效促进信息的分配均衡，解决城乡信息鸿沟问题。知识管理理论尤其强调对知识管理和对人的关系的统一，并实现知识网络的形成和知识间的共享。在职业教育统筹实践中，通过建设城乡之间的信息技术平台，实现城乡之间的知识和信息网络的全面覆盖，并提供相应的技术和人才保障，不仅能在一定程度上突破职业教育城乡之间的信息鸿沟问题，还能在一定程度上实现职业教育在信息资源上的均衡化发展。

职业教育统筹作为一项综合性的社会改革，它自身并不是也不可能孤立地存在，因此，对职业教育统筹问题的研究绝不能是单维的视角，应从多维理论视角出发，全方位、多层次、全景式地揭示我国职业教育发展与变化的内在规律，解析职业教育的问题，探寻其对策。

第二节　教育学理论下的职业教育统筹发展

职业教育统筹发展、是针对城乡教育失衡提出的，最终目的是要缩小城乡教育差距，是教育公平在职业教育方面的体现。在职业教育统筹发展中，教育与劳动结合的统筹发展是其根本的内在动力，在此基础上，教育促进社会发展的理论告诉人们，职业教育统筹发展对经济社会的发展有内在优势，能培养新型农民，促进新农村建设；加快科技进步，实现城乡经济协调发展；最终促进社会协调健康发展。

一、教育与人的发展：职业教育统筹发展的人本基础

教育对人发展的促进作用首先是建立在人的身心发展规律的基础上。为了有效促进受教育者的身心健康发展，教育在任务的高低确定、内容的多少和深浅、方法的选择等方面都是依据受教育者身心发展的顺序性、阶段性、个别差异性以及个体发展的不平衡性来确定的，以为受教育者施行循序渐进与因材施教的良好教育，从而有效促进受教育者身心协调发展。教育的对象与核心是人，职业教育的对象与核心是职业人。职业教育统筹发展的本质是人的发展。职业教育统筹发展无论是城乡职业教育、区域职业教育、职业教育与其他教育类型的统筹发展，抑或是职业教育与经济社会以及其他的统筹发展，归根结底要通过职业教育对人的培养而得以实现。

职业教育家黄炎培曾提出，职业教育的目的是"一谋个性之发展；二谋个人谋生之准备；三为个人服务社会之准备；四为国家及世界增进生产力之准备"。从促进人的发展层面来看，职业教育不仅能够促进个体的个性化发展，还能给予个体发展所需的谋生技能，通过促进个体个性化与社会化发展而实现职业人的培养。所谓职业人就是参与社会分工并在分工过程中，自身具备较强的职业专业知识、技能和素质，并能够通过为社会创造物质财富和精神财富，而获得其合理报酬，在满足自我精神需求和物质需求的同时，实现自我价值最大化的这样的一类群体。通过实现职业教育统筹发展，更能全方位地协调各方教育资源全面促进职业人的发展。

第一，职业教育统筹发展能够促进职业人的人格发展。职业人人格就是人在职业活动中所扮演的角色及其外在行为的表现方式。传统的职业教育，主要建立在"物本主义"基础上，而这种以物为中心、以技术为中心的片面视角，在追求工具主义价值理性的基础上，将人视为促进社会经济发展的工具，人成为社会与经济发展的附庸。职业教育统筹发展是建立在"人本主义"基础上，以人为中心，以人的发展为目的，尤其重视职业人的人格发展，通过借助职业活动来实现职业人的全面自由发展，并鼓励职业人提升自己的生命质量，驾驭自己的人生方向，从而在服务社会中实现职业人的自我价值。

第二，职业教育统筹发展能够有效促进职业人的能力发展。职业人能力的发展主要集中在从业能力的发展和关键能力的发展两方面。在从业能力方面，又主要集中在对职业人的专业能力、方法能力、社会能力的培养和发展上，不仅要求职业人掌握专业知识和专业技能，还包括学会学习、

学会工作、学会共处、学会做人。在关键能力方面，主要是培养和发展职业人的综合职业能力。职业教育通过在城乡之间、区域之间、各类型教育之间实现师资、资金、物资等方面的统筹，能够有效集中优势资源实现职业人在不同场域中从业能力和关键能力的协调发展。

第三，职业教育统筹发展能够促进职业人的生涯发展。黄炎培认为，人类一切问题的中心是生活。职业教育统筹发展为个人个性化发展和谋生创造了有利条件，使接受教育的人能够适应生活和享受生活，同时职业教育的统筹发展也为个人服务社会提供了有效的职业平台。诚然，职业是社会分工的产物，而职业教育正是延续社会生产和社会生活、保持和发展各行各业的条件。通过对职业教育的统筹，从而使职业教育在职业人培养上有了全息的教育场景，使得职业人能够有效地以平衡和统合的办法科学管理职业生涯，合理协调个人发展与服务社会的关系，以实现个人幸福与社会贡献的最大化。

二、教育与劳动结合：职业教育统筹发展的前提基础

教育与生产劳动结合是永恒的主题，因为生产劳动是人类生存的基本方式，而教育是立足当前、面向未来的一项社会实践活动。马克思主义创始人根据当时的政治、经济、社会背景以及社会生产和劳动分工状况，在对资本主义生产及其矛盾进行具体分析的基础上，把教劳结合与争取工人及其子女受教育的民主权利、提高劳动者的地位、抵制资本主义残酷剥削的斗争、推动社会生产力的发展、变革社会制度的政治斗争等紧密结合起来。[1] 毛泽东把马克思主义的教劳结合原理同中国的国情结合，并第一次把教劳结合提到教育方针的高度，把教劳结合放到教育同经济有着密切联系的大背景下审视。教劳结合被视为工农劳动大众享有教育平等权利的重要手段。邓小平根据我国社会主义现代化建设的客观规律，从宏观上揭示了教劳结合的实质，提出教劳结合"更重要的是整个教育事业必须同国民经济发展的要求相适应"等著名论断。[2] 可见，在新的历史时期，在经济一体化的世界大背景下，在金融危机的威胁下，教劳结合更有其深层次的含义。教劳结合总体上反映了"科教兴国"的战略要求，要求教育同社会主义现代化相结合，同新农村建设相结合，同整个教育事业与国民经济发

---

① 《教育同生产劳动相结合的研究与实验》课题组. 教育同生产劳动相结合的研究与实验[J]. 教育研究，1997（3）：18.
② 《教育同生产劳动相结合的研究与实验》课题组. 教育同生产劳动相结合的研究与实验[J]. 教育研究，1997（3）：18.

展相适应，同人的全面发展相结合。

马克思的教劳结合理论揭示了教育与科学、教育与经济、教育与社会、教育与人的发展之间的内在联系和规律，具有科学的合理性和普遍的适用性。教劳结合理论反对的是为了培植某方面的片面技巧而不惜牺牲个体今后的全面发展，将人异化成会说话的工具，造成人的智力荒芜，精神恍惚，强调教育的核心价值是促进学生的全面发展，是人的潜能的全面开发和人的能力的全面发展。职业教育更应避免学生的异化。

在经济全球化的今天，为了应对金融危机，我国开始面临新一轮的经济产业结构转型，不再仅仅靠别人的技术，自己用廉价的劳动力进行组装产品，不再走劳动密集型的道路，而要发展有中国特色的生产线，提高我国产品的技术含量与质量，增强国际市场竞争力，职业教育的重要性更加突出。我国已从人口压力大国变为人口资源大国，正向人力资源强国迈进。以马克思教劳结合理论来指导职业教育改革与发展，国家和政府不仅仅要加大对职业教育的投入，而且要改革职业教育当前的问题，从宏观的政策制定到中观的教育管理，再到微观的专业与课程设置，从上到下地统筹，要做到协调一致，以促进职业教育可持续发展。

三、教育与社会发展：职业教育统筹发展的现实意义

生产力的发展是社会进步与发展的最高标准，教育通过为社会培养合格的劳动人才，从而将先进的科学技术转化为现实生产力，因此"教育先行"是重大的战略决策。教育—人—社会，人是生产力中最活跃最主要的要素，社会是人的集合体，人的素质的提高是生产力发展的最主要动力，特别是在知识经济社会，掌握先进理论和科学知识的人才是推动社会发展的最重要力量[1]，因此，教育通过培养社会所需要的各方面的人才，从而推动社会的进步与协调发展。

我国已经到了"以工哺农"、"以城带乡"的关键时期。城乡统筹的关键是打破二元经济结构，增加农民收入。可见，实现城乡经济一体化，解决三农问题，全面建设小康社会，城市与乡村应并驾齐驱，统筹职业教育是先导，职业教育统筹发展是重点。因而在城乡统筹发展的过程中，城乡教育也必然要结束过去的城乡分割而走向城乡一体化。温家宝总理在国家科技领导小组会议上的讲话中也明确指出，要在教育改革和发展中，实行

---

① 袁增华. 人的全面发展与社会全面进步［J］. 理论学习，2001 (9)：20.

城乡统筹，把农村教育放在重要地位。[①] 职业教育统筹发展对城乡协调发展这一系统有着其内在优势，表现在以下几点：

第一，职业教育统筹发展能够最直接、最有效地培养新型农民，加快新农村建设。农村职业教育就是面向广大农村和农民推广有针对性的实用技术，提供职业技能培训，运用教育和培训手段不断提高劳动者的知识文化水平和劳动技能。教育是一种有着巨大收益的投资行为。只有不断提高农民的科技文化素质，才能不断提高他们的生产效率、致富能力，以及民主参与能力，为新农村建设提供强有力的人才保障，从而改变农村的落后面貌。农民接受职业教育，其收益直接、明显。因为农村职业教育的内容直接和农村的生产与生活相联系，农民文化素质的提高能使农业和农村的经济增长加快，农民收入增加，为农业现代化与产业化奠定良好的基础。农民的收益增加，则农民投资教育的积极性就会提高，也会改变传统的教育观念，增强他们投资子女教育的信心。因此，就会形成农村教育包括职业教育在内的良性循环，从而有效地推进新农村建设可持续发展。

第二，职业教育统筹发展促进富民优势产业发展，进而实现城乡协调发展。职业教育的培养目标是培养一大批具有必要理论知识和实践能力的生产、建设、管理、服务第一线的人才。职业教育所培养的人才直接为经济建设服务，把可能的生产力转变为现实的生产力。当今社会的竞争，主要是人才的竞争，提高人才的素质，已成为强国的重要武器。同时职业教育是造就大批农业科技人才的源头活水，可以为农村提供数以亿计的各行各业技术人才和技术骨干；也可以使农民学习、接受先进理念，进而提高转化科技的能力，为农业科技进步打下坚实的人才基础。

目前我国的职业教育在改革过程中虽得到了长足发展，但是仍存在很多问题，表现最为突出的就是乡村职业教育发展滞后，城乡职业教育差距比较大。要缩小城乡差距，最直接的办法就是提高农民的经济收入，最关键的突破口就是变农村的人口压力为人力资源优势。当大力发展经济效率直接而明显的乡村职业教育时，农村科技人才就会大量涌现，农村各种资源就会得到有效的开发，农村的生产力就会提高，农副产品加工以及富民优势产业就会得到培育和增长，并逐渐形成农村的产业化链条，将农产品的产前、产中、产后环节有机联系起来，并带动其他产品的分级、包装、储存保鲜、交通运输、商业、服务等相关产业发展。这样，当出现返乡农

---

① 黄龙威，邹立君. 城乡教育统筹发展：目标、责任与监测 [J]. 教育研究，2009 (2)：39-41.

民工时，农村产业链就会是他们就业的有效途径，并吸引他们扎根农村，为新农村建设努力奋斗，从而缩小城乡差距，让农村同城市一样能留住人才，逐步实现农村的城镇化，实现城乡统筹协调发展。

第三，职业教育统筹发展能促进社会和谐健康发展。从宏观上讲，社会的和谐发展，包括政治、经济、文化、教育等各方面的协调发展，也包括城市与乡村的和谐统筹发展。"不患寡而患不均"，一直以来，"重城市，轻农村"、"重市民，轻农民"的城乡二元结构的制度安排，导致城乡居民不仅在义务教育、医疗卫生以及社会保障服务各方面存在着巨大的利益差异，在职业教育公共服务水平上也存在较大差距，农村职业教育发展落后已成为阻碍和制约职业教育发展的"短板"。

农村职业教育的积极发展，是提高劳动力素质的重要手段，是促进农村经济可持续发展的有效措施。人类对教育的需要有基本需要、生存需要与闲暇需要，在当今的农村，也许教育更多的是基本与生存需要；当人们安居乐业时，人们的经济宽裕时，那时的教育更多的是一种心理需要，就会产生乡村文明，构建和谐社会也指日可待。人们接受教育不仅仅是为了生存，而是为了身心更健康，生活更美好。从这个意义上来说，职业教育统筹发展是构建和谐社会的需要，因为职业教育与人的生产与生活发展密切相关，职业教育不仅为人的职业发展提供职业知识和技能，而且为人的职业发展培育职业精神，为人的发展树立良好的职业道德。因此，职业教育统筹发展不仅有利于经济的发展，还有利于和谐社会的构建。

第三节　经济学理论下的职业教育统筹发展

职业教育统筹发展作为统筹城乡综合配套改革的重要内容，是基于城乡二元经济结构矛盾的现实困境而提出的教育发展战略。在职业教育统筹发展中，城乡人力资本的统筹发展是其根本的内在动力，而坚持共赢性博弈理念则是其决策选择的价值理性，在此基础上，实现城乡职业教育的规模经济、范围经济及聚集经济，是职业教育统筹发展的应然实践样式。在此，本节以经济学相关理论为视角，继续探寻职业教育统筹发展的理论基础。

一、二元经济：职业教育统筹发展的现实困境

（一）二元经济结构理论与城乡二元经济结构

二元经济结构理论是区域经济学的奠基性理论之一，也是研究城乡经济差距的重要基础理论。文献梳理发现，国内外经济理论界对二元经济结构问题的研究形成了清晰的理论脉络。刘易斯(A. Lewis)首先提出了其著名的"二元结构模型"，之后费景汉(H. Fei)、拉尼斯(G. Ranis)修正了"刘易斯模型"并形成了"费—拉尼斯模型"，乔根森(D. Jogenson)、哈里斯特(Harrist)和托达(Todaro)等对二元经济结构问题也进行了较为深入的研究，此后，更多的学者对该问题进行了不同视角的探讨。可以看出，对二元经济结构问题的研究可谓"百家争鸣"，学者们仁智互见，然而归结而言，以上学者都试图探明劳动力及其转移在传统农业经济向现代工业经济转变中的作用及路径。

在我国，二元经济结构主要是城市的现代经济与农村的农业经济之间的矛盾，其主要表现为：其一，城市经济以现代化的大工业生产为主，而农村经济则以典型的小农经济为主；其二，农村经济发展缓慢，城乡消费差距越来越大；其三，农民收入增长缓慢，城乡居民收入差距逐渐扩大。当然，除了经济因素之外，我国城乡二元结构还更多地体现为刚性的制度性因素，如以城乡分割户籍管理为基础，在福利制度、就业制度、社会保障体系等制度安排上所呈现出的严格的二元分割状态，且在这种制度安排下，农业人口和非农业人口在上学、就业、社会福利保障等一系列问题上又表现出严重的不对称。

（二）城乡二元经济结构与职业教育

一方面，城乡二元经济结构的现实不可避免地带来了职业教育城乡非均衡发展的困境；另一方面，职业教育又能以其独特的优势缓解与消弭城乡二元经济结构。

1. 城乡二元经济结构对职业教育的作用力

作为社会上层建筑之一，教育的发展必然要受到社会经济条件的制约。我国城乡经济差距反射到教育，不可避免地就会形成城乡教育的不对称。显然，城市作为区域政治、经济、文化中心，特殊区位优势带来了经济的迅速发展，城市教育作为城市发展的子系统之一，其发展必然受到城市经济高速发展的推动。而作为社会发展另一极的农村，其经济发展相对

落后，农民收入水平较低，因此农村教育的发展必然受到农村经济发展水平的制约。为此，在城乡二元经济结构下，城乡职业教育发展不对称首先体现为教育资本投资量的不对称，包括办学资本投入、基本教学设施、师资力量不对称等；其次表现为城乡职业教育在信息、资源拥有与享用上的不对称；最后表现在城乡职业教育在就业、培训等方面存在差异。

2.职业教育对城乡二元经济结构的反作用力

"解决城乡收入差距，提高农民的收入，最主要和关键的就是要减少农民，把农村劳动力向非农产业转移。"① 而二元教育造成城乡劳动力的异质性，使农村劳动力在向城市的转移中遭遇自身素养、技术上的障碍，因此，从这个意义上讲，消除二元经济应首先消除二元教育，使农村劳动力掌握现代生产技能，以便顺利完成向城市的转移，实现经济的一元化。而在剩余劳动力从传统农业部门转入现代工业部门进程中，职业教育发挥着重要的作用。因为，"农村劳动力进城，不仅面对生活方式的转变，更要进行工作方式、劳动技能的转变，对缩小城乡收入差距、构建和谐社会来讲至关重要，对农民收入水平的提高也至关重要"。

二、人力资本：职业教育统筹发展的着力基点

(一)人力资本及其在城乡统筹发展中的根本价值

20世纪60年代，美国经济学家舒尔茨(Theodore William Schultz)和贝克尔(Gary Stanley Becker)创立了人力资本理论，开辟了人类关于人的生产能力分析的新思路。关于什么是人力资本，罗森如此描述："人力资本是体现在人身上的技能和生产知识的存量。人力资本投资的收益或报酬在于提高了一个人的技能和获利能力，在于提高了市场经济和非市场经济中的经济决策能力。"② 作为一种较为成型的经济学分析理论，人们对人力资本理论的内容构架达成了较为一致的共识，一般而言，人力资本理论主要包括四个基本认识：认为人力资源是一切资源中最主要的资源；在经济增长中，人力资本的作用大于物质资本的作用；人力资本的核心是提高人口质量；教育投资是人力投资的主要部分。

人力资本理论的产生及发展，使人在物质生产中的决定性作用得到了复归。在知识经济时代，人力资本水平的高低成为决定经济持续增长的重

①　林毅夫.职业教育对缩小城乡差距至关重要［J］.中国老区建设，2007，(5)：13-14.
②　新帕尔格雷夫经济学大辞典(第三卷)［M］.北京：经济科学出版社，1996：112.

要因素。发展中国家的传统农业转化为现代农业的关键，是通过人力资本投资提高农民的知识、技能和资源配置能力。[①] 实际上，人的问题应当是城乡统筹发展中的根本问题，人力资源是实现新农村建设和城乡协调发展目标的根本源泉，而实现城乡统筹的前提和基础是提高文化科学技术水平和广大劳动者的素质。然而从现实看，中国的劳动力，尤其是农村劳动力不仅文化程度普遍较低，而且创新精神、专业技能、职业习惯也与新农村建设和城乡协调发展的要求存在极大差距。从长远看，解决农业和农村发展问题、实现城乡统筹发展，根本出路在于依靠科技进步，依靠众多掌握科技知识和技能的劳动者。

(二)职业教育增进农村人力资本有效性的作用机理

教育部门作为人力资本的重要生产部门，其生产性得到了诸多经济学家的关注。在舒尔茨看来，教育是人力资本投资的核心，是形成人力资本的主要手段，教育形成的人力资本的增长意味着技术进步，而技术进步是经济增长的真正源泉，因而教育对于现代生产必不可少。[②] 毋庸置疑，教育形成的人力资本在一定程度上对自然资本和物质资本具有部分替代作用，人力资本的投入可以部分节约物质生产要素的投入，而这对于相对缺乏物质资本的农村而言，无疑具有重要意义。

人力资本学家哈里比逊(Haribison)与马亚(Myer)对各国劳动力的职业与教育程度构成进行了统计分析，进而对其与经济发展阶段的相关系数进行了计算，结果发现，受过中等教育的劳动力与人均 GNP 的相关系数最大，由此得出了为实现经济的发展必须扩大中等职业教育的结论。[③] 受这一理论的影响，在许多发展中国家都可以看到扩大中等职业教育的政策倾向。相对于农村经济发展而言，职业教育对增进人力资本有效性的作用更加明显，农村职业教育主要表现为对农民的在职培训，提高了农民加工和利用外来信息，以及采用新技术和生产工艺的能力，从而在根本上解决农业和农村发展问题，加快实现城乡统筹发展。

---

① 刘永瑞.经济教育学论纲 [M].北京：人民出版社，2003：162.
② 西奥多·舒尔茨.论人力资本投资 [M].北京：北京经济学院出版社，1990：110-159.
③ 刘文君.职业教育与经济发展——日本的经验教训对我国的启示 [J].教育与经济，2007，(2)：64-68.

三、共赢性博弈：职业教育统筹发展的价值理性

(一)城乡职业教育统筹发展中的现实博弈

博弈论是研究决策主体的行为发生直接相互作用时候的决策以及这种决策的均衡问题。[①] 作为 20 世纪 70 年代之后才逐渐发展、完善并在经济领域得到广泛运用的新兴理论，博弈论紧紧抓住经济行为主体之间利益冲突与协调、摩擦与融合、竞争与合作以及策略之间相互作用、相互制约这一关键，提出了比传统经济理论更贴近实际和现实市场的经济分析新方法和新思路。

城乡职业教育统筹发展改革的实质在于各种不同差异主体间利益格局的调整和基本利益关系的重新构建，进而寻求利益格局调整中的最小摩擦值。然而，在城乡职业教育统筹发展中，不同利益主体关照下的行动决策必然存在不可避免的博弈现象。具体而言，博弈主体主要表征为职业教育的城与乡、院与校、院(校)与院(校)之间；博弈过程表现为不同博弈主体对职业教育条件的外部投入、政策的有力保障、资源的配置流向、信息的分布掌握、办学的市场效益等诸多利益的"明争暗夺"；而博弈的结局则因为博弈价值理性的不一而表现为多种可能。

(二)职业教育统筹发展中共赢性博弈分析

博弈价值及过程理性与否直接决定博弈结局的合理程度。职业教育统筹发展要摒弃"一极独大""两败俱伤"式的零和博弈，而寻求"双赢互惠""和而不同"式的共赢性博弈。

1. 零和博弈与非零和博弈

作为一种有利益牵连的各方之间的决策协同现象，博弈过程必然存在着不同的结局。一般而言，一个博弈过程可能出现零和博弈和非零和博弈两种结局。所谓零和博弈，意味着博弈主体之间存在着明显的利益冲突，一方的收益就是另一方的损失，有时候，甚至还可能出现利益主体都受损，无任何收益可言，出现"同归于尽"或"两败俱伤"的结局。与零和博弈不同，非零和博弈意味着利益主体之间并不一定要形成竞争式的对抗关系，双方在利益上无根本冲突，甚至有一部分利益是可以一致的，双方可以在利益上都有所增加，或者至少是一方的利益增加，而另一方的利益

[①]　张维迎. 博弈论与信息经济学 [M]. 上海：上海人民出版社，1996：3-4.

不受损害，从而使整体的利益有所增加。

2.共赢性博弈的价值机制

显然，非零和博弈为博弈双方提供了合作的空间，因为博弈双方完全有可能联手合作，共同受益，而不必斗得头破血流、两败俱伤。"在所谓文明的冲突中，其实常有相当大的合作空间。那些看起来是零和的抗争，可以在一些存在的善意中，被转化为互利的非零和游戏"。① 因此，强调博弈主体之间的"双赢"或"共赢"应当是一个博弈最佳的解。共赢性博弈主张在实现集体总得益最大化的同时，也实现单个决策主体得益的最优，其强调的是团体理性，是效率、公正和公平，因此这是一种合乎理性的博弈。当然，共赢性博弈并非追求博弈方之间绝对的均衡或利益对等，因为在共赢性博弈中，各博弈方主要致力于通过提高内在竞争力而取得竞争优势，间接造福于各博弈主体，而不同博弈主体在博弈能力上必然存在着差异，因此博弈均衡的结果一般稍微有利于强者。

3.职业教育统筹发展中的共赢性博弈

共赢性博弈的理念及价值追求决定了其要从根本上排斥那种以邻为壑、单边行动、霸权主义、实力基础等非互利合作，以及非协同与非均衡博弈的诸多所谓战略、战术和做法。共赢性博弈理应成为职业教育统筹发展的理性选择。就职业教育统筹发展而言，其不应当是"独自为阵"的非合作发展，更不是"两极走向各奔东西"式的发展，而应是在各自发展的优势上"尽可能互助互补"的发展；其不应该是单纯地追求"缩小差距"的统筹，更不是"弃高抬低"与"削峰填谷"的单赢式发展，而应当是在城乡职业教育的发展规划、教育条件的外部投入、教育资源的有效配置、能力建设的动力保障、政策措施的制度支撑上，"尽可能公平"的统筹，是"追峰隆谷"的统筹，从而体现"低端不低"与"高端更高"的共赢性发展理念。

四、规模经济：职业教育统筹发展的实践样式

（一）规模经济与城乡职业教育统筹

规模经济（economics of scale），又称"规模利益"（scale merit），是指通过合理安排一定经济实体内各生产要素的比例和数量，从而控制经济实体的整体规模而取得的节约或经济效益，是伴随着生产经营规模的扩大

---

① 　理查德·道金斯.自私的基因［M］.长春：吉林人民出版社，1998：276.

而出现的单位产品成本下降、效益上升的现象。反之，则称为规模不经济（diseconomies of scale）。① 在企业规模经济理论受到人们重视以后，有人开始关注职业教育的规模经济问题，并认为职业教育同样存在着规模效益问题，其原理与企业是基本一致的。事实上，职业教育作为一种知识产业，其同样需要大量资源的投入，包括人力、财力、设备、场地等诸多资源。当前，我国职业教育普遍面临着教育资源短缺的问题，尤其是农村职业教育资源投入不足的问题尤为突出。

（二）规模经济理论下职业教育统筹发展的实践样式

一般而言，企业实现规模经济有两种路径：一是企业通过自身投入生产设备、改进生产技艺从而提高自身生产能力；二是生产并不是依靠单个企业规模的扩大，而是依靠企业间或者企业与其他社会组织等进行联合，通过共享资源、信息、知识等节约组织成本，提高效益。显然，前者是技术意义上的规模，而后者是资源统筹层面的规模，且后者容易附带产生范围经济和聚群经济效应。因此，职业教育统筹发展可以施行以下三种样式。

1. 面向农业农村，实现职业教育系统的规模经济

规模经济理论认为，规模经济产生的主要原因在于企业的经营过程中存在固定资本和变动资本。而在生产技术水平、组织结构和条件不变的状况下，当生产规模扩大时，固定成本的效用可以得到充分发挥，也可以使副产品的开发和利用成为可能，使单位产品应承担的固定成本降低，从而产生规模经济。② 职业教育的资源投入也可以分为固定成本和变动成本，而随着职业教育规模的扩大，单位固定成本就会不断减少，则容易出现职业教育规模经济。然而，在我国城市农村二元经济结构十分突出的背景下，我国职业教育在促进城乡二元社会的和谐发展过程中体现出了"一元化"特征，即职业教育的发展是城市取向的，职业教育的资源投入无论在资金、教学设施、师资等方面都较少兼顾农业、农村和农民发展的需要。为此，要实现职业教育的规模发展，必须重点面向农业、农村和广大农民群众，将农村职业教育的发展作为职业教育规模发展的长足增长点。

2. 集团化发展，实现职业教育的范围经济

规模经济的理论样式之一——范围经济理论（the scope of economic

---

①　刘志民，教育经济学 [M].北京：北京大学出版社，2007：221-224.

②　梁奕，李全生.浅析高等教育规模经济的内涵 [J].商业时代，2009，（10）：87-88.

theory），认为在实际情况中，大多数厂商生产不止一种产品，如果一起生产一组产品比分开生产的费用低，就存在范围经济。一个企业应尽量利用范围经济，以降低成本，提高效益。① 因此，企业可以通过并购获得生产"关联产品"所需要的资源，进行关联产品的生产，实现范围经济。职业教育集团化通过组建两个或两个以上的学校、企业或社会团体为成员单位的联合体，从而达到资源共享、典型引路和整体推进的目的，体现了范围经济的基本理念。职业教育要进行集团化发展，一方面，可通过城乡联动办学，以城带乡，充分发挥城市示范和重点职业院校的示范和引领作用，实现城市职业学校在专业教学资源、就业渠道、城市学校品牌等方面与农村职业学校的共享，提升农村职业学校的教学质量；另一方面，可通过院地联动、校地联动、校企合作等，使职业教育与地方、企业一起共同培养人才，实现效益最大化。

3. 区域联动，实现职业教育的聚集经济

聚集经济（agglomeration economies）是规模经济理论的层次之一。其概念最早发端于韦伯（A. Webber）1909 年提出的工业区位理论，即空间上的局部集中现象往往伴随着在分散状态下所没有的经济效率，即产生了企业聚集而成的整体系统功能大于在分散状态下各企业所能实现的功能之和。在国内外，职业教育实现聚集经济效益的案例很多，如我国台湾地区的"区域产学合作中心"就是典型的案例，其通过整合大专院校教学资源，自 2002 年度起在我国台湾北、中、南成立了 6 个"区域产学合作中心"，各中心都有自身特色和专长。基于此，我国职业教育要实现聚集经济效益，必然要实施区域职业教育的整体布局战略，加强区域联动，通过建立更多职业教育城、职业教育区等方式，实现职业教育的规模发展。

诚然，规模扩张固然能带来可观的效益，但规模扩大带来的效益并不是无限的，规模超过一定的限度就会产生"不经济"。此外，作为主要培养技能性人才的职业教育，不能仅考虑规模经济的外在效益，而必须充分考虑一般教育的发展规律，从而达成一种适度、合理的规模经济。

第四节　社会学理论下的职业教育统筹发展

职业教育具有较强的社会性，是社会发展的必然产物，而且对新型城镇化的实现和统筹城乡发展发挥着"立交桥"的功效。因此，密切关注职

---

① 刘志民. 教育经济学［M］. 北京：北京大学出版社，2007：221-224.

业教育与区域经济联动发展的互动关系，有效解决"公平"与"秩序"之间的突出矛盾，对于发挥区域经济的强心剂功能，破除城乡二元经济结构，真正实现城乡一体化和职业教育统筹的均衡化发展具有重要作用。

一、公平与秩序：职业教育统筹与区域经济联动的理性基础

职业教育在与区域经济联动发展在社会化发展进程中逐渐成为推动区域经济发展的重要力量，而且职业教育"技能性与实践性"的特点是其区别于传统教育的最大亮点，也是其发挥教育功能和体现社会价值的最佳路径。但对于职业教育中"公平"和"秩序"之间突出的社会学问题却很少有人触及与研究，而"公平"与"秩序"的运行顺畅问题是判断两者是否健康运行的重要指示信号，也是显现职业教育发展现状的关键节点。

（一）互利的公平：统筹兼顾与差异补偿

1.统筹发展内涵下的公正平等

社会学中，"公平"的内涵包括起点公平、过程公平和结果公平三方面的内容。其中，起点公平指各个社会成员参加各种社会活动和进行自我塑造的起始条件是相等的，要尊重和保护其基本权利，如平等的受教育权和就业权等。过程公平是指社会成员在参与社会活动中，制定相应的规则，保证机会和路径的平等性与合理性。结果公平则反映了人们在社会生活中的分配公平问题，它直接影响着人们对于社会公平程度的评判，同时也是社会公平的最终体现。

职业教育公平作为公平理念在职业教育发展中的体现与衍生，也应在其起点上注意城乡职业教育的受教育权和入学机会的公平，改变以往"农村职业教育培养的人才一定是输往城市"的传统观念，立足于农村特有的大环境来发展农村职业教育，如水产养殖、农业种植和畜牧业产品深加工等，以此来实现农村特色产业的兴起和发展，着力发展农村经济，缩小城乡区域经济差距。职业教育在发展进程中应关注下列问题，如财政经费的投入、资源配置建设、课程教学与专业设置等的公平。政府要加大对职业教育尤其是农村职业教育的投入，根据地区差异合理配置资源，同时还应构建动态模块式的课程体系和任务驱动的教学模式，使专业与产业更好地无缝对接。此外，在结果公平中还应注意：职业教育学生就业和工薪待遇要与接受普通教育的学生公平对待等。通过逐步改善职业教育的地位来强化对职业教育重要性的宣传，采取积极有效的相宜措施以进一步加大职业教育的吸引力。

2. 差异性视角下的倾斜与补偿

西方著名学者约翰·罗尔斯(John Bordley Rawls)提出了著名的"正义原则",其中"差别原则"和"机会公平原则"是处理有关社会问题和经济利益问题的。教育公平是相对的,而不是绝对的,用差异性的思维去对待社会中的弱势群体,在政策制定、财政投入、资源配置等方面对其倾斜与补偿,表面上看这种方式是不平等的,但实则是公平的。真正意义上的教育公平必须在承认个体差异的同时允许非基本教育权利、非公共教育资源方面的不公平的存在。①

职业教育公平在不同的区域之间、区域内部的校际之间和城乡之间等都涉及职业教育的公平问题。不同的区域经济发展水平不同,其对职业教育的重视程度和财政投入也大相径庭,优质职业院校与弱势学校的差别也随之更加明显,其中处于偏远农村的职业教育办学力量则更显不足。我国社会长期存在的城乡二元经济结构等原因使得职业教育的发展长期处在一个城乡不对等、校际不对等的尴尬境地,这要求我们要学会用差异性的方法解决这种不平等。

对部分地区给予政策倾斜和财政补偿,加大城镇和乡村的信息交流与合作,努力实现区域教育资源共享,实现"以城带乡,以乡促城"的职业教育统筹发展新道路,形成"1+1"的帮带制,以进一步拉动农村职业教育的发展;在办学体制、管理体制和人才培养体制方面进行改革创新,对贫困家庭子女酌情减免学费,建立贫困生奖学金资助政策,并把其纳入国家助学贷款受益范围内,以此来逐渐缩小城乡职业教育的差距,以便更好地实现职业教育统筹一体化发展。

(二)合作的秩序:民主权利与对话协商

所谓秩序,法理学家博登海默认(Edgar Bodenheimer)为,"它是在自然和社会进程中存在着某种程度的一致性、连续性和确定性"。② 作为社会得以存在的基础和前提,秩序是平衡、稳定、规则的代名词,社会成员能够根据它预判社会事务的变化与发展。新自由主义的代表人物哈耶克(Friedrich August Hayek)曾经把秩序分为"自生自发秩序"和"计划秩序",而在新型城镇化的今天,单纯依靠自发秩序或者计划秩序已无法满

---

① 蔡秋梅. 中国政府推进教育公平策略研究 [D]. 长春:吉林大学硕士学位论文,2009:11-14.
② 博登海默. 法理学:法律哲学与法律方法 [M]. 北京:中国政法大学出版社,1999:423.

足社会发展的需要，追求基于"合作"的秩序新价值成为新趋向。

1. 权利视野中的民主与制度

追求合作的新秩序并非舍弃规则，而是要建设和完善包括价值系统、规则体系、组织系统和设施系统在内的社会制度，消减制度惰性，避免制度内部秩序紊乱，减少人为因素的干扰，改变计划秩序所隐含的权威主义所产生的只强调义务性、强制性等压制和束缚，注重各个合作主体的民主权利，在多方主体间确立以权利为本位的法律关系，以明晰权利和权力的关系，以权利制衡和监督权力，发挥权力对权利的保障作用。发挥社会制度的价值导向作用，本着利益最大化原则，为各相关主体提供一个自由、公平的竞争秩序，在利益的妥协与整合中寻求合作的推进和深化。

我国正处于新型城镇化建设的关键时期，职业教育有利于实现城乡的良性互动和促进区域经济的发展。对于破解城乡二元经济结构，坚持以城带乡、优势互补具有重要意义，而职业教育与普通教育、城乡职业教育之间在政策、投入、信息、师资等方面仍存在较大差距，但地方政府部门在解决职业教育与区域经济发展之间的矛盾时，其行政决策仍带有很强的控制性和支配性，使权力凌驾于权利之上，从而导致两者的冲突和对抗。统筹兼顾城乡发展，更加关注内生的发展需求和实质性的改革举措，通过建立民主制度以集结各方力量，最大限度地实现城乡之间、城乡职业教育间等的资源整合与共享，以谋求职业教育的进步和区域经济的联动发展。

2. 非控制导向的协商与互动

计划秩序中的秩序通常建立在工具理性的基础上，以协作的形式呈现，强调通过约束主体的自主性而达成决策目标，带有浓重的功利化倾向。而基于合作的秩序则要求尊重多元主体的需求和自主性，是形成和发展于行为主体的内心，不是外在于他人的力量，是非控制导向的，协商与对话成为合作的主旨。[①] 在合作性的社会互动中，处于竞争状态的参与者以互惠互利、平等合作为原则，能够有效激活存量和增量资源，进而形成一种互补互利的合作形态，对区域经济的发展具有重大的推动作用。

在促进区域经济多方联动的过程中，职业教育沦为拉动经济的附属品。"协作性"意蕴浓重，甚至部分院校的产生是顺应地方行政要求的结果，内生发展需求不足，缺乏主动性和互动性的合作，长期地位低下的窘境使职业教育发展更蒙上一层阴影。应变革职业教育与经济发展的凝滞机

---

① 李松涛. 论教育秩序的演变与重建——基于社会变迁的分析 [J]. 当代教育论坛，2013，(1)：8.

制，加强职业院校的自主性，设置具有地方经济特色的课程，开展实践性教学，加快农村劳动力转移，为区域经济增长提供人才支撑。同时，重视与行业企业、政府、社会的沟通与交流，建立多方联动的合作机制和信息共享平台，从市场需求出发，在竞争中寻求对话与合作，通过其产生的辐射效应实现职业教育与区域经济的联动发展。

二、公平欠缺与制度失范：职业教育与区域经济联动的问题审视

（一）公平欠缺：发展非均衡与二元对立

教育公平是构建和谐社会的需要，也是社会公平的重要组成部分，因为教育公平是体现社会主义和谐社会的重要方面，是促进社会稳定的重要因素。教育公平分为权利公平、过程公平与结果公平。我国已经实行并普及了九年制义务教育，然而，学生在完成初中学业后只有一部分的学生能够继续升入高一级别的学校继续学习，而部分学生不能满足升学愿望，这对他们来说是不公平的。农民与城市居民作为中国的公民，都有权利接受教育，在教育质量上应保证其公平性，因此，如何实现公民受教育的愿望，尤其是中国农民的受教育愿望，是一个值得深思的问题。教育部部长袁贵仁说："如果说教育公平主要解决的是'有学上'，那么教育质量主要解决的是'上好学'。促进教育公平，提高教育质量这两件工作应当是下一个时期，今后十年我们工作的两大重点。"① 在建设和谐农村的过程中，教育公平既是一种理想，也是一种目标，必须促进城市与农村职业教育均衡发展，缩小职业教育的城乡差距，加快社会主义新农村建设，但在历史与现实中，有许多因素制约着教育公平，阻碍职业教育的均衡发展。

1. "学而优则仕"：重普通教育轻职业教育

1）社会观念的历史渊源

在中国古代，"学而优则仕"观念根深蒂固，人们求学的目的大多是为了能出人头地，因此，中国的教育历来是重知识教育而轻技能教育，例如孔子的弟子樊迟想学习关于种田、种菜的知识，孔子当面拒绝，背后还骂樊迟是小人。可以看出孔子是鄙视技能与劳动教育的，他认为社会分工有君子之事，有小人之事，"君子谋道不谋食"，君子与小人职责不同，君子不必参与小人的物质生产活动。② 孔丘的这种培养方式是继承贵族教育

① 光明网.袁贵仁：促进公平和提高质量是今后十年工作重点［EO/OL］.http：//www.gmw.cn/content/2010-02/28/content_1061442.htm［2010-2-28］.
② 孙培青.中国教育史［M］.上海：华东师范大学出版社，2003：37.

的传统，为教育与生产劳动相分离制造舆论，给后世职业教育的发展造成了消极影响。在许多人的头脑里，还存在鄙视职业教育的思想，认为接受职业教育是迫不得已的事情。"重文凭、轻技能，重理论、轻实践"一度是衡量人才的标准，普通教育一直被作为教育发展的标志，而职业教育常常被忽视。

2)职业教育的社会地位变迁

在中国的教育体制中，职业教育的地位是起伏不平的。早在民国时期，黄炎培就提出了大职业教育的思想，但中国解放初期，职业教育这一词都较少用，究其原因是在"文化大革命"时期受左倾主义的影响，认为办职业教育是资本主义那一套，社会主义不屑于搞。自1978年以来，在改革开放的春天里，职业教育的地位才有所提高，其中农村职业教育经历了恢复——初步发展——迅猛发展——滑坡——分化等几个不同的阶段，其发展过程是曲折的，有经验但更有问题。

在1999年，中国实行了高校扩招，教育上实行谁受益谁投资的经济原则，使得职业教育遭受重创。一面是高校的扩招，增加了人们进入大学的机会，另一面却是职业教育改变以前的零学费而收取高额的学费，并且取消了工作包分配的制度，打消了人们投资职业教育的积极性，职业教育尤其是农村职业教育步入寒冬，举步维艰。在大量的"技工荒"的现实问题下，虽然政府已经认识到职业教育的重要性，也相继加大对职业教育的投入力度，使得职业教育开始走出阴霾。但在整个教育体系中，无论从社会与国家的重视程度方面、财政投资方面、生源比例方面以及规模效益方面，职业教育仍是处于从属地位，是普通教育的一个补充，各类职业学校在教育体系中没有取得足够的份额，办学条件较差，缺乏应有的吸引力，行业企业参与职业教育程度低，大量毕业生难以找到对口工作。

2. "城乡二元经济"：重城市职业教育轻农村职业教育

在世界范围内，城乡分割发展是一种普遍存在的现象，从分割走向融合也是普遍遵循的规律。① 由于中国城乡二元经济结构的影响，导致城乡之间的差距较大，并一直比较重视城市教育的发展，而轻视农村教育的发展。

职业教育是以能力为本位的教育，目的是培养实用型、技能型人才，培养面向生产第一线所需要的技术管理服务的人才。职业教育之间存在不

---

① 柳思维，等.国外统筹城乡发展理论研究述评［J］.财经理论与实践，2007(6)：111-114.

平衡，不仅表现在区域间，如东部与西部地区，而且同一区域下，城市与乡村的职业教育差距也较大，农村职业教育发展缓慢。城市职业教育在资金、师资方面都优于农村职业教育，农村职业学校由于设置不合理，重复办学，普遍存在规模小、质量低、效益差的问题。有人戏称在农村职业学校上课，就像是在"监狱"里上班一样，可见农村职业学校的生源之差，管理之难。只有合理配置教育资源，才能使公民平等地享有受教育的权利，因此，职业教育的公平发展是教育公平的重要内容，教育公平是职业教育统筹发展的理想追求。

　　若从社会学角度分析职业教育与区域经济发展的问题，那么，职业教育与区域经济发展的公平问题是一个利益关系的范畴，其核心是二者所在领域的权利和利益的均衡与平等的配置问题，以及人们对这种权利和利益关系是否合理的主观价值评判。[①] 社会分层理论展现了社会在分配稀缺资源时存在结构性不平等，从而导致社会群体在经济、社会地位等方面的分化。法国社会学家布迪厄(Pierre Bourdieu)的文化再生产理论认为教育制度本身也有其文化专断，经济资本强弱决定了受教育机会和程度，产生不平等的根源在于学校根据原先学生的家庭社会阶级高低进行教学，而教育则是起还原和加强社会阶级的作用。城乡差距、地区差距等是影响我国教育不平衡的主要因素，同时，阶层差距也正在成为影响教育公平的重要因素。[②]

　　由于我国长期存在的城乡二元经济结构和其他社会因素，致使城乡之间发展差距逐渐加大，从而产生了城乡分离的错位思维，出现了"城乡分治"、"重城轻乡"失调的社会问题，由此带来的阶级差距和农村职业教育办学的长期落后成为其恶性循环的后果。农村职业教育相对于城市职业教育而言，面临着发展观念落后、经费保障机制单一、区域间资源配置不均衡、专业设置缺乏针对性、就业指向性不明确等问题，这些都严重地制约着农村职业教育的均衡与快速发展，使得本应在区域经济增长中发挥推动作用的职业教育变得"有心无力"。长此以往，区域间、校际间以及城乡间的经济发展水平差异将越来越大。

①　龚文君,周健宇.社会保障核心价值理念再思考—基于社会学视角的社会公平理论分析[J].当代经济管理,2012(6):46.
②　安晓敏.教育公平指标体系研究—基于义务教育校际差距的实证分析 [D].长春:东北师范大学博士学位论文,2008:29.

（二）秩序失范：利益追逐与自由博弈

社会交换理论从经济学的投入与产出关系来研究社会行为理论，主张趋利避害是人类的行为准则，在社会互动中通过交换获得双赢或多赢，以缩小代价并扩大收益。美国社会学家霍曼斯（George Casper Homans）提出人们应以群体公认的行为准则为指导，涵盖价值、资源、情感等多重因素，通过合作互动把从事的活动变成以追求利益为目的的行动，以构建良好的社会秩序。美国社会学家布劳（Peter Michael Blau）认为影响社会合作的最基本的社会规范是互惠，即社会行为中的行动者应当积极发现和利用所拥有的社会资源并提供给需要该资源的另一方，并且受惠方必须承担和履行回报义务，相互吸引并开展合作。在共享价值观的基础上建立较为完善的社会规范，且合作必须在相对公平的条件下实现利益的最大化，否则就会产生主体之间的对立和抵制。符号互动理论认为社会是以符号为中介并在互动合作中形成的，它能动地维持与变革着社会组织与制度。社会是一个协调统一的整体，社会问题的产生与社会整合程度高度相关，弱化的整合力量将会造成社会各要素、各部门之间的不协调甚至发生矛盾和冲突，使社会不能正常运转。

当前职业教育与区域经济普遍处在失序状态中，两者往往在"冲突"中寻求形式化的"和谐"，各自秉持着自身利益最大化的原则而忽视他方利益，在一种缺乏合作的意识中艰难前行。积极建构城市及其职业教育、农村及其职业教育以及四者之间的动态合作秩序，基于利益最大化和价值认同原则，用民主权利制衡行政权力的支配，重视参与主体间的对话与协商，减弱僵硬呆板的固化思维，形成多向度主体之间的凝聚力，共享资源和发展成果，这对于推进新型城镇化的进程和职业教育统筹的和谐发展具有重要意义。

三、互利的公平与合作的秩序：职业教育与区域经济联动发展的生成原理

在新型城镇化建设中，职业教育与区域经济之间内在地表征为一种作用与反作用的双赢互惠关系。宏观而言，区域经济涵盖城市和农村两个经济主体，职业教育也相应地囊括城市职业教育和农村职业教育两种同类型但分属不同地域的职业教育形式。故应同时秉持基于互利的"公平理念"和基于合作的"秩序追求"，依此建立职业教育与区域经济联动发展的高度耦合机制，力图打破单一僵化的匹配合作模式，建立协同互援的生成机制，在区域各主体之间以及区域内部职业教育之间进行整体和部分的深度

聚合，实现资源的合理开发与共享，这对实现职业教育的城乡一体化和均衡发展大有裨益。关于社会学视域的职业教育与区域经济联动发展生成原理，如图 2-2 所示。

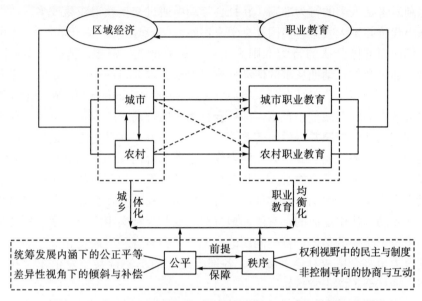

图 2-2　基于社会学视域的职业教育与区域经济联动发展生成原理

由图 2-2 可看出，在区域经济与职业教育互动关联的框架下，区域城乡的一体化发展与职业教育均衡化发展的有机统一依赖于"公平"与"秩序"两大因素的合理互动，其中，社会公平是实现良好社会公共秩序的前提，而良好的社会风气和秩序是促进社会公平的保障，最终实现职业教育公平的坚实保障。只有在"公平"与"秩序"两个因素和谐共振的环境下，才能最佳实现区域经济与职业教育长远的良性互动，最终促进农村与城市职业教育两大经济实体的有效统筹与持续发展。

四、推进公平与调和秩序：职业教育与区域经济联动发展的改革路径

在新型城镇化进程中，公平缺失与秩序失范已成为职业教育与区域经济联动发展的桎梏顽疾，在互利合作的新观念下，以期突破传统且单一的发展路向，谋求在公平与秩序上的"双管齐下"，形成多元主体的共同发力，从而探寻职业教育与区域经济高效联动发展的改革路径。

（一）推进公平：协同与互补共行

协同产生于具有强烈资源交换需求的系统中，它在系统内部和外界通过竞争的强烈作用而进行信息交换和资源整合等，与周围相关要素和系统发生相互作用。互补理论旨在通过多元主体相互支持，综合对资源进行优化配置使其效用最大化，实现主体共同进步和发展。只有协同与互补共同发挥效力，才能将公平融入职业教育与区域经济的互动机制中。

新型城镇化不仅要保持区域经济的快速发展和职业教育系统的良好运行，更重要的是要加强城市及其职业教育对农村职业教育专业设置、课程开发及师资培训等的支援，引导其健康持续发展。同时，农村职业教育应根据自身区域经济特色，结合市场和行业需求，与城市职业教育院校开展合作交流活动，对校企合作、订单培养等人才培养模式实行无缝对接。政府要鼓励区域示范性职业院校的建设和发展，利用区域优势专业形成区域辐射效应，在城乡职业院校间搭建信息交流平台，并利用平台共享相关政策和市场的最新资讯，实现资源的集约利用；加强职业教育教师的双向流动，通过政策制度和薪酬福利等措施，引导"双师型"教师扎根于农村职业教育，并强化本土教师"走出去"的观念，改变被动的单向合作方式，将教师的定期双向流动制度化、规范化，进一步加大实践性教学力度，鼓励教师积极参与企业的技术攻关和创新，强化职业教育与区域经济的交互性和关联度。

（二）调和秩序：内部秩序与外部秩序共营

内部秩序与外部秩序的区别在于前者是由事物内部自发产生，而后者是在外力监管下形成。在职业教育与区域经济联动发展中，内部秩序与外部秩序相互渗透，并且在一定条件下共同发挥效力，实现两者的共治与和谐。

城市和农村作为统筹城乡发展的主体，要改变长期以来两者各自为政或者在行政束缚下城市对农村"被迫"合作的窘境，在各个主体对所辖区域内的职业教育进行鼓励和扶持的同时，还应加强区域主体之间以及主体与其他交错的职业院校之间的沟通与合作，加大对贫困地区的资助，尤其是经济发达地区对落后地区的指导和帮助，实现优质教育资源的共享，引导农民通过专业教育从事新兴产业和第三产业所涉及的行业，增加农民收入，使其过渡成为新型农民。此外，政府要在彰显公正平等的基础上，加大对弱势主体及其职业教育的政策倾斜和资金投入，通过多样化的监管措施，建设和完善各个主体与其职业教育形式之间共生互利的制度体系。

（三）重塑公平秩序：互动与和谐共生

在新型城镇化的推进中，互动与和谐成为职业教育与区域经济联动发展中新的价值取向，为此要以"以公平促和谐，以秩序谋互动"为出发点，寻求主体间的动态均衡发展，处理好乡村和城市、农业和工业这两对对立统一体的关系，进而实现互动和谐的统一。

建立利益捆绑、风险共担的发展共同体，关照职业教育与区域经济联动发展的三大主体——政府部门、职业教育机构、企业及行业，构建多元主体协调运行机制，是实现城乡一体化和职业教育均衡发展的重要保证。发展共同体是政府、企业和职业教育机构等主体从全局利益和整体利益出发，彼此交流合作，从而结成利益共享、风险共担的组织体系，是职业教育与区域经济高效联动发展的必然产物。政府要统筹规划城乡经济发展，创新管理方式，建立和完善城乡职业教育的体制机制，对职业教育资源进行合理规划，加强制度协调，弥补市场不完全带来的缺陷。职业教育机构要以区域经济特色为依托，深化职业教育改革，着眼于产业链条中的重点环节和其他附加值较高的部分，培养特色型专业人才，提高人才培养的质量。企业和行业协会要积极参与校企合作，通过"订单式"合作等方式，加强与职业教育机构的合作，为企业的持续发展注入新鲜活力。该经济实体内部的利益各方，荣辱与共，其兴盛与否，在很大程度上取决于激励与约束是否适当。利益的趋同性必然要求实体内部协调统一，但过度的激励措施可能会促使部分参与方为实现个体利益最大化而脱离发展共同体以至于采取一些激进策略。因此，需从共同体的组织形式、管理机构和模式等方面进行创新，对各方主体实行长期激励和考核，保障发展共同体的良性运转，从而进一步消解主体间的矛盾，实现职业教育与区域经济的和谐共生发展。

第五节　生态学理论下的职业教育统筹发展

从生态学的学科视角来观察职业教育系统的统筹发展，运用生态学的共生与协同理论、生态位理论等来分析职业教育系统自身以及它与区域经济发展进程中的相互关系，对指导职业教育系统的统筹发展具有很大裨益。

一、共生与协同：职业教育与区域经济联动发展的生态基础

共生（symbiosis），源于希腊语"sumbioein"，意为共同生活在一起（to live together），德贝里（De Bary）提出并定义为不同种属生物生活在一起，进行物质交换、能量传递。[①] 道格拉斯（Douglas）认为共生体的主要特征是生物体从其共生伙伴处获得一种新的代谢能力，表现为生物在长期进化过程中，逐渐与其他生物走向联合，共同适应复杂多变的环境，互相依赖，各自获取一定利益的生物与生物间的相互关系。[②] 互利共生是系统部分之间最佳的生存状态。城乡职业教育之间或职业教育与区域经济之间具有统筹、共生发展的必要性，但须通过它们之间的互动合作以及共生共赢发展路径的执行才能得以实现，职业教育系统与区域经济实体共生共荣发展是职业教育统筹发展的终极目标，而目标的实现是相对性与必然性的有机统一。一方面，"城"与"乡"，或"学校"与"区域"两者间具有天然的联系性。职业教育的统筹发展实质上就是一个"肯定"与"否定"不断交互博弈的过程，即遵循着"对立→共生→一体化"的发展进程。另一方面，区域经济的发展决定了它与职业教育系统发展的关联性将会越来越高，两者的一体化发展将推动社会整体的全面发展。

"协同"的本意是来源于生物学的"协同进化"。"协同进化"是指在进化过程中，一个物种的性状作为对另一物种性状的反应而进化，而后一物种的性状本身又作为前一物种性状的反应进化的现象。[③] 协同现象不仅发生在种群之间，也发生在种群内部以及种群与环境之间，它是生物界的普遍现象，也是种群的自我调节机制。由于该机制的存在使得种群与它的环境保持高度协调，进而和谐地向前发展。生物之间协同进化发展的思想以及层次观思想、整体论思想、系统学说是生态学研究主要遵循的核心思想。[④] 这些思想对于分析职业教育的统筹发展问题具有积极的指导价值和启发意义。例如，层次观思想意指低等职业教育的良好发展能促进高等职业教育的发展，高级层次的高等职业教育的结构和功能是由构成它的低级层次发展而来的，但高等职业教育都具有其下级层次所不具有的某些整体特征，它实际上就是高一级的新的整体。从系统论的观点来看，城市职业

---

① 　Quispel A. Some Theoretical Aspects of Symbiosis[J]. Antonie Van Leeuwenhoek，1951，17(1)：69-80.

② 　Douglas A E. Symbiotic Interactions[M]. Oxford：Oxford Universify Press，1994：1-111.

③ 　马振兴.生态学基础 [M].北京：中国时代经济出版社，2002：98.

④ 　周东兴.生态学研究方法及应用 [M].哈尔滨：黑龙江人民出版社，2009：2-3.

教育与农村职业教育是职业教育大系统中的两个子系统，它们处于城乡发展不均衡的背景之中，这需要发挥职业教育大系统的整体功能，以整体的理念对职业教育进行统筹，使其能在共生的环境里相互渗透、共生共荣地发展。从协同论的观点来看，城市职业教育和农村职业教育这两个子系统，只有在"协同"作用下才能形成新的结构，从而超越各自单独作用的发挥，故系统论与协同论为城乡职业教育的共生发展提供了联动平台，也是职业教育大系统实现和谐共生发展的指导思想。

二、生态位：职业教育与区域经济联动发展的时空理念

生态位是生态学中的重要概念，主要指在自然生态系统中一个种群在时间、空间上的位置及其与相关种群之间的功能关系。美国学者 J. Grinell (1917)最早在生态学中使用生态位的概念，用以表示划分环境的空间单位和一个物种在环境中的地位。他认为生态位是一个物种所占有的微环境。E. P. Odum(1971)将前人有关生态位的概念进行了综合，认为物种的生态位不仅决定于它们在哪里生活，亦决定于它们如何生活以及如何受到其他生物的约束。生态位概念不仅包括生物占有的物理空间，还包括它在群落中的功能作用以及它们在温度、湿度、土壤和其他生存条件的环境变化梯度中的位置。① 生态位重叠、生态位分离、生态位宽度是生态位的主要特征。其中，生态位重叠是指两个物种利用同一资源或共同占有其他环境变量的现象；生态位分离是指生活在同一群落中的各种生物生态位彼此明显分开的现象；生态位宽度是指群落中物种对资源利用的多样化程度，即对各种环境资源利用的范围或程度。一般而言，生态位越宽，物种适应的环境范围越广。上述生态位思想有助于帮助人们及时发现职业教育系统不均衡发展而面临的生态位重叠现象，进而及时采取有效措施来调整职业教育各系统的生态位，让它们有适度的生态位分离和保持适宜的生态位宽度，以使职业教育的发展既能协同发展，又能拥有属于自身发展的适度的生态位，从而达到和谐共生之目的。

三、共生共荣：职业教育与区域经济联动发展的生态意蕴

"人法地，地法天，天法道，道法自然"的"天人合一"思想是现代经济社会中人与自然和谐发展的生态价值观，人与自然的二元对峙局面渐次演化为人与自然的互利共生、协同发展取向，"要把人类在共同体中以

---

① 　马振兴.生态学基础［M］.北京：中国时代经济出版社，2002：123.

征服者面目出现的角色，变成这个共同体中平等的一员或公民。它暗含着对每一个成员的尊敬，也包括对这个共同体本身的尊敬。"① 共生共荣的生态视域已成为当今社会和谐发展的价值诉求。职业教育与区域经济联动发展是和谐社会发展的重要命题，共生共荣的生态发展理念是和谐社会应秉持的价值境域，因此，职业教育与区域经济的联动会彰显共生共荣的生态意蕴。

(一)职业教育与区域经济联动发展的和谐共生

和谐共生昭示着不同事物之间相互生发、相互促进、相互发展的一种生态关系，预示着不同主体之间互帮互助、互惠互利、互推互促的一种联动关系，演绎着不同主体之间从零和博弈走向共赢性博弈的理想历程，蕴含着不同事物之间共同生存、共同发展的价值取向。职业教育与区域经济的联动发展是两种不同事物之间形成的紧密互利关系，任意一方的行为变化都会造成另一方利益空间的可变性与不确定性，两者之间的关系链始终处于浑然一体的共同生存、相互依赖的发展场域中。

"共生"的发展归宿深谙于职业教育与区域经济联动发展的意蕴之中，两者的联动应追求共生的价值视角，这种共生的价值旨归主要体现在三个方面：其一，职业教育与区域经济的联动发展应从寄生共生走向偏利共生，最终实现两者的和谐共生。寄生共生是职业教育与区域经济联动发展的初始状态，表现为一方获得利益满足时，另一方的利益会受到损害的共生关系。偏利共生是职业教育与区域经济联动发展的中间状态，表现为一方获得利益满足时，另一方的利益基本不受影响的共生关联。和谐共生是职业教育与区域经济联动发展的终极状态，表现为一方获益时，另一方会获得小于、等于甚至大于一方的利益，从而形成一方获益能够转化为另一方获益动力的良性循环；其二，职业教育与区域经济联动发展应从兼性共生转向专性共生。兼性共生表现为职业教育与区域经济将彼此作为利益获取的路径，而不是长久的、可持续的合作伙伴，两者之间只是一种纯粹的利益关系。专性共生是职业教育与区域经济将彼此作为维系生命的共生对象，利益仅仅作为共生的一点，服务与发展才是两者共生的核心；其三，职业教育与区域经济的联动发展应从外共生迈向内共生。外共生的状态表现为职业教育与区域经济都将对方作为独立个体，两者之间的关系是得与失的博弈，而内共生呈现出两者相互融合、浑然天成的统一关系，一方将

① 胡金木.西方生态伦理学思想关照下的道德教育［J］.外国教育研究，2010(9)：23.

另一方作为内部成长的组成要素，作为自身发展的一部分。

（二）职业教育与区域经济联动发展的协同共荣

"共荣"是对"共生"的进一步延伸与升华，它是共同生存基础上的共同发展阶段，预示着共同生存后的共同成长趋势。职业教育与区域经济在联动发展中不仅要共同生存，更重要的是共同成长、共同发展，集聚两者的合力共促现今社会的和谐发展，因此，共荣是职业教育与区域经济联动发展在共生理念下应持有的另一发展意向。共荣的价值意旨需要职业教育与区域经济联动发展执持三方面的思想：第一，系统发展的思想。职业教育与区域经济的联动发展不是"各自为政"、"各搞一套"的单方面发展，而是各方都将自身作为统一体的组成部分或要素，统筹全局、相互配合，形成螺旋上升的冲击力与爆发力。第二，可持续发展的思想。职业教育与区域经济的联动不是暂时的发展，它应从长久的发展格局进行审视，具有"高瞻远瞩"的发展观念，形成可持续发展的动态模式。第三，开拓创新的发展思想。职业教育与区域经济的联动不是停滞不前、静止不动的状态，也不是原有生存状态的简单继续或延伸，它需要职业教育与区域经济在联动发展过程中不断增加新的价值与新的内涵，一方面推进两者生存状态的优化与改善，另一方面提高两者成长发展的互惠与互利。

（三）职业教育与区域经济联动发展的理性选择："自由—共生"模式

种群生态学中的共生理论研究内容——"种群之间信息传递、物质交流、能量传导及合作共生模式和环境"① 对职业教育与区域经济联动发展问题具有很好的适用性和兼容性，且"自由"是职业教育自我成长的"空间"保障。因此，在职业教育与区域经济联动发展中确立生态学的"自由—共生"理念，不仅是新时代对职业教育与区域经济联动发展的新要求，而且是增强专业特色与产业优势以推动新型城镇化进程的重要手段，以及实现职业教育与区域经济真正联动发展的最佳途径。

"共生"由共生单元、共生模式、共生环境三要素构成。② 在职业教育统筹与区域经济联动发展构成的共生关系中，职业教育和区域经济作为这一共生体的共生单元，是产生基本能量和进行信息交换并为共生体提供

---

① 冷志明，张合平.基于共生理论的区域经济合作机理 [J].经济纵横，2007，（4）：32-33.
② 袁纯清.共生理论及其对小型经济的应用研究（上）[J].改革，1998，（2）：100-104.

基本物质条件的基本单位。职业教育与区域经济相互结合的形式即共生模式，它是决定共生单元(职业教育与区域经济)之间"共生"关系能否实现且可持续地、平衡地进行发展的相互作用方式；同时，也能反映出共生单元之间共生新能量产生的多与少以及互换的程度等，是职业教育与区域经济共生度与关联度互动关系的最佳体现。整个社会大环境则是职业教育与区域经济互动联动发展的共生环境。

在职业教育与区域经济构成的共生系统中，无一例外地存在着任何共生系统都可能存在的、由四种共生行为方式和四种共生组织程度状态两两组合得到的 16 种基本状态[①]，如图 2-2 所示。在各种状态中，只有在对称互惠条件下的一体化共生模式才存在共生单元之间信息的互动交流，在达到内生能量分配平衡以及双方利益最大化的同时仍保留自身独特性的效果，从而形成长期稳定且可持续性的"共生共荣"的伙伴关系。[①]我国职业教育与区域经济联动发展旨在实现职业教育与区域经济的互动互利、共生共荣、双向促进，而"共生理论的哲学核心是'双赢'和'互存'"[②]，两者本质的高度一致性为职业教育与区域经济共生系统的优化提供了理想状态的终极目标范式，即"对称互惠、一体化共生"模式。

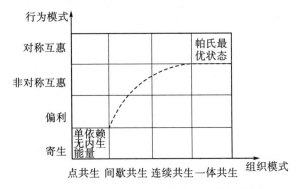

图 2-2　职业教育与区域经济共生系统的状态图

从职业教育与区域经济共生系统的实际出发，构建了职业教育与区域经济联动发展的"对称互惠、一体化共生"模式，即"自由—共生"模式，如图 2-3 所示。该模式是以正向共生环境条件为基础而建立的"自由—共生"发展：①职业教育充分发挥其教育与经济的双重属性并结合地

① 施丽红，朱德全.和谐共生：职业教育城乡统筹发展体制与机制研究［J］.高等教育研究，2012，(1)：65-70.
② 袁年兴，许宪隆.民族共生理论：散杂居民族关系及目标范示研究［J］.青海民族研究，2009，(1)：119-123.

区特色作用于区域经济发展，为其提供人才、技术、信息、设备等资源的"订制"服务。同时，职业教育要以区域经济的发展方向为目标来创新办学，为区域经济发展提供"动态"服务。②区域内特色"订制"服务与创新"动态"服务并不是相分离的，前者"坚守阵地"，后者"跟进前沿"，到一定时期，后者转化为前者并继续开拓创新。它们都是"随着经济发展方式转变而'动'，跟着产业结构升级而'走'，围绕企业技能型人才需要而'转'，适应市场需求变化而'变'"①，在"你中有我、我中有你"的动态推进过程中互动促进，共同促进区域经济发展。③区域经济实体则提供实践平台、技能指导、资金赞助、就业岗位等反作用于职业教育，促进职业教育又好又快地发展。④职业教育"留有余力"地进行跨区域服务体现了职业教育与区域经济共生系统的开放性。跨区域服务过程中得到的反馈为职业教育洞悉外界环境发展状况与变化趋势提供条件，使职业教育明晰自身的发展程度，并对未来走向进行合理的目标定位。可以说，跨区域服务是职业教育与区域经济共生系统存在和发展的必要条件。

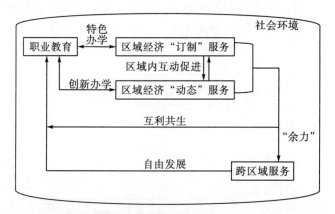

图 2-3　职业教育与区域经济联动发展的"自由—共生"模式

　　该模式中，职业教育凸显区域特征、动态跟进创新办学以适应区域经济的发展，并进行跨区域服务，满足经济实体的多样化需求；经济实体对职业教育的需求以及为职业教育带来的"丰厚报酬"成为延长职业教育生命线的法宝。两者高度优势互补，达到物质资源、人力资源等全要素的最佳配置状态，形成双向互动、互惠互利的共生关系，向着实现帕累托最优状态而努力。

---

①　董显辉，吴婷婷.经济发展方式转变对学校职业教育的挑战：基于生态学视角 [J].继续教育研究，2012，(6)：45-48.

四、自由与共生失衡：职业教育与区域经济联动发展的困境根源

近年来，职业教育与区域经济的联动发展问题备受关注，国家就这一问题先后出台了多次文件予以政策支持。2002 年《国务院关于大力推进职业教育改革与发展的决定》指出"要建立适应市场经济体制，与市场需求和劳动就业紧密结合的现代职业教育体系"；2005 年《国务院关于大力发展职业教育的决定》指出，职业教育要根据区域经济和行业发展需要，制订地方和行业技能型人才培养规划，为我国走新型工业化道路，调整经济结构和转变增长方式服务；2010 年《国家中长期教育改革和发展规划纲要（2010—2020 年）》指出，到 2020 年，要形成适应经济发展方式转变和产业结构调整要求、体现终身教育理念的现代职业教育体系，从而掀起了职业教育与区域经济联动发展的热潮。可见，国家对《职业教育法》的贯彻落实、对职业教育与区域经济发展问题的关注从未间断过，然而，从生态学的角度来看，当前我国职业教育与区域经济"共生"现状并不可喜，主要受到以下方面的制约。

（一）自由困囿：职业教育的区域服务观念强化过度

社会对职业教育"显著的区域特征"的认识与对"传统"的误解一样，"错误观念"使人们错误地认为职业教育旨在服务于区域经济发展，以使"职业教育仅服务于区域的观念"被过度强化；而且，职业教育本身也顺应这一误解，只孤立地服务于区域经济，进而由于过度依赖区域经济而缺乏应有的开放性，因而自我成长性被忽视，"自由"逐渐被自我丢失，从而导致职业教育缺乏足够的洞察力去洞悉外界环境发展状况与变化趋势，故不能合理定位与及时调整培养目标、发展规模等。当面对区域经济发展方式转变和产业结构升级，职业教育这一生态体就像"温室小花"脱离温室庇护一样会面临巨大挑战，再加上社会环境的施压，使职业教育陷入自身发展的困境。

然而，职业教育极端"自由"发展也会使其面临生存危机。如果职业教育在其发展过程中不是坚持从实际出发，因地制宜地办学，而是为追赶"热门专业"潮流放任自由发展，会导致职业教育同质化倾向明显，生态群体的"最适密度"遭到破坏，区域特色被削弱、被淡化，以至地方特色也被自我"丢失"。这样，职业教育既不能满足区域行业优势发展的需求，而且在跨区域服务中也没有明显特色，使其同样陷入发展的窘境。

（二）共生窘况：职业教育与区域经济的联动关联度低

职业教育与区域经济系统共生度低的重要原因在于职业教育与区域经济的低关联度，具体表征为以下三个方面。

1.区域经济实体对职业教育的参与度低

"我国职业教育是在计划经济体制下发展起来的教育类型，长期以来具有较多的教育性而对其经济性重视不够"，① 致使区域经济实体对职业教育的态度大多停滞于"支持"层面，并没有真正"参与"到职业教育的建设中。而"参与"与"支持"的差异在于区域经济实体是否把职业教育作为自己的责任。从现实境况来看，区域经济实体显然在职业教育问题上并没有承担起应有的社会责任，因为它并没有以"主人翁"的角色真正"参与"到职业教育的发展建设进程中，并与职业教育群体一起共同担负起建设者的主角职责，使职业教育与区域经济互动桥梁缺位，进而使职业教育成为名副其实的、脱离环境而自谋发展出路的孤立人，故职业教育不能真正适应市场需要，以至出现"职业教育与区域经济"这一系统整体的共生特征被淡化，甚至消失等不良症状。

2.职业教育对区域经济发展的依赖性强

当前我国职业教育与经济实体的合作情况多呈现职业学校"积极主动"，而经济实体却"消极被动且缺乏动力"的现状。"职业教育与区域经济"系统的共生很大程度上处于"单依赖，基本无互动"的状态，即寄生条件下的点共生模式或偏利条件下的间歇共生模式。在这种状态下，职业教育没有发挥应有的生态经济效益以便于为区域经济发展做贡献，只是作为利益获取者、寄生者。共生主体之间缺乏交流互动，即使是区域经济实体为职业教育提供一些实践平台、资金支持等帮助，但职业教育却不能在效益、职工素质、成本等方面为区域经济实体提供相应的改善办法或应有的、及时有益的、服务回报，使得共生单元间没有共生新能量产生，从而使"职业教育与区域经济"系统缺乏共生的根本动力，这些内外因素的合力无形中加速了共生关系的解体。

3.职业教育系统自身的地域特色依存性低

虽然如上所述，职业教育的使命不仅仅只是以区域的经济发展为最终目的，而是为了社会整体的经济可持续发展而发展自身。但是，服务区域经济，紧紧跟随地方的发展规划和地方特色来发展职业教育确是职业教育

---

① 　　马树超.关注职业教育的双重属性特征［J］.职业技术教育论坛，2003(13)：2.

立身和发展的最厚实根基所在。不顾地方社会经济发展的现实，不探索职业教育所在区域的发展基础以及学校自身的条件与特色，而好高骛远地追求更大发展的职业教育学校是难以实现目标的。因为，职业教育是区域特征极强的教育类型，"服务区域经济发展"是其存在与发展的根本前提，"培育地方人才、服务地方经济、为社会的经济发展服务"是其发展的最终旨趣。但现实的境况不尽人意，区域经济实体与职业教育成为两个相互独立的发展实体，由于区域经济实体对职业教育的"低参与"致使职业教育专业设置随意性大，与地方经济产业发展不匹配，培养的技术人才不能满足区域经济发展的需求。故职业教育地域特征不明显，地域依存性低，致使职业教育与区域产业联动发展效果不佳，这在一定程度上不仅制约了区域优势产业的发展，同时也制约了区域职业教育的可持续发展。

（三）极端桎梏：职业教育与区域经济的生态位失衡

我国长期存在着强烈的"普教情结"，职业教育处于"不利教育"的地位，属于弱势教育。职业教育过度强调其教育属性，简单套用普通教育的理论和经验却又缺失普通教育的厚实根基，同时又轻易忽视其经济属性，致使职业教育失去本身的独特根基而不能适应区域经济的发展需求，与区域经济发展"零相关"。然而，各类普通工科（包括农科、林科、医科等）院校却越来越强调"对口"，努力向职业教育聚拢，[①] 以占据职业教育的"本真优势"，使得职业教育由于地位关系更加没有竞争市场。由此，职业教育被忽视、被放弃，在放任自流的过度自由发展中自生自灭。此外，职业教育与区域经济还处于寄生条件下的点共生模式，在"职业教育与区域经济"系统中，职业教育只索取不付出，成了区域经济的"寄生虫"，丧失独立能力，漠视自我成长性。当区域经济发展方式转变时职业教育不能随之而"动"，伴产业升级而'走'，以人才需要而'转'，随市场需求而'变'，故跟不上社会经济的发展步伐而面临生存危机。

五、走向互惠共生：职业教育与区域经济联动发展的变革路向

职业教育与区域经济要真正实现联动发展，职业教育与区域经济系统就必须形成互惠双赢、共存共荣的"对称互惠、一体共生"模式。在职业教育与区域经济系统中，职业教育与区域经济这两个共生单元之间相互作

---

① 张楚廷.张楚廷教育文集第 1 卷，高等教育哲学［M］.长沙：湖南教育出版社，2007：107，218.

用产生新能量并均衡分配，而保持自身特色是该生态系统稳定、健康、可持续性地运行的保证。

（一）强化自由度：彰显职业教育与区域经济联动发展的特色优势

自由度的强化要求职业教育在各自的办学理念指导下形成独特的办学风格，以促成职业教育向布局合理、异质化倾向的良性发展。正如"思想的自由是无限的，绝对的。你可以把我的手脚捆起来，但你没有办法把我的大脑'捆'起来，[1]"一样，职业教育必须冷静对待"专业热门风"，减少外界对自身办学理念的支配作用，防止自我特色的丢失，以保持生态群体最适当的群聚度，维持生态系统的平衡，避免办学资源的浪费。同时，职业教育主要服务于区域内经济发展，必须要与区域优势产业对接来增强市场意识，以区域经济实体的需求为中心，以产业结构升级发展为关键来加强地区特色专业建设。

此外，重视职业教育的跨区域服务功能。服务范围的扩大有利于职业教育对市场需求有良好的前瞻性，也为职业教育的生命线拓宽路径。职业教育必须以服务于区域经济发展的区域特色专业为基础，建设特色重点专业来进行跨区域服务，以改变区域经济发展方向为目标、打破现行经济发展的模式来创新学科，同时启动优势专业创新平台建设，以开拓新学科反作用于经济发展。

（二）增强共生度：实现职业教育与区域经济联动发展的高度耦合

职业教育与区域经济的高度耦合是增强职业教育与区域经济系统共生度的关键，是其互惠共生、互动促进的保障。2013 年 11 月，党的十八届三中全会通过的《中共中央关于全面深化改革若干重大问题的决定》明确提出"加快现代职业教育体系建设，深化产教融合、校企合作，培养高素质劳动者和技能型人才"，故应鼓励区域经济实体深度参与职业教育的发展过程，提供实践平台、专业指导、资金扶持，发挥区域经济优势，拓展与职业教育联动发展的领域；鼓励职业学校、职业技能培训中心、区域经济实体为准技术人员提供"三地结合"学习基地，以形成多元办学的体制。

职业教育多元办学体制的形成具有的高度灵活性，既能够敏感地适应市场的多样化需求，帮助区域经济发展优势产业，又能关注自我成长，保

---

[1]　张楚廷.张楚廷教育文集(第一卷)[M].长沙：湖南教育出版社，2007：218.

留自身独特性而不丧失自由。职业教育与区域经济系统中共生主体之间进行信息交流、能量互动，继而产生新的共生能量以维持它们的共同生存能力，并依靠净增能量来提升共生主体的增殖能力，即区域经济实体为职业教育提供其发展中所缺少和需要的资金、市场信息、实践平台、技能专家等资源；职业教育为经济实体提供区域经济发展中渴求的人才、设备、技术和信息等资源，共生主体在资源利用上具有高度的优势互补性，减少职业教育与区域经济发展存在资源不足与资源浪费并存的现象。① 这一系统共生度的增强是实现职业教育与区域经济联动发展的高度耦合，是促进职业教育与区域经济互动发展、互惠互利、共生共荣伙伴关系结成的根本动力。

（三）协调自由与共生：保持职业教育与区域经济联动发展的动态平衡

职业教育与区域经济系统是一个动态发展的"生态系统"，它会随着经济发展方式转变和产业升级不断进化。在系统进化过程中，"对称互惠、一体化共生"并不是一蹴而就的，而是一个缓慢的发展过程，所以，共生主体不会同时达到同一水平状态，也就是说区域经济方式转变和产业结构升级时，职业教育与区域经济为对方创造的条件并不是对称互惠的，职业教育需要一个适应期。

在社会发展进程中，职业教育与区域经济发展也不可能一直处于无缝对接状态，当经济方式发生转变，产业结构调整时，职业教育与区域经济系统的平衡被打乱，如若要求职业教育对新的市场需求具有良好的适应性，则必须重组新的平衡作保障。可见，职业教育与区域经济联动发展是从"平衡—不平衡—平衡"不断地螺旋式加深推进的、循环发展的动态过程。因此，职业教育与区域经济联动发展过程中其自由度与共生度的平衡是构建"对称互惠、一体共生"模式的保障。

第六节　文化学理论下的职业教育统筹发展

在城乡一体化进程中，职业教育凭借其经济与教育的双重属性和显著的区域性特征成为促进区域经济协调发展的有效桥梁，区域经济以其强大

---

① 林克松，朱德全.职业教育均衡发展与区域经济协调发展互动的体制机制构建［J］.教育研究，2012，（11）：102-107.

的经济实力、雄厚的资源储备成为驱动职业教育均衡发展的有效平台。职业教育与区域经济的高度耦合与相互依赖的特性催生着两者之间的联动发展，推动着两者之间的深层互动，而两者的联动与互动以一种共生共荣的文化姿态成为区域社会和谐发展的永恒主题。从应然视角来看，职业教育与区域经济联动发展的议题颇具发展潜力，但从实然态势来看，职业教育与区域经济联动发展的现实境遇并不乐观，两者之间的联动发展存在着双方主体的价值冲突、人才规格的导向冲突、特色理念的引领冲突等痼疾，阻碍着职业教育联动区域经济的可持续发展，禁锢着区域经济互动职业教育的共生共荣理念。因此，厘清职业教育与区域经济联动发展的理论指引与文化旨归，明晰职业教育与区域经济联动发展的文化桎梏，创新职业教育与区域经济联动发展的文化路向，成为推进职业教育与区域经济联动发展走向共生共荣目标的重要方面。

一、文化适应：职业教育与区域经济联动发展的理性方向

"文化适应"，又叫"文化调适"，有两层含义：一是指在一定的时空条件下人们的行为模式与特定的自然生态环境和文化环境相互作用、动态平衡的过程；二是指不同区域、不同民族的文化在长期的接触交往中，互相影响、互相协调，动态平衡的过程。文化适应体现了作为文化载体的人们的价值意识的觉醒和主体性的发挥。[①] 职业教育的统筹发展过程就是职业教育群体与地区经济协调发展的过程，从文化学的视角而言就是职业教育要与地区的经济文化相互适应的过程。在不同类型的职业教育文化交往中，文化适应不是单方面的，而是双方或多方主体之间相互作用，相互影响、相互吸收的过程，并且在相互适应的进程中同时存在着一方会失去某些文化特质，而另一方却获得某些文化特质的现象，这样相互的循环交往过程会更好地促进职业教育各方利益群体不断进行磨合与变化，进而产生既适于职业教育主体本身发展需要又适于其他群体生长的文化特性，以达到多方文化共生共荣的现象。因为，职业教育文化只有适应当前社会发展需要时，才能与当地的原有文化相融合并有可能产生新的文化，以获得更大发展；否则，可能会遭到原有职业教育文化的排斥、抵抗而发生冲突，故文化适应理论对职业教育系统与区域经济的协调、均衡发展目标的实现有积极的指引价值。

[①]　　李荣善. 文化学引论 [M]. 西安：西北大学出版社，1996：393-396.

二、文化整合：职业教育与区域经济联动发展的实践方向

整合（integation）原本是生物学和心理学的概念，后来被新心理学派引入人类学、社会学和文化学领域。所谓"文化整合"，有学者说是指一种文化在由简至繁的每一个层次上都按照一定的秩序在结构上相互关联、在功能上相互协调的过程。① 这里是指不同的文化要素、文化系统相互适应、吸取、协调而趋于和谐或统一为整体的过程。其主要内容有：①在各种意义中的一种逻辑的、情绪的或美感的协调；②文化规范与行为的适合；③不同成份的风俗制度，彼此在功能上的互赖及加强。② 职业教育系统是由中等职业教育、高等职业教育和其他类型的职业培训机构构成的统一整体，其生成与发展需要与外界文化环境相互适应与整合，才能有利于其得到快速发展，故需要职业教育系统各子系统之间在发扬各自良好文化传统、增强自身文化对环境适应力的基础上，还能与不同的价值观念以及传统文化相互接触、交往、学习并吸收它方有利的一面，进而才能不断从异质文化中获得营养和活力，然后聚合成新的、适应新时代要求的文化整体，最终促进社会的文化变迁、使文化发展得以实现。正如本尼迪克特认为的："整体并非仅是其所有的部分的总和，而是那些部分的独特的排列和内在关系，从而产生了一种新实体的结果。"③ 文化整合是作为文化主体的人有效发挥其创造力的表现。作为职业教育发展主导的主体，人们应该根据时代发展的需要，通过对职业教育传统文化成分的继承与改造、对创新文化成分的选择与利用、对外来文化成分的调整和融合等方式④来对职业教育系统文化进行有益的整合，以更好地促进社会成员对职业教育共同价值观的形成，进而使社会成员遵从良好的适于职业教育发展的社会规范，以增强职业教育系统各阶层间在关系和功能上的相互促进、互补与依赖价值。

文化整合也是文化的调整协合，指构成文化的诸要素（特质）、诸子系统的相互综合的过程，其理论来源于文化学的整体思想、结构思想、功能思想和文化更新等思想。职业教育系统整体统筹发展的过程就是一种文化视域的融合过程，需要形成一种系统发展和共荣共生的文化理念以构建整合的文化。因为职业教育与区域经济联动发展的目的在于优化各自系统的

① 陈建宪.文化学教程［M］.武汉：华中师范大学出版社，2004：164.
② 李荣善.文化学引论［M］.西安：西北大学出版社，1996：397.
③ ［美］露丝.本尼迪克特，文化模式［M］.王炜等译.北京：三联书店，1992：48.
④ 陈建宪.文化学教程［M］.武汉：华中师范大学出版社，2004：165-166.

成分，改良自身的结构，进而达到改进功能的目的。职业教育只有随着社会的节奏不断发展，跟随文化的发展不断地重组，才能形成新的文化结构、文化秩序，进而形成新的文化力。职业教育与区域经济虽然是两个不同的经济实体，有着各自不同的特点和文化边界，但只有两者相互联动，相互依赖，互为条件与基础，才能更好地相互发展。职业教育与区域经济的联动发展过程是一个动态的、逐步的、不断变化的过程，也是相对均衡的综合化过程。正如文化学功能学派的布朗在其《社会人类学的方法》一书中指出的：任何文化都是一个完整的统一体，其中每个元素均有其显著的功能，而各个元素间又都有着密切的交互作用，因此不能将文化割裂开来，孤立地对其中某元素进行研究。[①] 只有在了解职业教育与区域经济这两个独立群体各自特征的基础上，做好两者的联动与发展，充分联系它们的优势，取长补短，才能更好地整合不同系统之间的文化，构建具有发展生命力的、适于职业教育发展的新文化，进而使其价值得到更大的彰显。因为文化整合的前提是继承，继承的基础是创新，而创新的实现根植在于其创造力的发挥，故创造力正是文化整合的动力，也是职业教育发展的最佳推动力。

　　总之，职业教育系统的统筹发展过程实际上就是一个相互结合、相融相生的、动态的文化适应和文化整合过程，也是逐步由低端均衡走向高端均衡的、不断综合化的发展过程。在职业教育发展进程中，文化传播、文化冲突、文化分化是不断进行的，故整合不是一次完成的，而是永远不断的持续进行的，文化整合现象是职业教育统筹发展历程中的常态。但总体而言，文化整合多发生在多种文化的相互传播、冲突、分化之后，亦即产生于它们经过协调、彼此相互适应的时候。做好职业教育系统内各子系统之间以及职业教育系统与外界系统之间的整合之道是职业教育良好统筹发展的应然诉求。

三、职业教育与区域经济联动发展的文化冲突表征

　　职业教育与区域经济联动发展属于一种形式文化，两者都有其固有的文化传统和文化惰性，具有各自的价值观念和行为规范，对不同文化有着对立与排斥的倾向，往往形成文化冲突，主要体现在双方主体的文化冲突、人才培养规格的文化冲突及特色发展理念的文化冲突三个方面。

---

① 王玉德.文化学 [M].昆明：云南大学出版社，2006：53.

（一）文化主体的价值冲突

职业院校与企业是职业教育与区域经济联动发展过程中最直接的相关利益主体，政府是两者联动发展中共同的利益主体，企业与职业院校之间存在着显著的文化冲突，同时，政府与企业、职业院校又存在着不同层面的文化冲突，三方之间形成了"混沌"冲突的文化域。

1.价值理念的冲突

企业作为一种盈利性的经济组织，它的主要利益诉求在于经济利益的最大化，学校作为培养人才的社会公益组织，它的主要利益诉求在于办学质量与办学效益的提高，而政府作为以"为人民服务"为宗旨的国家服务机构，它的主要利益诉求是服务社会，服务大众。不同的价值观念与诉求使得双方利益主体在面对利己与利他的抉择中形成冲突。

2.思维方式的冲突

企业意图从社会与职业院校摄取大量的资源与人才，将参与职业教育视为直接或间接的利益损失，学校试图从社会和企业索取资金的支持与就业岗位的提供，忽视企业的实际需求。双方都为自己的利益最大化"出谋划策"，而政府又为自身的业绩提升对企业与职业院校实行文化控制，导致双方利益主体在思维方式方面尖锐矛盾的产生。

3.行为模式的冲突

企业以经济利益的考量作为终极目标，它的行为模式倾向于从经济霸权的掌控过渡为文化霸权的控制，意欲引导学校与政府为其自身的利益服务；学校以就业率与就业水平的衡量作为最终考核，它的行为模式偏向于从人才控制发展为思想控制，试图让政府与企业为实现自身的品牌效应服务。政府则企图通过渗透的方式潜移默化地影响企业与学校的文化塑造，引导企业与学校的行为方式向政府的服务理念靠拢。

（二）人才规格的导向冲突

人才是影响职业教育与区域经济联动发展适切性的重要因子，人才的培养是联动职业教育与区域经济的中间桥梁，人才的规格是衡量职业教育与区域经济联动发展水平的重要指标。现有的职业教育所培养的人才与区域经济发展所需求的人才还有很大的距离，跟不上时代的发展与技术的更新。

1.职业教育培养人才的素质水平与区域经济需求的冲突

区域经济发展不仅需要"职业人"的供应，还需要"文化人"的支撑。培养高端的技术性人才是职业教育人才培养的定位目标，导生性与技术性文化氛围弥漫在职业教育的理念、行为等各个方面，而对于人文导向的职业教育理念逐渐落寞并沦为无人问津的地步，导致人才规格在技术能力与文化素质的不匹配与失衡，成为职业教育培养"职业人"与"文化人"双重人才的发展瓶颈。

2. 职业教育培养人才的专业水平与区域经济要求的冲突

区域经济发展需要的是符合自身发展现状与特色的专业性人才，而职业教育普遍存在追求热门专业、专业设置重复的严重现象，专业多而不精，大众化倾向明显，特色化趋势不足，造成人才的专业不专，专业不对口的现实困境。

3. 职业教育培养人才的综合水平与区域经济期望的冲突

职业教育的评价主要以职业教育机构为主，政府、企业等评价主体均游离于职业教育之外，导致职业教育人才评价的单一性与人才培养的单向性，不符合区域经济发展的多元化人才期望。

（三）特色理念的引领冲突

职业教育的特色在于依据职业院校的发展现状，形塑自身的文化特色，开设迎合学生发展与学校需求的专业，培养具有特色技能的专业人才。区域经济的特色在于依据区域环境特征、区域技术特征与区域产业特征，深层次挖掘本区域的特色文化，多元化开发本区域的特色产业，形成彰显本区域人文特色与地域特色的区域经济。区域经济的发展存在着不平衡性与差异性，职业教育的发展具有竞争性与排他性的特点，使得职业教育的发展理念与区域经济的发展趋向大相径庭。一方面，职业院校的特色专业设置无法与区域经济的特色发展相适切，价值理念与文化塑造无法与区域经济的发展理念相融合；另一方面，区域经济始终以经济效益的最大化为旨归，囿于传统经济发展的路径依赖，对新兴的特色文化产业与特色经济的扶持力度不大，造成特色文化产业与特色经济的"名存实亡"，同时引发职业教育对特色人才培养计划的流失。

四、职业教育与区域经济联动发展的文化整合之道

在面对文化冲突时，教育采取的得当方式就是正视文化冲突，引导受教育者进行批判性分析等手段，以本土文化的价值取向、目标为基础，把

外来文化整合到本土文化中去，促进文化的发展。① 面对职业教育与区域经济发展中的文化冲突，应以借鉴文化特性、挖掘文化共性、培育文化交点的文化整合之道对其发展关系进行重构与优化，以实现职业教育与区域经济联动发展的可持续性。

（一）尊重文化差异

世界上每一种文化都有自身发展的特性，文化特性既是事物自身发展的基础，又是区别于其他事物的特色。职业教育与区域经济两者之间的文化特性迥异。职业教育的文化特性倾向于教育文化的特质，区域经济的文化特性趋向于经济文化的特点，两者具有明显的差异性，存在着价值理念、行为方式等方面的文化博弈，因此，两者的发展必须要突破文化博弈的束缚与禁锢，遵循以下三方面的原则实现双方的共同发展。

1.“以我为主，他为我用”

职业教育与区域经济的发展在借鉴彼此之间的文化特性时，首先应做到立足自身文化，认同本文化的合理性存在，以自身的优秀文化作为发展的轴心和模本。其次，求同存异，进行差异化分析。职业教育应主动分析区域经济发展中文化特性与自身文化的异同之处，在承认自身文化合理性的同时，对区域经济的文化特性采取一种宽容、理解与学习的态度，使两者之间的文化特性呈现多元共存、和而不同的局面，区域经济亦然。最后，寻求借鉴点。职业教育与区域经济两者的文化特性都有可取之处，两者要从文化特性中寻求可为我所用之处，如职业教育中的服务意识、区域经济中的合法竞争理念等，职业教育与区域经济可探寻两者之间的“互补文化”作为自身发展的动力与增长点。

2.“以他为主，他我结合”

职业教育与区域经济通过“以我为主，为我所用”的方式达到自身文化的保持与他者优秀文化的借鉴，而要实现借鉴的全面性与多元性，还需要职业教育与区域经济以他者的角度进行换位思考，即“文化移情”。一方面，职业教育与区域经济在发展过程中要转换文化立场，以尊重与体验的态度了解他者文化，在平等的对话与欣赏中达到感受、领悟并汲取他者文化的目的；另一方面，职业教育与区域经济的发展都应秉持“为他人服务”的态度与原则，以他者的身份来审视自身发展的状况，有意识地将他者的发展作为自身发展的一部分，规避“文化休克”的产生与出现。

---

① 　郑金州.教育文化学［M］.北京：人民教育出版社，2000：146-147.

3."他我共生，共同发展"

职业教育与区域经济发展的共生共荣是两者联动的文化旨归，职业教育需要区域经济的支持，区域经济需要职业教育的扶植，两者相互依赖、相互促进、共同成长、共同繁荣。职业教育与区域经济的联动发展应秉持三方面的内容。其一，转变思想观念，应从职业教育与区域经济两者的孤立发展走向两者的协调发展；其二，反思自身发展，职业教育与区域经济的发展应从他者的责任归因转向自身的责任反思；其三，采取利他行为，职业教育与区域经济的发展应始终秉持利他利己的思想观念，做到行为效果的最大化与最优化。

(二)挖掘文化共性

职业教育与区域经济的发展在具有自身文化特性的同时，也具有双方共同的文化特质，而文化共性是两者生存与发展的基础，也是两者实现共生共荣文化旨归的源泉。两者的文化共性具体体现在三个方面。第一，物质文化的共性。职业教育与区域经济的发展都需要物质平台的架构与支撑，营造良好的物质环境是两者发展的基础。第二，制度文化的共性。制度在职业教育与区域经济的发展中既具有约束的功能，又具有激励的作用，共同的制度文化能够成为两者联动发展的"黏合剂"。第三，精神文化的共性。精神文化具有引领、导向的作用，共同的精神文化特性能够引导职业教育与区域经济的发展形成文化合力，进而汇聚各方力量塑造双方共同发展的"集结体"，推动职业教育与区域经济的联动发展。

职业教育与区域经济的联动发展应基于物质文化、制度文化与精神文化的共性，合理、适度地深度挖掘两者存在的文化间性与文化通性，以实现两者之间的文化融合与交汇。首先，文化形式转化。文化形式的转化在职业教育与区域经济发展中孕育着两者的"外形"转化，一般而言，"形似"会推进"神似"，文化外形的相似会促进两者文化间性的成长。其次，文化内容转化。职业教育与区域经济的发展具有相同或相异的文化内容，文化内容的转化就是对相异的文化内容进行同化与顺应的过程，促使相异文化成为自身发展的一部分。最后，文化作用转化。不同的文化作用会推动职业教育与区域经济的发展朝向不同的发展方向，只有不断协调与完善文化作用的转化，才能促进职业教育与区域经济的发展朝着共同的目标发展，才能实现两者真正意义上的联动发展。

（三）培育文化交点

1. 文化儒化

职业教育与区域经济的发展都有着一套具有自身特色的文化架构，它是基于自身文化特性的催生与成长，需要思想观念、价值理念及行为方式等方方面面的传递与延续，从而使自身文化传统得以保存与持久。从文化传递的视角来看，职业教育与区域经济的纵向儒化分为三个阶段：第一阶段——文化生产，职业教育与区域经济的发展建构多学科的文化知识研究平台，为两者的联动发展提供对文化现象与规律的认识；第二阶段——文化传播，通过文化知识的宣传与学习，塑造具有文化意识与文化理念的职业教育与区域经济的联动发展；第三阶段——文化应用，通过文化知识与技术、理论与应用相生相长的发展态势，构建出职业教育与区域经济自身发展的文化体系。

2. 文化涵化

职业教育与区域经济属于两个不同的文化种群，横向涵化是对两者在同一时空内进行文化输入与交汇的过程，它需要经过三个方面的历程：第一，相互替代，职业教育与区域经济一方的文化特质或文化丛替代另一方的文化特质或文化丛，以此改变文化的原有结构；第二，彼此附加，职业教育的文化特质可作为区域经济的文化丛，为区域经济的文化丛增加新的特质，反之亦然；第三，综合摄取，职业教育与区域经济的文化特质混合在一起，形成文化熔合与文化交融的统一体，使文化彰显其孕育人与丰富人的特性，体现多样性、综合性与复杂性等特色，为文化的丰富与多元化生长提供发展平台。

3. 文化创新

创新是任何一种文化存在与延续的灵魂，没有创新的文化就如同无木之林、无源之水，缺少生存与发展的"魂"。职业教育与区域经济的联动发展是一种可持续性的发展，它需要文化创新的渗透与浸润，只有两者的发展始终秉持文化创新的理念，才能永葆两者联动发展的生命力。因此，从渐进性的创新走向突破性的创新，从路径依赖走向理念创新，最终实现两者的融合性创新是职业教育与区域经济联动发展过程中必然选择的路向，也是文化创新对职业教育与区域经济协同联动发展与深度融合进化的价值体现。

第七节　系统科学理论下的职业教育统筹发展

20 世纪中叶，路德维希·冯·贝塔朗菲就提出了系统科学的理论主张。随着系统科学的诞生，它逐渐改变了世界科学发展的格局和科学家们的思维方式，使人类逐步以全新的视角来重新认识世界和改造世界。现今已经发展成为一门横贯自然、社会领域横断学科的系统科学，其不仅为职业教育的统筹发展研究提供丰富的理论基础，也开拓了一种全新的思维视角。

一、复杂适应：职业教育统筹发展的基本表征

复杂事物是简单事物经过整合或组织而涌现的，复杂性是对简单性进行整合或组织而涌现的结果，一旦把系统整体还原到它的组成部分，整体层次的复杂性便不复存在。[①] 职业教育系统本身是一个动态的复杂系统，它由中等职业学校、高等职业学校以及其他的职业教育培训机构等子系统组成，该系统的统筹发展是各子系统协同发展的结果。故职业教育系统本身具有复杂系统的特征，是由大量的、不同类别的子系统聚集而成，各子系统之间存在广泛的相互作用，能够在社会环境中相互学习和积累经验，并通过改进自身的行为规则而适应复杂多变的外界环境的挑战，从而使职业教育系统在整体上表现出运行的协调性和行为模式的持存性，使系统本身能够实现可持续的发展。

具体而言，复杂适应系统具有涌现性、非线性、流和多样性 4 个特性。[②] 职业教育系统本身作为复杂适应系统，其单个学校发展将会面临诸多困境，难以生存，只有营造良好的社会生态环境，使众多学校都能良好地发展，才可能由于职业学校群体良好运行的"聚集效应"而"涌现"出协调性、适应性和持存性的发展势头。同时，职业教育系统的非线性特性表征：只有不同类型的学校之间以及学校与外界的社会环境之间形成良好的合作与竞争关系，才能为职业教育系统的长远发展带来持续的动力。而且，作为非平衡系统，只有随时都与系统内部或外界之间存在各种物质、能量和信息的流动，才能更好地了解到促进职业教育发展的最佳路径，找到适于职业教育与区域经济协调发展的模式，进而产生多样性的发展样

---

① 苗东升. 系统科学精要(第 3 版) [M]. 北京：中国人民大学出版社. 2010：220.
② 苗东升. 系统科学精要(第 3 版) [M]. 北京：中国人民大学出版社. 2010：229-230.

态，故各系统的多样性发展是职业教育系统功能特征逐渐累积并涌现的结果。

二、自组织与他组织：职业教育统筹发展的二维系统动力

"自组织"与"他组织"是系统科学中的一对重要概念，其区别主要在于组织力或组织指令是来自群体内部或群体外部，组织力来自系统内部的是"自组织"，而组织力来自系统外部的是"他组织"。正如哈肯说的："如果系统在获得空间的，时间的或功能的结构过程中，没有外界的特定干预，我们便说系统是自组织的。这里的'特定'一词是指，那种结构和功能并非外界强加给系统的，而且外界是以非特定的方式作用于系统的。"[①] 由此类推，如果系统在外界的特定干预下获得空间的，时间的或功能的结构的，该系统就是他组织系统。而自组织系统是与他组织系统相对应而内涵相反的系统。职业教育系统的发展过程既是系统自身自组织的过程，也需要与系统外界的其他系统相联系的他组织过程，因而职业教育系统的统筹发展过程就是自组织系统与他组织系统相互作用，相互依赖、相互制约以及相互促进的自组织与他组织结合统一的过程。就职业教育的各子系统而言，他们自身应该作为一个能够自组织发展的系统而存在，这是促使其长期发展的内在动力和可持续发展的根本保障。而职业教育系统是一个社会的细胞，不可能脱离其社会环境而孤立存在，它是与社会他组织系统相互制约与相互促进的结果，故职业教育系统需要作为"他组织"的社会给它提供良好的制度与政策环境以及人力、物力和财力等经济资源的支持与保障，从而给职业教育系统提供良好的他组织动力，才能促进职业教育系统与区域经济良好的统筹发展。

职业教育系统作为一个自组织系统，他固然具有自组织的基本原理和特性，以保持系统的开放性、非线性、反馈性、不稳定性、支配性、涨落性、环境选择性和涌现性等。职业教育系统各组分之间、系统与环境之间只有保持适度的合作与竞争关系和一定的张力，才能产生自组织的动力；同样，职业教育系统在发展进程中必须靠自身的自我激励机制和自我抑制机理的适当结合，才能实现系统的自我更新与发展。同时，职业教育系统在发展过程中也要随时关注自身对社会环境的适应度，接受着社会的评价与考量，才有利于促进其系统本身的发展。总之，职业教育的统筹发展是自组织系统与它组织系统相互结合与联动的过程，其发展现状是该系统各

_____

① ［德］H.哈肯.信息与自组织［M］.成都：四川教育出版社，1988：29.

组分之间或系统与外界其他系统间相互作用而在整体上涌现出来的最终结果。其中，自组织是推动职业教育系统可持续发展的内在动力，他组织是职业教育系统与区域经济统筹发展的外在推力。在职业教育的发展进程中，必须首先是职业教育群体本身以自组织的形式获得自身发展的条件和力量，这是职业教育长久发展的最终动力，同时还要协调好与外界系统，如政府、企业、社会及其他他组织系统的相互依赖与制约关系，并且相互学习和积累经验，才能促进职业教育与区域经济的协调和可持续发展。

三、职业教育系统统筹发展之整体性原理

系统是由若干相互作用、相互联系的部分所构成的具有独特功能的一个整体，它由一定的结构组成，且无时不有、无处不在。小到一个原子，大到一个星系，都具有某种系统结构。城乡职业教育统筹发展是一个系统，它是教育系统的子系统，具有动态性、复杂性和开放性等特征。

（一）系统整体性原理的内涵意蕴

整体性是系统论的基本原理，系统的整体性是指系统基础的多元性、系统主导的相关性和系统目标的一体性等有机组合而成的复合体。[①] 整体性原理要求对有机体的研究要从整体与要素、要素与要素、系统与环境、共时与历时等辩证关系来考察。

首先，强调系统整体和要素间的相互依赖以及相互联结的关系。要素是系统存在的基础，对系统的整体功能具有一定程度的决定作用，因为任何要素的缺损都会使整体功能受到影响。其次，要强调各要素之间的互动性。系统中各要素之间的关系并不是简单的拼凑关系，而是一种有序的耦合关系，任何要素的偶动，都将对其他要素及其整体产生影响。再次，系统论的整体性还要求处理好系统与环境间的关系，系统与环境之间是一种中心与外围的关系，系统要根据自己的发展需求不停地与周边环境进行物质、能量和信息等的交换，进而使系统从低级有序状态运行到高级有序状态。最后，处理系统整体性的共时与历时的关系时，不仅要注意分析系统在空间上的纵横交错联系，还要重视研究系统在时间上的发展变化趋势及规律。

---

① 周硕愚. 系统科学导引 [M]. 北京：地震出版社，1988：8.

（二）系统整体性原理的实践表征

根据不同的划分维度，职业教育统筹发展系统有相异的类型，且不同子系统会呈现出明显的差异性。例如，从地域维度，可分为城市和乡村两大统筹发展子系统；从职能维度，可分为政府、学校、企业、社会四大子系统。但无论系统如何划分，各子系统都围绕职业教育统筹发展之主系统而有序变化着，以不断实现其整体优化的功能。

第一，在处理整体与要素的关系时，应对处于离散状态的各要素进行优化组合，以构建成一个有机的整合体，并显现出其整体功能。故在职业教育统筹发展的过程中，应在整体目标的指引下，积极发挥政府这一主导要素的作用，通过政府、学校、企业和社会之间的有效联动，使各要素均处于有序运行状态，进而构建一种动态的整体与局部协调发展的关系，以达成城乡统筹发展之目标。

第二，在处理要素与要素的关系时，要协调好政府与学校、政府与企业、学校与企业、学校与社会以及院校之间的关系。倘若政策法律、师资力量、办学经费等众多要素中只要有一项没有跟上整体发展的步伐，就必然会影响到职业教育统筹发展系统整体功能的发挥，进而影响到职业教育统筹发展目标的实现。在工业化和城市化进程中，人类已饱尝了"贫富悬殊、信息鸿沟、两极分化、环境污染、生态恶化、气候灾变、人性分裂、社会异化"等失衡发展的苦果。[1] 故协调发展是人类社会发展的一种需求，只有当政府与学校、政府与企业、学校与企业、学校与社会等诸要素都处于协调发展的状态时，才有利于系统整体功能的发挥。

第三，在处理系统与环境的关系时，要处理好职业教育统筹发展中外在环境的信息通畅，如在开发中职学校的课程时，要使区域经济与文化协调发展，使其培养的学生能成为"适用、实用、可用"的、"文化与品德素养兼具"的高级技术技能型人才，这不仅能促进当地经济的可持续发展，也有利于学生的终身发展。

第四，在处理共时与历时的关系时，首先要理解共时与历时的内涵，其次强调纵向与横向的结合，也即"点与面结合"的要求所在。"历时"需要把握职业教育的历史渊源，从纵向掌握其发展方向与发展规律，要从以往出现的问题中吸取经验教训；"共时"需要在全球视野下考察与借鉴各发达国家职业教育发展的经验，与我国的具体实际相联系，即把握发展

---

① 倪花.协调发展初论 ［J］.理论学习与探索，2006(1)：55.

规律与时代脉搏共前进，使职业教育从点到面上真正做到"面向人人、面向社会、面向未来"和与时俱进。

四、职业教育系统统筹发展之有序性原理

（一）系统有序性原理的本质表征

有序性是客观事物本身有机联系或有序性的现实反映。当系统不与外界进行交换信息与能量时，必会热寂而死，故只有通过与外界环境交换物质与能量，从外界引入负熵流来抵消自身的增熵，使系统的总熵逐渐减少，才有可能从无序走向有序。系统处于不同状态中，涨落起着不同的作用。子系统之间存在差异，并各自有相应的功能，而差异的存在，就容易产生有序的变化。一般而言，一个总系统通常包括若干子系统，而其自身又是另一个更大系统的子系统，这种多级串、并联的组织形式称为系统的层次结构。有序性原理要求人们通过认识系统的结构性、层次性来揭示系统的整体特性和功能，以从系统内部各要素之间稳定的联系中找出系统变化和发展的规律性。

（二）系统有序性原理的实践价值

职业教育统筹发展总系统中包括众多结构不同的子系统，各有一定的层次结构，子系统结构不同，则发挥的功能不同。控制总系统，一种是集中控制，另一种是层次控制（逐级反馈控制），理论和实践证明后者更具优越性。[①] 层次控制可以避免集中控制中的调节不及时、效率低、功能差等缺点。层次控制的特点就是使总系统具有强韧性与弹性，因为较高层次对下属层次中的各子系统进行协调，在更大范围内进行层度较高的控制，指令一层层地传输，它们就逐次变得具体且容易操作。每一层次分担一个总体目标，在一定范围内又相对独立地反馈信息。因此，能及时地对各种随机性的变化做出恰当的反应，有助于系统的稳定以及增强应变与适应能力。系统功能问题需要从内部环境角度去考察，相对于子系统来说，系统整体是它的环境，不同子系统互为环境，此即系统的内环境。

引进内环境，就是引出整体与部分之间的关系、不同子系统之间的功能关系。在系统内部结构关系中，不同子系统有明确的功能划分，彼此之间按照明确的功能关系整合为一体，而且子系统之间的关系主要是一种功

---

① 　苗东升.系统科学大学讲稿 ［M］.北京：中国人民大学出版社，2007：11.

能互动，这种关系的总和称为功能结构。功能结构的一种重要表现形式是中心－边缘结构，中心部分是系统能力、能量、精华的凝聚之处，主导着资源的分配和流动，规范着要素之间互动的规则，甚至具有控制系统的作用。因此，在职业教育统筹发展系统中，政府子系统占主导地位，对学校、企业做出相应的战略规划，而社会在城乡统筹发展系统中处于基础地位。

1. 政府：职业教育统筹发展系统的主导

职业教育统筹发展是统筹城乡社会发展的重要组成部分，也是实现城乡一体化的坚实基础。只有确立政府在此系统中的主导地位，才能从制度上确保此系统各项目标的达成。突出政府的主导地位是依据法律的形式确定的，《国务院关于大力发展职业技术教育的决定》指出，"国务院要求各级政府有关部门、广大教育工作者及社会各方面，从国家的全局和民族的未来出发，进一步提高对职业技术教育战略地位和作用的认识，采取有力的措施，齐心协力地大力发展职业技术教育"，"发展职业技术教育主要责任在地方，关键在市、县。因此，地方政府有权对职业技术教育进行必要的统筹和决策"。[①] 主要策略如下：

一是缩小城乡职业教育差距的需要。城乡职业教育的差距，根本原因是早期"二元结构"制度，二元结构理论重城市、轻乡村，重工业、轻农业。优质的职业教育资源首先满足城市发展的需要，相当程度上忽略了农村、农业、农民的需要，因为农业效益低且周期长，技术更新慢甚至没有，很多地方仍是农业时代的最初级工具，如水牛、锄头等。[②] 因此，政府要在事物发展的过程中进一步抓住事物的主要矛盾，改变不合理的制度，重建适应城乡职业教育统筹发展的制度。

二是弥补市场失灵的需要。教育本就是准公共产品，其外部性较强，而职业教育尤其是针对"三农"需求的职业培训偏重于公共产品，具有提升国民素质、增强国家经济实力、促进社会和谐等外部效应，提供公共服务本就是政府的职能所在。从另一角度看，市场存在盲目与无计划的弊端，当前，培训市场的散乱性致使乱象丛生，这些都是市场失灵的表现，为了避免市场失灵，规范市场，政府必须发挥其主导作用，进行宏观调控。

<hr />

① 董仁忠. 统筹城乡职业教育发展研究 [J]. 职业技术教育论坛，2009，(11)：10.
② 黄龙威，邹立君. 城乡教育统筹发展：目标、责任与监测 [J]. 教育研究，2009，(2)：39-41.

三是制定战略规划与协调其他子系统的需要。政府应深入调查社会对职业教育的现实需要，科学统筹学校的专业设置，规范招生制度，杜绝买卖生源，改革户籍制度以及用工制度等，通过多种举措来增强对学校的宣传力度，以扩大职业学校的社会影响力；同时严格监督职业学校的质量发展，提高毕业学生的综合素质与质量，以提高职业教育系统学生对社会的适应度和受欢迎度，进而提高职业技术教育学生的口碑与社会地位。此外，职业学校尤其是农村职业学校，由于社会支持体制和实训基地的缺乏等原因，导致学生动手能力弱、缺乏就业适应力而滞后于社会与企业的现实需求，进而社会信誉度差。故政府需要协调好企业与学校的关系，坚持走专业化协作发展之路，同时要做好主导作用，制定长远规划与相应的法律法规等，以形成政府、企业、学校与社会上下连通、左右连贯的网状就业体系。

2.学校：职业教育统筹发展系统的主体

职业教育要实现城乡统筹发展，需要中等职业学校与高等职业学院等学校的联动发展，故学校是发展的主体，需要以中等职业教育与高等职业教育之间均衡发展的实现为根基。

首先，中等职业学校校际之间的均衡发展。中等职业学校是紧跟当地经济发展节奏最为密切的、以培养服务基层一线的技能型人才为主要目标的职业发展群体，只有集中力量协调好城市与农村以及同类型校际间职业教育学校的均衡发展，才能在最大限度上实现职业教育发展的效益。例如，在中等职业学校的地址选择上，要遵循"适合管理、适应农村"的原则。不能一味追求建设在城市，应该根据乡镇居民的人数以及地理位置，设置在人口聚集且离中心城市较远的乡镇，以方便当地农民接受职业教育。同时依据当地的实际情况，设置相应的农学专业，以服务农民的实际需要和实现宣传与推广科技下乡活动的价值意蕴。

其次，高等职业学院与中等职业学校之间的均衡发展。这两类学校主体是职业教育统筹发展系统中不同阶段的存在实体，每个实体拥有相异的发展目标和发展特征，只有保证二者间的均衡发展，才能促进整个职业教育系统可持续的统筹发展。因为中等职业学校的良性发展是高等职业学院良性发展的前提基础，而高等职业学院的可持续性发展是中等职业学校发展的未来路向，也是中等职业学校蓬勃发展的最佳保障。二者是相辅相成，相融相生、互为制约与相互依赖的共生关系。依据系统的有序性原理可知，高等职业学院与中等职业学校二者只有形成互补互帮机制，形成强强联合或强弱互帮模式，在硬件设施上相互借鉴与利用，在软件配套改革上相互学习与借鉴，各取所长，各取所需，才能实现两者的均衡与可持续发展，以更好地服务于职业教育系统的统筹发展。

3.企业：职业教育系统与外界统筹发展的桥梁

企业是吸纳学校人才的主体，也是职业教育的直接受益者，理应承担参与职业教育建设的责任和保障企业吸纳职业学校师生学习与实习的义务，故与学校一道共同做好人才的培育工作是企业的应有之义，它在职业教育统筹发展系统与外界环境的信息、物质与能量的交流中起到平台的功能。企业与学校应通过建立开放性的工学结合人才培养模式，制定新的中高职衔接课程体系，建立双师结构的教学团队，搭建城乡统筹的校内外实验实训基地等，不仅为学生工学结合工作的顺利开展创造条件，而且也能提高职业教育的办学质量以增强办学吸引力，为企业与社会的经济发展培养出"适用、实用、有用、可用"之才。例如，可采取校企合作的办学模式来发挥企业的应有功能。校企合作，是一种新型的办学模式，是一种学校、企业、学生三赢的合作机制，能缩小高职学院与中职学校的差距。[①]如把校企合作的学校比喻成工厂，把学生比喻成产品，把人才培养比喻成生产适销对路的产品流程，则应构建从设计、生产、销售到市场跟踪与反馈一体化的人才培养机制，以形成一个动态开放的循环发展路线。故职业学校要充分利用学校、社会、企业等的人、财、物，学习与借鉴校企合作的办学经验并运用于实际的教育教学进程中，从而建立起一个动态开放的校企合作、工学结合的发展平台，以培养受社会欢迎的应用性技能型人才；而且通过企业对系统发展的搭桥连线作用机制外，职业学校还要主动为企业提供服务、帮助企业解决现实发展的生源与劳动力问题，以增强职业教育的自身吸引力。

4.社会：职业教育系统统筹发展的检验器

职业教育统筹发展的最终旨趣是服务社会经济发展，而社会是检验职业教育系统统筹发展概况的最佳检验器，对职业技术教育的发展进程起到调节、促进与评价等功能。因为只有社会由多样性、多层次性与结构类型不同的各层次群体构成，才能对职业教育发展起到促进作用；也只有这样的群体才使社会具有生命力和可持续性。当职业教育系统各组分间发展不均衡时，社会人才必得不到充分发展，社会不和谐因素的概率就会增加；只有职业教育得到均衡发展，才能为社会培养和输送各类型人才，才能实

---

① 刘紫婷.高职院校校企合作、工学结合运行机制建设研究 [J]. 中国青年研究，2010 (1)：99-101.

现对社会发展所起的推动价值。政府作为社会系统的主要代表，理应在社会发展进程中根据本地的经济与社会发展、职业教育特色等概况，推动和鼓励社会团体积极参与社会监督和评价活动，及时适宜地采取科学统筹的措施来有效调节、刺激与促进职业教育的健康有序发展。只有以政府为主导来调节与实施各种有利措施，才对社会的进步形成良好的推动效应。首先，要改革招生制度，杜绝一些不法分子为追求利益而买卖生源问题的产生，让学生与家长自愿就读职业学校，自主选择学校和专业，这样有助于端正学生的学习动机和引导学生的自我学习。其次，要督导职业学校办好教育，以提升职业教育的办学质量，提高毕业学生的整体素质，进而提高他们的社会认可度。最后，要采取有力措施以提高职业技术教育学生的就业保障，增强就业吸引力。例如，打破户籍制度，革新就业制度，尤其要规范私营企业与个体企业的招生就业制度，确保学生的最低工资与福利待遇，以保障学生的就业基础，为职业教育学生的就业前景提供政策保障。这样，在"政府主导、学校主体、学生主人、社会监督"为特征的社会政策及社会主体的相互配合与积极推动下，职业教育的"政府支持度高→学校办学效能高→学生社会信誉度高→学校发展前景好→学生综合素质高→社会发展速度快"的良性教育循环机制就会逐渐形成，职业教育就能更好地发挥其社会效应。

五、职业教育系统统筹发展的持存性原理

（一）系统持存性原理的内涵表征

持存性是指当系统的时间、地点、条件有所改变的情形下，它还能保持自己的基本特征不发生显著变化的一种特点和能力。影响持存性的因素有两方面：一是取决于组分、结构和环境的持存性。组分持存性强，系统的持存性也强，就像机器的元件寿命长，机器的寿命也长。二是系统跟环境的关系对系统的持存性也同样有着重大的影响，系统要随时跟环境进行能量、物质与信息的交换，如果外界环境的质量低下，或者系统跟环境的关系不合理、不顺畅，则系统就不可能健康和持久地生存。因此，内部要素之间和谐，外部环境和谐，这样的系统持存性最强。

（二）系统持存性原理的实践意蕴

根据持存性原理，首先是要保障各子系统内部结构的健康。政府、学校、企业、社会各子系统，自身要做到可持续发展。政府要解决好增强教

育活力与体制机制约束的矛盾，要给予学校与企业一定的权力。学校要从自身的优势出发，打造特色学校。企业也应主动参与学校人才的培养。其次要保证从系统的内外和谐到系统的可持续发展，因为二者是正相关。系统是动态的，但并不一定就是发展的。"发展，作为自然界和人类社会变化的一种历史过程，是始终不断地延续着的，它构成自然界与人类社会双重系统的行为变动轨迹，并将导致这一复杂系统朝着更加均衡、和谐、互补的方向进化。"① 推动职业教育系统的统筹发展就应该促进系统内部各组分的协调发展。因为协调发展需要两点论与重点论的统一，既不能从一个极端走向另一个极端，也不能以一种倾向掩盖另一种倾向。② 故在任何一个发展体系中，发展的差异性是客观存在的，必须承认在一个相当长的时间内允许和容忍差异的存在。职业教育系统统筹发展是在尊重差异的情况下，城市与农村均衡发展，但不是平均平行的发展，更不是单纯追求"缩小差距"的发展，而是在各自"可塑性"发展水平上"尽可能充分"的发展。城乡职业教育的统筹发展，不是"削峰填谷"，也不是"弃高抬低"，而是在城乡职业教育的发展规划、教育条件的外部投入、教育资源的有效配置、能力建设的动力保障、政策措施的制度支撑上，要尽可能"公平"地统筹，是"追峰填谷"的统筹。既要体现城乡低端的"雪中送炭"，也要体现城乡高端的"锦上添花"，要着力体现以优质教育引领、带动薄弱教育以及薄弱教育追赶、跟进优质教育的统筹理念。

第八节 信息技术学理论下的职业教育统筹发展

近年来，信息技术受到了广大教育理论与实践工作者的重视，并成为推动我国城乡教育均衡发展的重要力量。就职业教育统筹发展而言，若能缩小城与乡、校与校之间在信息技术上的"鸿沟"，尤其注重加强农村薄弱职业学校的信息化建设，并建设和生成城与乡、校与校之间在信息技术上的合作共享平台和机制，使科技进步赋予职业教育均衡发展以全新内涵，这无疑具有重大的理论和现实意义，而要突破职业教育统筹发展的信息鸿沟困境，首先学习与探讨信息技术学科的核心理论，这对于从理念上、思维方式上来根本解决职业教育发展面临的信息瓶颈意义深远。

① 许耀桐. 中国基本国情与发展战略 [M].北京：人民出版社，2001：3.
② 倪花. 协调发展初论 [J].理论学习与探索，2006(1)：56.

一、非完全信息：职业教育统筹发展的信息获取显示困境

信息获取是职业教育系统统筹发展与可持续发展的资源保障以及持续动力。职业教育是由多个子系统构成的统一整体，它的发展必须根植于各个子系统的协调发展，而发展必须依赖于资源的获得，只有获得完整的信息资源才能了解事物发展的内在机理，以保障系统内各环节以及不同系统间各环节形成统一连贯的发展群体，这样，系统部分的发展就会促进整体的快速发展，而实现这一目标就需要系统资源的有效获得。从该目标达成的意义上来说，对于全信息理论的充分运用正是解决这一困境的最佳理念。

全信息理论是信息科学的基础理论，是整个信息科学理论大厦的基石。学者钟义信按照"是否与主体相关"的原则把信息分为与主体无关（纯客观）的"本体论信息"和与认识主体主观因素相关的"认识论信息"两大类。本体论信息是事物关于它自身"运动状态及其变化方式"的自我呈现和表述，它是第一性的，是纯粹客观的表现，是一切信息的来源。"认识论信息"是指主体所感知和表述的"关于该事物的运动状态及其变化方式"，其中关于事物运动状态及其变化方式的形式的表述称为"语法信息"，关于含义的表述称为"语义信息"，关于价值的表述称为"语用信息"；"语法信息"、"语义信息"和"语用信息"三者的有机整体则称为"全信息"。（如图 2-4 所示）①

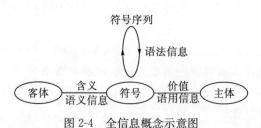

图 2-4　全信息概念示意图

通过图 2-4 可知，在语法、语义和语用信息三者中，语法信息最简单、最基本，语用信息是最复杂、最实用。全信息理论对职业教育系统统筹发展的启示就是不仅必须构建系统及系统主体获得信息的通道，同时还要明晰对获取信息的途径和对信息的有效识别，只有在发展过程中保障各系统能在各环节顺畅地获得信息，并且要对信息进行有效的加工与整合，

---

①　钟义信."理解"论：信息内容认知机理的假说［J］.北京邮电大学学报，2008(6)：1-8.

才能在发展进程中突破信息获取困境，有利于职业教育系统的可持续发展。

二、知识管理：突破职业教育统筹发展的信息共享障碍

知识管理在职业教育运行过程中具有外化、内化、中介和认知等功能，是职业教育学校群体发展过程中必须具备的理念和实施的能力。知识管理是对信息、技术即知识的管理和对人的管理的统一，它要求把信息与信息、信息与活动、信息与人联结起来而形成知识网络、实现知识共享，并使传统组织结构发生变化，以适应"知识工作者"的出现和发展，进而通过"任务集中的团队"来实现组织内外多重利益关系的协同-双赢（win-win）战略。[①] 而共享、交流、学习、创新、动态和以人为本是知识管理运行需要贯彻的原则。只有在职业教育系统的各个学校与社区的互动与联动中，知识管理理念深入人心并且自动转化为学校群体的发展理念和学校主人的内在价值和行动准则，就能促进学校的发展更顺畅，视野更宽阔。因为信息共享障碍是职业教育在发展过程中必然面临的现实境况，这主要表征为人们在知识信息识别、知识获取、知识储存、知识创造、知识共享和知识应用等环节上，而要突破这些困境，营造知识的顺畅获取和有效的学习氛围，必须依赖于做好"知识共享"这一环节的突破，才能从根本上做好知识管理的工作，以至实现知识的创造功能，实现职业教育系统的均衡发展。故职业教育系统的统筹发展需要从学校到社会等各系统在各个环节上都注重渗透全信息理论和知识共享理念，并且还要力争转化为实际工作中的具体作为，才能更有助于突破与解决在信息技术发展的社会环境中面临的关键瓶颈，更好更快地实现整个职业教育系统与区域经济的统筹发展。

三、信息鸿沟：城乡职业教育统筹发展面临的实然差距

信息鸿沟是"由于贫穷、教育设施中缺乏现代化技术以及由于文盲而形成的贫穷国家与富裕发达国家之间、城乡之间以及年青一代与老一代之间在获取信息和通信新技术方面的不平等"。[②] 诚然，信息技术的迅猛发展和广泛运用，在促进社会经济、政治、文化进步，提升人们生活水平的

---

① 王伟光，李继祥.知识管理：一种新的管理模式 [J].社会科学辑刊，2000(1)：51.
② 中国互联网络信息中心.中国互联网络发展状况统计报告 [EB/OL]. http://www.cnnic.net.cn [2008-01-20].

同时，也造成了日益扩大的信息鸿沟。城乡信息鸿沟是信息鸿沟的一种特定表现类型，其具体表征为农民存在着"信息贫穷问题"，农村因"信息贫穷而导致了经济的贫穷"。实际上，从某种程度来讲，当前我国城乡发展正沿着"城乡经济差距—城乡技术差距—城乡信息差距—城乡经济差距"这样的恶性循环路线行进。因此，城乡差异与城乡信息鸿沟是两个相互作用的力量。

由于城乡信息鸿沟的客观存在，我国职业教育在发展进程中不可避免地遭遇到了"城乡信息鸿沟"的瓶颈，城乡职业教育差距不断被拉大，城乡信息鸿沟成了制约我国城乡职业教育统筹发展的"拦路虎"和"绊脚石"。从现实而言，职业教育受信息鸿沟的影响主要表现为以下三个方面。

(一)城乡职业教育信息化硬件配置不均

"所谓教育信息化，就是指在教育中普遍运用现代信息技术，开发教育资源，优化教育过程，以培养和提高学生的信息素养，促进教育现代化的过程。"[①] 在我国大力推进教育信息化的背景下，职业教育信息化建设如火如荼。职业教育信息化在本质上就是职业教育的现代化，而具体又表现为职业教育现代化的教育理念、教育资源共享、教育教学方法、教育环境及条件等，可以说，教育信息化是驱动教育信息科学和现代信息技术充分发挥作用的动力系统。

在职业教育信息化建设进程中，硬件配置是前提和支撑，只有拥有必要的和充足的信息化硬件，才可能从根本上保障职业教育信息化建设的稳妥运行。然而，在职业教育信息化发展的进程中(无论是国家层面还是区域层面)，不同地区(如我国东部与西部)、同一个地区的不同区域(如城市与农村、区县与区县)之间在职业教育信息化硬件资源配置上表现出严重的不均衡现象。在城乡层面上，职业教育信息化硬件资源配置不均主要表现为城市职业院校在计算机拥有总量、教师/学生用计算机数量、计算机/多媒体教室数量、教学班平均拥有多媒体教室数量等远远超过农村职业院校。硬件配置的不均必然导致城乡职业院校在办学效益、效果、效能等方面的差异。

(二)城乡职业教育信息化资源配置失衡

显然，职业教育信息化建设可以极大地推动职业教育(尤其是农村职

---

① 　南国农.教育信息化建设的几个理论和实际问题［J］.电化教育研究，2002，(11)：3-6.

业教育)的飞速发展。然而，职业教育信息化建设不仅是硬件设施建设，其更重要的是软件信息资源的建设。实际上，"现代教育技术条件下的教育活动比以往任何时候都倚重于教育信息资源，教育信息资源设计开发成为信息化教育的关键"。①

城乡职业教育在信息化软件信息资源配置上的差异可以说是天壤之别。在教育信息化资源的占用上，城市职业院校和农村职业学校、重点职业院校和薄弱职业学校存在着相当大的差异与不均衡。而这种不均衡不仅和城乡职业教育信息资源配置投入经费存在很大差距有关，也和城乡职业院校间条块分割严重，缺乏应有的流动，职业院校间的教育资源极难达到共享有关。因此，实现城乡职业教育软件信息资源共建共享，合理配置信息化资源是当前我国城乡职业教育统筹发展的必要路径。

(三)城乡学习者的信息素养及能力差异

城乡职业教育在信息化硬件设施、软件资源方面的差距是城乡信息鸿沟作用在职业教育上的外在表征，而城乡不同学习者在信息素养上存在的巨大差距则是城乡信息鸿沟作用于职业教育的内在影响。从理论上讲，职业教育可以较好地促进社会各阶层的流动，但信息鸿沟的客观存在却强化了现有的不平等结构，而这恰恰是由城乡不同学习者在信息素养上的差距所导致。

实际上，由于受家庭收入、地域差异、教育环境、信息设备的购置、信息资源的取得等因素的影响，城市与农村的不同学习者在信息素养方面必然存在着显著差距。显然，来自经济较为发达城市地区的学习者拥有比较多的信息技术应用机会，并可以充分利用其来提升自我的学业成就或提高技术技能(如现代技能培训)，从而为未来的生活做好准备。而来自经济欠发达农村地区的学习者(如农民)则多数只能接触到信息技术表面的声光效果和娱乐功能，而无法真正将其应用到提升自我竞争的水平上，从而由拥有与应用信息技术的差距而导致了信息素养的差距，最终导致了社会阶层的差距。

四、功能路径：信息技术对城乡职业教育统筹发展的价值彰显

"事实上，信息技术不但有可能加剧贫富两极分化，也完全有可能缓

---

①　李康，孔维宏.现代教育信息资源开发思想探析 [J].电化教育研究，2007，(6)：5-19.

解这一趋势。"①信息技术以其介入职业教育后所表现出的教育覆盖面广、资源共享和使用不受时空限制等优势,不仅可以在教育变革中为城乡教育统筹发展提供技术上的支持,也可以有效地推进城乡职业教育的和谐均衡发展。信息技术可以为城乡职业教育统筹发展提供以下支持和帮助。

(一)为城乡职业教育信息资源的统筹配置提供平台支撑

消解城乡职业教育信息鸿沟的关键在于增强城乡职业教育信息资源的可获取性和可共享性,因此职业教育统筹发展信息化资源的优化配置至关重要。现代信息技术逐渐改变了人们获取、传递和更新知识的方式,它扩展了职业教育的时空界限,可以在城乡职业教育信息资源统筹配置中发挥核心技术作用。具体而言,信息技术可以通过设计、调整城乡职业教育信息资源的分布和流向,以尽可能小的配置成本取得尽可能大的配置效益,即在城乡职业教育信息化建设的基础上,进一步规划不同"节点"上信息资源的内容、重点、空间、类型、时间和数量分布,以保证城乡职业教育信息资源的共建、共享。此外,通过信息技术支撑下的不同技术平台,农村职业教育可以免费、快捷地获取优质的教育资源,包括把城市职业学校优质的教育理念、方法引入到农村职业教育教学中,从而在一定程度上缓解农村职业教育信息资源匮乏和教师短缺的问题,还可以加强农村职业教育的教师培训以及农民职业培训力度等,从而达成资源利用效益的集约化和最大化。

(二)为城乡职业教育联合办学的实现提供技术支持

"以城带乡"的职业技术教育联合办学模式,是近年来我国一直在探索的新型办学模式,也是城乡职业教育统筹发展的新路子。现代信息技术借助宽带网络,可以为城乡职业教育联合办学提供技术支持。主要表现在:其一,课程资源开放和共享。城乡联合互助,职业院校学校之间借助远程技术,可以开放网络课程,进而实现专业互修、学科共建及课程互选,进而达成两校之间的学分转换。其二,教师资源的开放。城市优质职业院校的教师可以通过远程教育形式直接为农村职业院校的学生授课,使优质师资的价值实现最大化。其三,教学资源的综合利用。城乡职业学校之间可以基于网络交互平台共同建立公共课教学资源库、专业教学资源库、多媒体教学课件库等,从而不仅避免各校重复开发、节省了人力和设

---

① 吴敬琏.正确应对信息化的挑战 [J].经济社会体制比较,2002,(2):19-22.

备，而且可以有效提高农村薄弱职业学校的办学质量。由此可见，现代信息技术可以为实现学校间强强联合或者强弱互助，进而推动城乡职业教育的统筹发展。

（三）为农村劳动者信息素养的提升提供多元化路径

从理论上看，信息技术在农村的普及与应用，一方面可以使农村从事农业劳动的人越来越少，而从事第二、第三产业及信息服务业的人越来越多，从而实现农村剩余劳动力的就地转移；另一方面还可以为农村、农民提供一条从信息到知识、从知识到决策和财富的致富之路。显然，提高农民信息素养意义重大。然而，面对我国农村劳动力强大的学习、培训渴求，当前农村职业教育在规模上却大多表现出"门可罗雀"的态势，而这和传统职业教育（培训）本身较高的门槛和学习（培训）时间、地点具有限制性等缺陷是分不开的。当前，以互联网为代表的信息技术在教育上的应用，使其凭借教育门槛低、学习时空分离以及教育内容丰富多样等优势，可以吸引和带动广大农民参与学习和培训，壮大农村职业教育（培训）的队伍和规模。此外，越来越多的农村劳动力可以通过接触诸如计算机、网络等信息技术，以信息技术为支撑展开多元化学习，并利用其来解决日常生活中的各种问题，从而可以极大地提高农村劳动力的信息素养。

五、远程服务：城乡职业教育统筹发展的信息技术平台建设

现代信息技术可以在教育变革中为城乡职业教育统筹发展提供技术上的支持。具体而言，信息技术可通过超越时间、空间限制的现代远程教育形式，区域教育资源的共建共享平台的建设等，有效推进城乡职业教育的和谐与均衡发展。

（一）建设统筹城乡的远程职业教育综合发展平台

显然，作为一种新生事物，远程教育的技术理性与技术要求远远高于传统教育，且其具有传统教育形式所无法比拟的诸多优势，"实践证明，远程教育有着教学资源的丰富性与共享性、教学形式的开放性与灵活性、教学支持的技术性与虚拟性、学习方式的个性化与自主化等特点和优势"。[1] 远程教育的诸多优势无疑为职业教育的城乡统筹发展提供了技术

---

① 唐康明，赵建平.试论远程教育在统筹城乡发展中的作用［J］.成都行政学院学报，2009，（2）：87-89.

上的可能，建设适应城乡职业教育统筹发展需要的、具有较高信息化水平的远程职业教育平台，是城乡职业教育统筹发展的必由之路。然而，远程职业教育平台的建设是一个复杂、系统的工程。在城乡统筹的背景下，结合职业教育本身的特点，远程职业教育平台要面向三类不同的服务对象，因此要包含三个子平台。一是学生远程职业教育平台，该平台一般由网上学习、作业发布与回收、在线答疑、在线测试等内容模块构成，其不仅可以服务于城市职业院校学生的在线学习，更可以服务于农村职业学校学生的远程在线学习。显然，该平台极大地延伸了城市优质职业教育资源的作用范围，使得农村职业学校学生同样可以享受城市职业教育优质的课程、教学、技能训练等资源。二是教师远程学习、培训平台，该平台主要服务于农村职业教育教师的专业发展，使农村职业教育教师和城市职业教育教师同样接受诸如教育教学培训和职业技能培训等课程，从而促进专业化水平。三是农村劳动力远程职业教育平台，该平台主要以其技术性、职业性、技能性和实践性等特点为依托，围绕加强农村实用技术培训、增强农民职业技能、加快农村剩余劳动力转移等主题进行设计，以服务于广大农村劳动力和推动新型农村建设。

　　统筹城乡的远程职业教育平台除了在服务对象上有不同外，在服务方式上也有差异。一般而言，远程职业教育在面向学生、教师和农村劳动力时，可以采用双向实时会议式教学和人－机多媒体信息库交互式教学两种形式，其中前者是对学校现时教育的模拟，临场感强，交互性好，适合较为复杂的技能培训；而后者主要表征为视频教学、多媒体课件、练习测试等，虽然该形式下教师的角色被多媒体教学信息库所替代，但其可以达到教学不受时空限制的效果，学习者参与学习的机动性和灵活性比较强。

　　(二)搭建统筹城乡的职业教育信息资源共享平台

　　城乡统筹背景下的职业教育信息资源共建共享平台是基于城乡各职业学校的信息资源，在分布式资源管理的基础上，将物理位置相对分散的不同"资源站点"的信息资源进行聚合汇总，从而建构成多位一体的城乡职业教育信息资源网络系统，进而实现城乡职业教育信息资源共建共享的过程。

　　城乡职业教育信息资源共建共享平台是一个由"子站点"和"公共站点"共同作用而成的技术平台系统。"子站点"即区域内城乡各个职业院校根据自身经济、师资、设备等条件并以学校为单位所建设的资源站点。"子站点"的建设要求各职业院校要定期将本校拥有的信息资源保存至本校资源站点，并通过一定的规则对资源编目后将资源目录保存至本校资源站点以及同时上传至"公共站点"，而各"子站点"之间可以通过一定的协商、信任关系达成资源间的互访。"公共站点"的建设并非是一个将各"子站点"的信息资源进行简单地聚合、汇总的过程，而应当是一个集资源整理、加工、管理和利用为一体的结构体系。具体而言，"公共站点"的建设应当包括以下五个技术流程。

1. 职业教育信息资源的整理

对各资源站点所输入进来的信息资源进行再整理是一项极其重要的基础性工作，它将直接影响到之后信息资源的共享与应用等。对信息资源进行整理，可以借助教育资源整理技术与工具对资源进行分类编码化、标准化，以便进一步存储。

2. 职业教育信息资源的存储

"公共站点"实际上扮演着"资源仓库"的角色，它需要对整理后的信息资源进行存储。而在整个资源存储过程中，应当注意资源存储的安全性，如存储技术的成熟性、可靠性等，此外对于所存储的信息资源也应该时常加以更新维护。

3. 职业教育信息资源的重组

这个过程主要包括确定用户对信息资源的共享级别和维护信息资源两个方面。确定用户对信息资源的共享级别即明确平台的不同使用者，并授予其不同级别来共享资源总站，以提高"公共站点"使用的安全性。此外，对于资源总站中存在的一些长期不被用户访问和访问率极少的信息资源，可以将其转入备用存储中，以提高资源的利用率。

4. 职业教育信息资源的传播与共享

"公共站点"信息资源的传播也就是其"信息输出"的过程，其应当为用户提供多种多样的共享方式，如在线交流学习、资源下载、光盘播放、将相关资源添加到收藏夹等，从而最大限度地实现资源的共享，促进资源的多角度、多层次应用。

5. 职业教育信息资源的管理与服务

在前面的四大流程基础下，"公共站点"还要负责对共享用户进行基本信息管理，如用户名、密码管理，用户资源使用记录的管理，用户需求信息与反馈信息的管理等。此外，还要根据用户的资源需求信息和反馈信息，随时调整资源库的数据存量，以便为用户提供及时的信息服务，提高平台的综合质量与效益。

在"子站点"与"公共站点"动态的信息资源输入输出过程中，城乡各职业院校分别提供自己所拥有的信息资源，从而完满与丰富了"公共站点"的信息资源，而"公共站点"又将所整合的各站点的信息资源进行重新组织后呈现给各职业院校，使其可以根据所需从中获取自己想要的信息资源，从而达成了一种职业教育信息资源共享共建式的共赢性配置目的，使城乡不同教育者能平等地获得受教育和发展的机会，发挥了其最大的社会公平效益、教育质量效益和成本最低效益。

（三）建设城乡职业教育统筹发展的信息支撑平台

信息技术下，不管是统筹城乡的远程职业教育平台还是信息资源共建共享平台，其有效实现必须依托于以下三个基本平台。

1. 技术平台

技术平台是指能满足共享活动的网络环境中的计算机、应用软件、电子通信体系的总和。形象地讲，计算机是硬件基础，应用软件是中枢控制部分，而电子通信体系则是神经系统。因此，要保证各种信息平台的有效运行，必须首先保证城乡各职业院校计算机数量和性能的基本配备，丰富的软件资源以及合理的区域网络规划、规范的网络标准等。

2. 管理平台

各种城乡职业教育信息技术平台的建设都是一个系统复杂的工程，因此其中必然需要专门、专业的管理机构或人员负责协调组织。就城乡职业教育统筹发展而言，各级教育行政管理部门有必要担当此职责，在其中有效地发挥自身建设规划、资源投入、资源配置、职责分工、利益协商、监督评价等系列功能，从而促进城乡职业教育的统筹发展。

3. 服务平台

城乡职业教育信息技术平台的建设并非一劳永逸的过程，它需要日常精心的维护，且提供服务应当是任何一种信息技术平台的根本宗旨。因此，不管是基于信息技术平台本身的服务，还是面向广大使用者的服务，服务平台在各种职业教育信息技术平台的建设中都是不可或缺的。

第三章 职业教育统筹发展的国际经验

职业教育统筹发展有助于推动社会主义新农村建设，实现国家的城乡协调发展，有利于培养社会主义新型劳动力。职业教育统筹发展既是实现教育均衡发展的内在要求，也是促进国家经济协调发展的内在要求。由于社会经济、文化等背景的不同，英国、美国、日本等国在职业教育统筹发展的过程中都形成了自己独特的发展模式，积累了丰富的发展经验。中国的职业教育统筹发展可以在充分借鉴他国经验的基础上，探索符合中国国情的职业教育统筹发展模式。

第一节 国外职业教育统筹发展背景解析

回顾人类社会发展史，国外许多国家都经历过工业化、城市化的发展历程，而在这一过程中均不同程度地出现过城乡发展失衡的局面，虽然其中的缘由各有千秋，但其中不乏一些普遍问题，其原因值得我们深思。

一、早期工业化国家的城乡分离与统筹发展

最早进入工业化初期并相继出现城乡失衡发展问题的主要是英国、美国、法国、德国、挪威等欧美国家。为了满足各自经济社会发展的需要，英国选择了以"圈地运动"为代表的、以牺牲农业为代价的暴力方式为城镇非农产业提供所需劳动力，结果导致英国农业承受了巨大损失，城乡差距迅速扩大。美国在农业生产基本实现机械化后，农业劳动力的需求量大幅度下降，农村出现了大量劳动力过剩的现象，而且其中多数农民还需要做一些非农业生产的兼职工作才能维持生活，而城市工业的发展却需要大量的廉价劳动力，城乡之间的发展矛盾开始凸现。在第二次世界大战后，挪威城乡和区域发展不平衡问题开始显现，到 20 世纪 60 年代，挪威城乡居民收入差距达到 3∶1 以上，城乡发展严重失衡。[①] 第二次世界大战后，法国经济发展进入"光辉 30 年"，工业的大力发展需要大量的劳动力，城

---

① 吕洋，周彩. 挪威统筹城乡发展：措施、成效与启示 [J]. 北京理工大学学报（社会科学版），2008，(3)：90-93.

乡之间的发展矛盾开始尖锐起来。德国的情况也差不多，第二次世界大战后德国的农村基础设施严重缺乏，大量人口涌入城市，农村的凋敝使城乡差别迅速拉大，城市也不堪重负。

二、近代海外国家的城乡分离与统筹发展

日本、韩国、巴西等东亚及南美国家是第二批出现城乡分离的国家。为了迅速发展经济，日本在 1955 年之后以现代化作为自己发展的方向，重点发展工业。可在工业得到迅速发展的同时，农民的收入却相对有所下降。1960 年农民户均、人均收入只有城市居民户均收入的 89％、人均收入的 68％，引发国民的严重不安。韩国在 20 世纪 60 年代初，开始实行计划经济，走日本的"贸易立国"之路，1962~1971 年经济保持年均 8.7％的增长速度，但农业却未能获得同步发展，城乡差距明显拉大。巴西在第二次世界大战以后大力发展工业，城市工业吸纳了大量的农业劳动力，城市的数量也相应增加，但随之出现的"城市病"及农村土地的高度集中，使社会上产生了大批既无就业机会又无生活保障的失地农民，严重影响了城乡社会的协调发展。再次是印度等南亚国家。印度从 20 世纪 70 年代以来，农村流入城市的人口就占城市总人口的 46.9％。可城市已"人满为患"，再也无力提供足够的就业岗位同化农民，城乡协调发展迫在眉睫。①

第二节　国外职业教育统筹发展模式探析

由于社会经济背景的不同，国外发达国家与发展中国家均在职业教育统筹发展的过程中形成了自己独特的发展模式，积累了丰富的发展经验。其中，美国的"乡村复兴"模式、日本的"造町运动"模式、法国的"乡村新城"模式、英国的"新城运动"模式、德国的"城乡等值化"模式、挪威的"乡村计划"模式、韩国的"新村运动"模式、巴西的"增长极"模式和印度的"喀科运"模式都具有极佳的借鉴价值。

一、发达国家的统筹模式

整体而言，国外发达国家的职业教育统筹发展成效颇丰，在职业教育统筹发展过程中形成了众多风格各异的发展模式，其中较为典型的主要有

---

① 熊艳，罗洁.国外城乡一体化发展模式及其对中国的启示［J］.职业圈，2007，（3）：9-10.

美国、日本、英国、法国、德国等国的统筹模式。

1. 美国的"乡村复兴"模式

美国的"乡村复兴"模式重点关注乡村职业教育,主要从以下几方面着手促进农村职业教育的发展:一是建立完善的职业教育保护政策体系来促进农村职业教育发展,如在 1917 年颁布的《史密斯-休斯法案》就规定,在公立学校中必须开展中等农业职业教育。① 二是加强农村职业教育基础设施建设,改革农村职业教育的办学环境来促进农村职业教育发展,美国目前大部分乡村的公共服务与城市相差无几就是例证。三是开展多元化的农民职业技术教育,如"工读课程计划"就收到了很好的效果。四是职业教育统筹发展的课程设置,大力发展综合高中和社区学院,如美国的公立高中 89% 为综合高中,其余 11% 又分为地方职业学校(半工半读)和全日制职业高中。1998 年有 91% 的高中毕业生取得了不同的职业教育学分。②

2. 日本的"造町运动"模式

日本的"造町运动"旨在采取一切措施为农村职业教育的发展提供可能的条件,具体做法有:一是保护农村工商业的发展,为农村职业学校和涉农专业毕业的学生提供丰富的就业门路。二是加强农村基础设施建设,增强农村地区对农村职业学校和涉农专业毕业生的吸引力。三是大力发展各类农业协会,建立与城市一体化的社会保障体系,解决了农村职业学校和涉农专业毕业生的前瞻之患、后顾之忧。四是大力发展农村职业教育。除职业训练所、经营经验农场外,还在每一个县开设一所农业高中,并在学校附设农场,开设有许多学习年限为一年左右的农业技术教育学校。

3. 法国的"乡村新城"模式

法国的"乡村新城"期望能将乡村建设成为新型城市,主要进行了以下尝试:一是通过立法来调控产业布局,如不准在巴黎市中心区内新上工业项目、鼓励企业外迁等,这样就为农村职业教育的发展提供了丰富的就业机会和优质的实习实训场所。二是注重为农村居民提供与城市居民大致相等的公共服务和发展机会,如通过"农业社会互助金"形式,完善农村人口的社会保险制度等,从而为农村职业学校和涉农专业毕业的学生提供

---

① 范安平. 发达国家农村职业教育的质量保障及启示 [J]. 上饶师范学院学报,2008,(2):71-74.

② 王文槿. 谈美国的农村职业教育 [J]. 职业技术教育,2004,(22):56-59.

了良好的发展环境。① 三是大力发展农村职业教育。首先，大力发展农村职业教育的规模，如法国政府把农业中学规定为正规学校教育并积极鼓励其发展。其次，建立完善的农业职业技术教育培训体系和就业制度，对职业学校毕业生提供创业资助。再次，国家加强投资，企业、团体、农业经营者大力支持农业职业技术培训。政府以专款、纳税、建立培训基金会等形式保障农业职业技术培训的顺利开展。

4. 英国的"新城运动"模式

英国的"新城运动"模式除了努力发展农村经济、改善农村基础设施，为城乡职业教育的统筹发展创造良好的外部环境之外，还加大了职业教育的改革力度，鼓励农村职业教育优先发展。例如，英国政府积极对农村职业教育的发展实行国家干预，除法律法规、资金投入等常规干预手段外，还着力实行并强化国家职业资格证书制度，于1986年和1992年分别创设几乎覆盖英国所有的职业领域、在英国境内都得到承认的全国职业技术教育文凭——普通国家职业资格的制度。

5. 德国的"城乡等值化"模式

德国的"城乡等值化"模式除了在调整城市职业教育专业设置、改革城市职业教育课程内容、创新城市职业教育教学模式之外，还积极对农村职业教育进行改革。政府以法律、经费、资格证书等措施对农村职业教育实行国家干预，规定企业完成各项缴税义务后要交纳一定的经费用于本企业职工的在职培训和支持职业教育的发展，要求获得某一职业资格的受训者熟悉7~8个工种所要求的岗位技能来增强受教育者的职业适应能力和应变能力。

6. 挪威的"乡村计划"模式

挪威的"乡村计划"模式是通过政府的系列政策倾斜与支持来促进农村以及农村职业教育发展的，具体举措主要有：一是中央政府制订支持农村发展的中长期发展规划，加大对农业农村投资力度和财政转移支付的规模，如"地区发展计划""北挪威发展计划""道级发展计划"等，这些都为农村职业教育的健康发展提供了广泛的外部发展空间。二是建立公共产品和服务向农村地区倾斜的长效机制，如1967年制定了《全民社会保障法》，积极引导公共产业和服务向农村倾斜，增加农村职业教育毕业生的就业机会。三是加大职业教育的改革力度。在全国进行高中教育改革，规

---

① 　张晴，罗其友，刘李峰. 国外城乡统筹发展的做法与经验 [J]. 中国农业资源与区划，2009，（2）：76-80.

定高中教育全部统一，理论和职业教育课程全部在相同的学校进行，职业教育采取"2+2"形式的教学模式，从事职业学习的学生将获得职业或学徒证书。

二、发展中国家的统筹模式

与发达国家相比，发展中国家的职业教育发展起步较晚，与上述发达国家取得的成果相比还有相当差距，但经过不断地探索和实践，业已逐步找到了符合本国国情的发展模式。其中，以韩国、巴西、印度的职业教育统筹模式最具借鉴意义。

1. 韩国的"新村运动"模式

韩国的"新村运动"模式是一种以农村为中心的发展模式，在实施过程中以促进农村发展为首要，主要从以下四方面展开[①]：一是加快农村经济发展，提高农民经济收入，改善农村生活环境，提升农村职业教育的吸引力。二是实施农村工业区计划，推进农村工厂规模化，增加农村地区就业机会。三是不断完善职业教育体系。例如，通过调整普通高中与职业高中的学生比例、在普通高中开设职业课程、大力发展专科学校和开放大学、对劳动者进行更广泛的继续培训、开设升学与就业指导课程等措施来发展职业教育。四是保护农村职业教育，对毕业生提供创业资助。例如，韩国政府明确提出培养新一代农民的目标，并在1981年开始组织实施农渔民后继者培养工程，通过农业院校或职业中学对他们进行有针对性的培养培训，使之成为合格的农渔民后继者。

2. 巴西的"增长极"模式

巴西的"增长极"模式主要内容有：一是通过增加政府投入，改善农业生产软硬环境，完善城市与农村的联系机制，优化农村地区职业教育的办学环境。二是统筹城乡社会组织发展。把原来由政府承担的培训、信息、宣传等工作转交民间组织承担，注重提升农村居民的共同体意识和参与培训等工作的积极性。[②] 三是大力改革职业教育，加大职业培训的力度，如成立国家农业培训局、增设职业技术学校等。

3. 印度的"喀科运"模式

印度的"喀科运"模式即"喀拉拉民众科学运动"的简称，该模式在

---

①　21世纪初中国中部地区农村职业教育发展理论和模式的研究与实验课题组. 发展农村职业教育的比较研究 [J]. 中国职业技术教育，2001，(3)：42-43.

②　张晴，罗其友，刘李峰. 国外城乡统筹发展的做法与经验 [J]. 中国农业资源与区划，2009，(2)：76-80.

加大农村经济发展支持力度、改善农村生活环境的同时，还积极对农村职业教育进行改革。一是加强农村职业教育基础设施建设。例如，在最落后地区实施职业技术教育发展特别计划，修筑通往学校的道路和建设农村职业教育、设施，在条件适合的农村职业学校发展计算机互联网设施。二是重视农村职业教育办学经费的投入。例如，在农村职业教育办学条件的改善方面，印度政府制订了一项长期发展计划，力争实现农村职业教育经费的持续增长，以促进全国 2/3 以上地区农村职业教育的可持续发展。三是推广农村职业教育的创新成果。例如，印度政府用于农村职业教育经费占GDP 的比重为 0.9%，以帮助农村职业学校进行农业技术成果创新。四是保持农村职业教育发展和扶贫政策同步。例如，印度政府专门设立了农村职业教育发展部负责实施国民经济和社会发展计划中的扶贫计划，贫困家庭子女的职业教育由中央和地方政府给予补贴。[①]

第三节　国外职业教育统筹发展经验归结

从国外职业教育统筹发展的经验来看，绝大多数国家将职业教育统筹发展的关注重心放在扶持农村职业教育发展上，具体措施则涉及健全法律法规、加大资金投入、重视职业培训以及探索职业技术教育改革等领域。这些经验对我国职业教育统筹发展具有重要的参考意义。

一、注重从顶层设计维度来保障城乡职业教育的统筹发展

法律法规与资金投入是保障职业教育统筹发展的重大软件支撑，只有加大力度健全法律法规、保证充足的资金投入才能为职业教育的城乡统筹发展提供良好的运行环境。世界各国为促进职业教育的城乡统筹发展，在法律法规与资金投入层面所做的尝试值得我们深入思考。

1.法律法规方面

国外职业教育统筹发展的一个重要领域就是注重加强立法工作，以法律法规的形式保证和促进职业教育统筹发展。例如，美国联邦政府于1917 年颁布的《史密斯-休斯法案》规定：在公立学校中必须开展中等农业职业教育。[②] 巴西政府先后颁布了《职业教育法》《教育框架法》等规

①　朱容皋.发展中国家农村职业教育反贫困的典型模式比较［J］.新余高专学报，2009，(3)：22-24.
②　范安平，王勤.发达国家农村职业教育的质量保障及启示［J］.上饶师范学院学报，2008，(2)：71-74.

定按行业建立校外职业教育体系，将职业教育列入了义务教育内。① 德国政府颁布《强迫职业补习教育法》等法律来保证城乡职业教育的发展。英国政府也通过《产业训练法》等来规定职业教育机构的设置和管理、职业培训的设施与质量控制。法国政府先后颁布的《阿斯蒂埃法》《职业继续教育法》等规定要求法国的农村职业教育由政府农业行政主管部门直接管理，政府农业行政主管部门具有制定政策法规和实施督查的便利①。南非政府先后颁布施行了《资格认证法》和《技能开发法》等法律法规，规范和促进职业教育的发展。② 另外，像日本、韩国、挪威等国也颁布了一些法律法规来保障城乡职业教育的统筹发展。

2. 资金投入方面

各国政府非常重视从资金投入方面来协调城乡职业教育的统筹发展。例如，美国联邦政府出台的每一部有关职业教育的法案，几乎都有一部分内容规定配套专项经费的数额。③ 法国政府规定企业完成各项缴税义务后必须提出一定比例的经费用于本企业职工的在职职业培训和支持职业教育的发展。巴西政府规定职业教育机构的办学经费来自企业上缴国家的工资税（占企业工资总额的 $1\%\sim1.2\%$），学生在与职业教育服务机构签订教育合同后可获得生活津贴。④ 南非政府的《技能开发征税法》规定强制性征收职业教育和培训基金，征税额为每个雇员薪金的 1%。

二、尝试从职业培训层面来推进城乡职业教育的统筹发展

为了满足本国经济社会发展的需要，许多国家对职业培训工作相当重视。例如，英国政府专门成立农业培训局，在全国设立 16 个地区培训中心，目前每年约有 30％的农村劳动者参加各种类型的农业培训活动。⑤ 巴西政府也很重视职业培训的作用，据巴西教育文化部统计，1999 年参加职业教育培训的人数达到 280 万。⑥ 印度政府在全国设立了 100 多个高级

---

① 浙江省赴巴西、墨西哥职业教育考察团. 赴巴西、墨西哥职业教育的考察报告 [R].2009.

② 毛健. 发展职业技术教育培养技能型人才———南非的经验和启示 [J]. 现代教育科学，2005，（1）：36-38，88.

③ 王文槿. 美国的农村职业教育 [A] //中国职业技术教育学会. 职业教育为三农服务的新思路、新模式——中国职业技术教学会 2004 年学术年会论文集 [C]. 北京：人民教育出版社，2005：31.

④ 姜大源. 巴西：长于本土的职业教育 [N]. 中国教育报，2007-11-01.

⑤ 丁国杰，朱允荣. 欧盟三国农民教育培训的经验及借鉴 [J]. 世界农业，2004，（8）：51-53.

⑥ 吕银春，周俊南. 巴西 [M]. 北京：社会科学文献出版社，2004：375.

职业培训机构，加强对包括农村劳动力在内的青壮年进行职业培训。① 南非政府于 1996 年成立了一个从事继续教育工作的新组织，并从法律上规定了国家资格认证体系的目标，鼓励人们接受教育和培训。② 德国政府采取"企业＋学校"的双元制办法来进行职业培训。韩国政府制定了新的《劳动者职业培训促进法》，组织技术人员深入农村开办培训班，指导农民发展高附加值的农业。美国政府通过"工读课程计划"，在农村积极举办各类培训班，对青年农民进行系统培训。

三、探索从职业教育改革方面来完善城乡职业教育的统筹发展

许多国家为了缓和日益恶化的城乡失调局面，纷纷将改革目光转向农村地区，意图通过对职业教育的办学机制、教学模式、专业课程、师资队伍、实习实训等方面进行改革来完善职业教育在城乡统筹发展过程中应发挥的作用。韩国政府及时调整农业职业教育结构，重点培养具有较高农业生产经营管理水平，具有国际市场竞争力的专业农业大户。③ 法国政府注重发挥职业教育的作用，明确规定除了增设技术中学外，普通中学一律增设职业教育课；对在职工程技术人员、管理人员和技术工人等大规模培训。日本政府制订了"经济社会发展计划"，始终把教育放在优先发展的战略地位。英国政府每年都要对农村职业教育机构的办学条件、师资力量、经费使用、教育效益等方面进行检查评估，并公布综合评估结果，该结果将对职业教育或培训机构下一年度的经费划拨产生影响。德国政府针对农业职业教育专门颁布了相关法律，对职业教育的办学机构、专任教师和培训人员、教学过程及考核等均进行了严格要求和规定。④ 南非政府推出了《技能发展法》，在学校、学生、雇主之间确立质量保证框架，保证职业院校毕业生充分就业。

第四节　国外职业教育统筹发展经验的本土借鉴

国外职业教育统筹的发展经验丰富，其中不乏值得我们借鉴与学习之处，但在具体的实施过程中，如何将国外的先进经验与我国的现实状况相

---

① 　国家劳动总局培训局. 五国职业技术教育 [M]. 北京：劳动出版社，1981：84.
② 　吴雪萍. 南非的职业教育和培训 [J]. 教育与职业，2001，(1)：55.
③ 　张强，吴志冲. 发达国家和地区的城乡协调发展 [J]. 世界农业，2006，(1)：10.
④ 　范安平，王勤. 发达国家农村职业教育的质量保障及启示 [J]. 上饶师范学院学报，2008，(2)：71-74.

结合，以对国际经验加以最优利用，却是我们必须思考的重大议题。只有实现了对国外职业教育统筹发展经验的本土化借鉴，才能最终切合地实现"洋为中用"。

一、统筹思想大众化是职业教育统筹发展的舆论基础

纵观世界各国，许多国家不但通过法律法规等措施来保障职业教育的有序健康发展，而且通过政策扶持、资金倾斜等办法来维护公民受教育权利和机会的均等。回顾中国，长期以来受城乡二元化社会制度的影响，中国的职业教育发展战略始终坚持以城市职业教育为中心，对农村职业教育重视不够，导致城乡职业教育存在着巨大的差距。尽管近年来国家强化了对职业教育统筹发展的重视程度，但由于受"学而优则仕"等封建教育思想的影响，职业教育统筹发展的社会舆论氛围并不浓烈，这对动摇政府职业教育统筹发展的决心还是有很大影响的。例如，一些地方政府总是钟情于办普通教育，热衷于创办示范性中职院校，对职业教育统筹发展重视不够。另外，一些城市居民也认为普通教育才是正统教育，从心理鄙视职业教育。对此，应加大教育宣传力度，淡化城乡二元化的社会意识，培育公平、公正的社会理念，这是解决职业教育统筹发展的首要问题。

二、政府作用彰显化是职业教育统筹发展的根本保证

在职业教育统筹发展研究的过程中，应重视政府的领导作用。当前，中国的职业教育统筹发展研究还处于探索阶段，农村职业教育还属于弱势群体，单纯依靠市场来配置资源，是不利于农村职业教育科学发展的。因此，现阶段，从中央到地方的各级政府都应肩负起领导职业教育统筹发展的重任，在充分尊重城乡职业教育发展自主权的基础上，采取多种措施优化农村职业教育发展的环境和条件、保障农村职业教育优先发展的权利，改革城市职业教育的涉农比例，在城市与乡村职业教育之间建立稳定的信息沟通渠道，消除城市与农村之间的信息不对称问题，优化职业教育发展的现实环境。

三、乡村发展优先化是职业教育统筹发展的必然要求

城乡发展的失调，从某种意义上来说，就是乡村经济发展的滞后，其解决的根本方法就是要实施乡村发展优先化的战略方针，在重视城市发展的同时，还应注重乡村地区的发展，从人力、物力和财力等方面加大帮扶力度，优先发展农村经济，努力提高农民的收入，着力改善农村生存环

境。面对中国 3.33：1 的城乡收入比，当前最有效的解决农村经济滞后问题的措施包括：一是加大对农村经济发展的支持力度，引导大型工商企业涉足农业，大力发展生态农业、观光农业、转基因农业等高科技农业，形成农、工、商相互渗透，科技、农产品生产、加工、运输、销售和农资供应等一体化经营的模式。二是通过农产品提价，增加诸如土地休耕、各种农业灾害、环境保护等多方面的补贴，努力提高农民的收入。三是大力推进农村工业化政策，加强农村的基础设施建设。充分运用工业城郊化策略，积极推进农村工业化进程，在农村有计划地实施旨在振兴农村经济的大批工业项目，切实保护农村家庭手工业及传统技艺。

四、职业培训集团化是实现职业教育统筹发展的保障

职业培训是维护社会稳定和经济发展的重要手段，对中国农村劳动力转移、城镇居民就业及提高农业科技水平等方面有着不可替代的作用。然而，中国的职业培训工作还有许多不尽如人意之处。为此，应加大职业培训的改革力度，打破以往的区域界限，以产业链为纽带，以行业群为节点，以规模化经营为平台，以农村经济的集约化发展为突破口，积极组织城乡居民进行培训，形成集团化培训效应，从农村工业化、工业城郊化、农民市民化、农业集约化等方面努力提高职业教育的培训质量及培训层次，尽快建立健全职业教育培训质量的监督考核体系，要以用人单位的满意率、培训学员的就业率作为考核培训单位是否合格的重要指标。同时，为了优化培训结构、强化培训效果，还应在广大的农村地区建立各种农民合作组织，以专业社团为单位，形成农户（社员）小规模生产、专业组织集团化经营的格局，走出一条小规模生产、集团化经营的现代农业发展之路。

五、职业教育改革工作均衡化是职业教育统筹发展的有效途径

为了体现教育公平，不妨从职业教育改革均衡化的角度来推动城乡职业教育的改革：一是通过发放职业教育彩票、设立职业教育助学基金、完善奖学金体制等措施来提高对农村职业教育的帮扶力度，增强农村职业教育的竞争力。二是通过统筹规划、投资、资产及师资等制度建设来消除城乡教师之间的"利益鸿沟""质量鸿沟"及"能力鸿沟"，以管理体制的完善来缩小城乡学生间的"信息鸿沟"和"机会鸿沟"，进而形成职业教育统筹发展的社会资源基础。三是以绩效工资制度的完善、农村教师"素质提升工程"的实施及农村教师专项补贴资金的建立等措施来消除城乡教师

之间的"利益、质量、能力"等方面的鸿沟，提高教师扎根农村职业教育
的积极性。四是以课程设计的优化、课程内容的更新、课程运行机制的健
全等课程改革措施来实现与当地农业产业发展、农村经济结构调整和农民
技术需求相适应的目的。五是以教学方法的创新来培养食品科技、农产品
储运加工、农产品贸易、农村经营管理、观赏休闲业等方面的人才，进而
实现城乡职业教育的统筹发展。

第四章　职业教育统筹发展的国内测度

京津沪渝①四大直辖市在中国经济社会发展中具有特殊的位置。北京、天津是环渤海经济圈的中心，上海是长江三角洲经济圈的核心，重庆是长江上游地区的经济中心。四大直辖市三大经济区域是引领中国经济社会的重要增长极，更是带动经济社会发展的强大引擎。京津沪渝的发展不仅对自身、所在区域具有重大促进作用，而且对全国也具有重要影响。京津沪渝既在经济区位、城乡结构等方面具有相似性，又在地理位置、发展基础等方面具有差异性。北京、天津和上海是传统直辖市，同属东部优先、重点发展地区，经济基础比较好。重庆是新兴直辖市，属于西部重点发展地区，经济基础相对薄弱。区域经济与职业教育存在着高度的正相关性。区域经济的发展为职业教育的发展提供了可能，职业教育的发展为区域经济的发展提供了直接动力。因此，本章以京津沪渝为研究对象，测量职业教育的发展水平与统筹程度，比较直辖市职业教育统筹发展状况，透视中国职业教育统筹发展的地区差异。

第一节　职业教育统筹发展的测度指标

在大力推进职业教育发展之后，职业教育的统筹发展成了新时期的战略重点。然而，当前职业教育统筹发展的改革实践却又面临着种种困惑。首先，职业教育统筹发展是一个抽象的概念，其具体的标准和操作性定义众说纷纭，缺乏统一的标准；其次，职业教育统筹发展的现状不明，缺乏大型的实证研究；最后，难以确定推进职业教育统筹发展的重点工作。②因此，明确职业教育统筹发展的评价标准，对于开展职业教育统筹发展的实证研究和实践工作来说具有重要意义。

---

① 京津沪渝分别是北京市、天津市、上海市、重庆市的简称。
② 中国教科院"义务教育统筹发展标准研究"课题组. 义务教育统筹发展国家标准研究 [J]. 教育研究，2013(5)：31-45.

一、职业教育统筹发展测度指标体系建构的设计

（一）研究目的

本节旨在构建具有可操作性意义的职业教育统筹发展的测度指标体系。基于局部地区的大样本抽样，结合统计分析的方法，制定出职业教育统筹发展测度的基本维度与评价标准，以期为科学评估职业教育统筹发展提供有效的决策信息。

（二）研究程序

本研究遵循量表编制的一般过程，分为"三阶段六步骤"，如图 4-1所示。其中，第一阶段是文献研究阶段，也就是职业教育统筹发展研究的元分析阶段。该阶段的工作一是对文献进行计量分析，明确职业教育统筹发展研究的趋势、热点主题等；二是对文献主要观点进行回顾。第二阶段是指标体系设计阶段。基于文献和访谈，确立职业教育统筹发展的基本维度，并在每一个维度之下，确立对应的观测点。第三阶段是指标体系的测度验证阶段。该阶段的工作一是借助 SPSS 20.0 和 AMOSS 20.0 软件，运用项目分析、因子分析等分析方法探究职业教育统筹发展测评体系的基本结构，并借助 SPSS 20.0 分析软件，对测评体系的性能进行测试。同时，运用德尔菲法（Delphi method）和层次分析法（AHP），对整个评价指标体系进行赋值，设定权重。

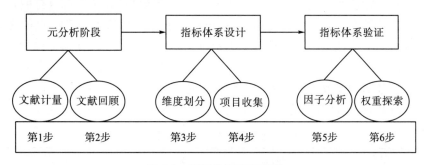

图 4-1　指标体系确定程序

（三）研究工具

为建构比较有权威性的职业教育统筹发展测评指标体系，本研究自编问卷，邀请职业技术教育专家和职业技术学校教师对指标体系的维度与项

目进行重要性与必要性的审查。问卷原始项目与维度主要来自于文献和开放式访谈。

一是元分析。也即文献分析法，查阅已有的文献，包括国内外公开发表的有关职业教育统筹发展的文献，借助文献分析软件 Ucinet 6.0 和 SA-TI 3.2 进行文献内容分析，探索出职业教育统筹发展测评的常用指标，并作为初始项目的一部分。

二是半开放式访谈。在重庆市 5 所高职和 5 所中职学校，以及重庆市评估院，共邀请到 20 位职业技术教育专家与职业技术教育教师，就职业教育统筹发展的主要问题、重点工作、评估督导等方面进行访谈，从而确定职业教育统筹发展测量的实践性指标。

综合来自文献和实践的原始项目，整理成包含 23 道题目（含背景变量）的《职业教育统筹发展测度指标设计调查问卷》。同时，为了检验初始问卷是否存在表述不清、语意模糊或者过于专业化的现象，问卷编好后请教育学专业、心理学专业博士研究生各两名进行审阅，确保所有指标能够准确反映职业教育统筹发展的内容。基本观测点形成之后，采用 5 级量表的评价标准，就每一个原始项目的必要性与重要性进行从 1~5 的量化分级。

二、职业教育统筹发展测度指标体系建构的实施

（一）样本选择

在指标体系初创之后，研究者将每个初始维度和每个观测点打散，重组《职业教育统筹发展测度指标设计调查问卷》，对维度与观测点的必要程度做出实地调查。调查抽样的选择充分考虑代表性、随机抽样的要求，采用分层随机抽样的办法。分别在高校职业技术教育研究专家、高职与中职学校教师中发放指标体系研究调查问卷 60 份，回收问卷 54 份，有效问卷 54 份，有效回收率为 90.0%。其中，样本的分布如表 4-1 所示。

表 4-1　指标体系建构调查被试情况　N=54

维度	观测点	数量（人）	百分比（%）
被试	男	41	75.9
性别	女	13	24.1
学校类型	中职	13	24.1
	高职	10	18.5
	本科	31	57.4

维度	观测点	数量(人)	百分比(%)
学校所 在区域	东部	11	20.4
	中部	18	33.3
	西部	25	46.3
学校城 乡分野	城市	35	64.8
	农村	19	35.2
被试 学历	专科及其以下	10	18.5
	本科	18	33.3
	研究生	26	48.1
被试 职称	教授/中职高级	16	29.6
	副教授/中职一级	33	61.1
	讲师/中职二级及其以下	5	9.3

(二)数据处理

在对问卷和数据进行必要核对之后，对所得到的数据进行编码、整理并保存，数据分析主要用 SPSS 20.0、AMOSS 5.0 和 MEC 3.1 统计软件执行。收集的数据在测算之前，应经过数据同趋化处理和无量纲化处理。在具体数据分析方法上，综合比较国际国内的各种数据测算方法，选择差异系数作为衡量的主要指标。[①]

差异系数，也称变差系数、离散系数、变异系数，用 CV 表示。它是一组数据的标准差与其均值之比，是测算数据离散程度的相对指标。差异系数通常用标准差计算，因此，差异系数也被称为标准差系数。其计算公式为

$$CV = \left(\frac{S}{\overline{X}}\right) \times 100\%$$

式中，CV 为差异系数，S 为标准差，$\overline{X}$ 为总体平均数。可见，离散系数

[①] 中国教科院"义务教育统筹发展标准研究"课题组. 义务教育统筹发展国家标准研究 [J]. 教育研究，2013(5)：31-45. 目前，国际上对于教育发展水平的测度的常模数据有用倍率、差异系数和基尼系数三种方法。其中，倍率直观、易于计算与理解，反映了县域内最好的那部分学校与最差的那部分学校之间的差距，但由于测算时只运用了两端的数据，未考虑中间数据的分布，易于受到极端值的影响，而导致测算结果波动较大。基尼系数的测算结果稳定，而且值的范围是固定的，为 0～1，该方法在测算时采用的是全样本数据，因此能通过对样本总体差异的综合反映来体现统筹水平，但基尼系数不易理解。差异系数是一组数据的标准差与其均值之比，在测算过程中涵盖了全部样本数据，结果相对稳定，而且差异系数计算方法简单，借助常用的软件而不是专门的统计软件就能进行大规模的数据处理。

越大，代表其数据的离散程度越大，其平均数的代表性就越差。

三、职业教育统筹发展的测度指标体系建构的结果

（一）职业教育统筹发展的测度指标体系初始框架

1. 职业教育统筹发展测度观测点的遴选原则

职业教育统筹发展是一个复杂的系统的综合化变革，关于其测评的观测点很多。本研究在构建职业教育统筹发展的测度指标体系时，主要遵循了以下原则：

第一，理论与实践相结合。职业教育统筹发展是由一系列相互独立、相互关联的指标所构成的有机整体，其指标的选建应以相关理论作为指导，同时结合与职业教育统筹发展有关的典型案例，从而清晰、易懂地诠释职业教育统筹发展的内涵。

第二，操作性与体悟性兼备。职业教育统筹发展各项指标的数据必须能够被搜集和计算，收集到的数据可重复、可检验，且有助于人们感受与反思职业教育统筹发展的内涵。

第三，力求简化、突出重点。在利用统计学方法描述职业教育统筹发展问题时，如果挖掘的细节过多，不仅容易掉入相互解释的死循环，还会让事实变得更加模糊。所以，本次研究运用统计学的方法探究职业教育统筹发展，力求简化有关维度与指标，同时突出职业教育统筹发展的核心要素。

2. 职业教育统筹发展测度的观测点框架

遵照以上原则，在文献分析、半开放访谈的基础上，研究者确定了职业教育统筹发展的测度指标体系的基本框架。

如图 4-2 所示，根据职业教育统筹发展的基本内涵，本研究将统筹指标分解为教育机会、办学条件、师资队伍、经费保障和办学效益等 5 个一级指标、16 个二级指标。其中，教育机会公平是社会公平的核心要素，也是职业教育统筹发展的重要组成。其观测点包括：每万人高职/中职在校生数，近五年招收学历生递增/减率。办学条件指标是职业教育统筹发展的基础条件。其观测点包括：生均校舍建筑面积、生均仪器设备值、生均图书、生均教学行政用房等。师资队伍指标是职业教育发展的核心要素，也是职业教育统筹发展的关键所在。其观测点包括：生师比、双师型教师占专任教师比例、高级职称教师比例、高学历教师比例等。经费保障指标是对职业教育的重要支撑，是区域职业教育统筹发展的保障。其观测

点包括：生均教育投入、生均教育经费支出、生均预算内教育经费支出等。质量输出指标是职业教育统筹发展的结果体现。其观测点包括：近五年毕业生数、毕业生获双证比例、一次性就业率、岗位薪酬等。

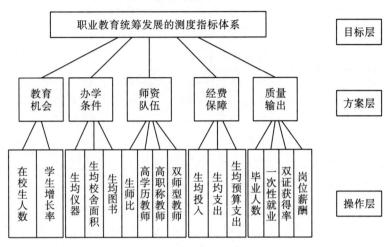

图 4-2　职业教育统筹发展的测评指标体系初始设计

（二）职业教育统筹发展的测度指标体系的质量分析

1. 职业教育统筹发展指标的因子分析

为了探究职业教育统筹发展指标构建的合理性，研究者拟采用主成分分析法和正交旋转法抽取公共维度对指标体系进行因子分析。首先，对《职业教育统筹发展测度指标设计调查问卷》进行 KMO 和 Bartlett 检验，如表 4-2 所示，KMO 值为 0.576。根据学者卡塞尔（Kaiser）的观点，如果 KMO>0.5，问卷适宜做因素分析，所以该问卷适宜做因素分析，同时 Bartlett 球形检验的近似卡方值为 536.100，$P<0.000** P<0.01$，因此，拒绝 Bartlett 球形检验的零假设，同样证明了问卷可以进行因素分析。

表 4-2　KMO 和 Bartlett 的检验结果

Kaiser-Meyer-Olkin Measure of Sampling Adequacy.		0.576
Bartlett's Test of Sphericity	Approx. Chi-Square	536.100
	df	136
	Sig.	0.000

同时，以特征根大于等于 1 为因子抽取的原则，并参照碎石图来确定

指标抽取因子的有效数目。[①] 如表 4-3 所示，特征根大于 1 的因子共计有 5 个，且都为 1.130~5.067，累计方差贡献率为 70.233%。

表 4-3　主成分抽取结果

Component	Initial Eigenvalues			Rotation Sums of Squared Loadings		
	Total	% of Variance	Cumulative %	Total	% of Variance	Cumulative %
1	5.067	29.806	29.806	3.330	19.587	19.587
2	2.355	13.852	43.658	2.865	16.856	36.443
3	1.940	11.412	55.070	2.299	13.526	49.969
4	1.740	10.233	65.303	1.989	11.699	61.668
5	1.130	6.645	71.949	1.456	8.565	70.233

Extraction Method: Principal Component Analysis.

采用主成分分析法和正交旋转法抽取公共维度。经过几次探索之后，最后抽取出 5 个维度，其贡献率为 70.233%。各个指标在相应维度上具有较大的负荷，为 0.501~0.895，具体结果如表 4-4。其中，岗位薪酬的因子负荷低于 0.5，因此，可以考虑删去岗位薪酬的指标。如此，职业教育统筹发展的测评指标体系就包含了 16 个二级观测点。

表 4-4　职业教育统筹发展测评指标探索分析表（N=54）

预设题项	正式题项	成		分		
		1	2	3	4	5
1.生均校舍建筑面积	1	0.895				
9.生均仪器设备值	2	0.873				
12.生均图书	3	0.814				
3.生师比	4		0.828			
7.双师型教师占专任教师比例	5		0.796			
11.高级职称教师比例	6		0.781			
2.高学历教师比例	7		0.743			
16.生均教育投入	8			0.769		
5.生均教育经费支出	9			0.771		
4.生均预算内教育经费支出	10			0.743		

①　判断是否保留一个指标的标准为：①该指标在某一维度上的负荷超过 0.50；②该指标不存在交叉负荷，即不在两个维度上都有超过 0.35 的负荷。

预设题项	正式题项	成			分	
		1	2	3	4	5
13. 近五年毕业生数	12				0.613	
15. 毕业生获双证比例	13				0.581	
8. 一次性就业率	14				0.575	
14. 每万人高职/中职在校生数	15					0.521
6. 近五年招收学历生递增/减率	16					0.501
10. 岗位薪酬						0.493
特征值		5.607	2.335	1.940	1.740	1.130
解释变异量		19.587%	16.856%	13.526%	11.669%	8.565%

结合主成份因子抽取结果与观测点的分布，把 5 个因子命名为：（A）入学公平性，（B)基础条件性、（C)核心发展性、（D)保障支撑性、（E)质量效益性。每个因子与观测点的对应关系如表 4-5 所示。

表 4-5　职业教育统筹发展测评指标探索性因子分析结果(被试＝54)

一级维度	观测点
A 入学公平性	每万人高职/中职在校生数
	近五年招收学历生递增/减率
B 基础条件性	生均校舍建筑面积
	生均仪器设备值
	生均图书
C 核心发展性	生师比
	双师型教师占专任教师比例
	高级职称教师比例
	高学历教师比例
D 保障支撑性	生均教育投入
	生均教育经费支出
	生均预算内教育经费支出

续表

一级维度	观测点
E 质量效益性	学生满意度
	近五年毕业生数
	毕业生获双证比例
	一次性就业率

　　2.职业教育统筹发展指标的验证性因子分析

　　为了检验根据探索性因素分析结果建构的职业教育统筹发展 5 维度模型是否合理，为此进行了验证性因子分析。验证性因子分析（confirmatory factor analysis，CFA）是一种实证性研究技术，主要包括绝对拟合指标 χ^2、χ^2/df、GFI、AGFI、NCP、ECVI、RMR、RMSEA，和相对拟合指标 CFI、NFI、IFI、TLI、RFI 等。[①] 通常，$\chi^2/df<2$ 表示模型拟合很好；GFI、TLI、CFI 介于 0 和 1 之间，越接近于 1 越好，一般认为大于 0.9 表示拟合很好；RMSEA 介于 0 和 1 之间，越接近于 0 越好，一般认为 $0<$ RMSEA<0.05 表示模型拟合非常好，$0.05<$RMSEA<0.08 表示模型拟合良好。[②]

　　如表 4-6 所示，尽管 χ^2/df 的取值为 1.206，但是，GFI、AGFI、NFI、TLI、RFI、IFI、CFI 为 $0.683\sim0.901$，拟合度较好，所以，5 因子模型完全可以接受；同时，RMSEA 取值最大为 0.076，仍小于 0.1，可以接受。

表 4-6　验证性因子分析结果

χ^2/df	GFI	AGFI	NFI	TLI	RFI	IFI	CFI	RMSE
1.206	0.825	0.883	0.872	0.683	0.706	0.851	0.846	0.076

　　3.职业教育统筹发展指标的信效度检验

　　1）信度检验

　　信度（reliability）是指量表的可信度，即所测量的结果的一致性、稳定性和可靠性程度。克隆巴赫阿尔法系数（Cronbach's alpha）是检验信度最重要的指标，α 系数为 $0\sim1$，一般认为，Cronbach's α 系数应至少不小于

① 吴明隆.结构方程模型——AMOS 的操作与应用 ［M］.重庆：重庆大学出版社，2009：212-213.

② 温忠麟，侯杰泰，马什赫伯特.结构方程模型检验：拟合指数与卡方准则 ［J］.心理学报，2004，36(2)：186-194.

0.5，如果 Cronbach's α 系数大于 0.7 则被认为理想。[①]　如表 4-7 所示，关于《职业教育统筹发展测度指标设计调查问卷》的信度分析显示，总问卷的克隆巴赫系数为 0.816，分半信度为 0.880。就具体维度来说，入学公平性的两种信度分别为 0.765 和 0.595；基础条件性的两种信度分别为 0.842 和 0.552；核心发展性的两种信度分别为 0.816 和 0.563；保障支撑性的两种信度分别为 0.880 和 0.829；质量效益性的两种信度分别为 0.823 和 0.521。

表 4-7　信度检验结果

因素	α 系数	Guttman Split-Half Coefficient
入学公平性	765	595
基础条件性	842	552
核心发展性	816	563
保障支撑性	880	829
质量效益性	823	521
总问卷	816	880

2）效度检验

首先，从表 4-4 中可以看出，整个指标体系因素分析的结果与理论构想相符，说明本问卷有较好的构想效度。

其次，《职业教育统筹发展测度指标设计调查问卷》的项目来源于成熟文献和访谈观察整理后的结果，并在重庆市 5 所高职和 5 所中职学校，以及重庆市评估院邀请到 20 位职业技术教育专家与职业技术教育教师对问卷的项目进行了评判，均认为本问卷基本能够代表要测量的变革型领导行为效能，量表内容效度良好。

最后，在因素分析的过程中，已经证明问卷共由 5 个因素构成，《职业教育统筹发展测度指标设计调查问卷》的累计方差贡献率为 70.233％。验证性因子分析再次验证问卷 5 个因子之间的相关性和拟合度。因此，量表具有良好的结构效度。

综上所述，整个职业教育统筹发展测度指标设计具有良好的信度和效度。

---

① 　王重鸣. 心理学研究方法［M］.北京：人民教育出版社，2001：134.

（三）区域职业教育统筹发展测度指标体系的层次分析

通过以上文献分析、半开放式访谈以及因素分析、信效度检验，可以得出职业教育统筹发展测度指标的初步设计已经非常成功。但是，表 4-5 的指标体系具有两个显著特征：一是包含较多的定量指标，这些指标的性质和衡量标准都不尽相同，混合在一起会导致最终的职业教育统筹发展总指标产生很大的模糊性；二是目标变量职业教育统筹发展建立在子变量之上，很难对各子指标给出准确、适当的权重。因此，本书利用德尔菲法和层次分析法（AHP）给出各指标的精确权重，进而可以得到入学公平性系数 A、基础条件性系数 B、核心发展性系数 C、保障支撑性系数 D 和质量效益性系数 E，最终得出职业教育统筹发展系数。

1. 方法阐释

（1）层次分析法（analytical hierarchy process，AHP）是美国匹兹堡大学教授 A. L. Saaty 于 20 世纪 70 年代提出的一种系统分析方法，它综合了定性与定量分析，模拟人的决策思维过程，具有思路清晰、方法简便、适用面广、系统性强等特点，是分析多目标、多因素、多准则的复杂大系统的有力工具。

（2）德尔菲法（Delphi method），又称专家规定程序调查法。该方法主要是由调查者拟定调查表，按照既定程序，以函件的方式分别向专家组成员进行征询；而专家组成员又以匿名的方式（函件）提交意见。经过几次反复征询和反馈，专家组成员的意见逐步趋于集中，最后获得具有很高准确率的集体判断结果。

2. 方法实施

1）数据收集

为探究职业教育统筹发展测度指标体系之间的权重，研究者就因子分析结果，就一级维度和二级维度之间的两两比较制作了 5 个分析矩阵，其中，一级指标的矩阵如表 4-8 所示。同时，把 5 个矩阵汇集成为一张问卷，以电子邮件的形式，邮寄给 12 位职业技术教育专家（博士生以上的职业技术教育研究者），请他们就职业教育统筹发展测评体系的一级指标的相对重要程度做出判断[①]。二级指标亦然。整理专家打分结果，得到职业

---

① 具体的打分原则是：1 表示两个元素相比，具有同样重要性；3 表示两个元素相比，一个元素比另一个元素稍微重要；5 表示两个元素相比，一个元素比另一个元素明显重要；7 表示两个元素相比，一个元素比另一个元素强烈重要；9 表示两个元素相比，一个元素比另一个元素极端重要。2、4、6、8 则是居中的程度，倒数则表示重要性完全相反。

教育统筹发展测评指标体系的 6 个判断矩阵 A、B、C、D、E、F。

表 4-8　矩阵 A（一级指标权重分析框架）

职业教育统筹发展测评	入学公平性	基础条件性	核心发展性	保障支撑性
入学公平性	1	1/2	1/2	1/2
基础条件性	2	1	1/3	1
核心发展性	2	3	1	1/2
保障支撑性	2	2	2	1
质量效益性	2	2	1	1

记作

$$A = \begin{bmatrix} 1 & 1/2 & 1/2 & 1/2 & 1/2 \\ 1 & 2 & 1/3 & 1 & 1/3 \\ 2 & 3 & 1 & 1/2 & 1 \\ 2 & 1 & 2 & 1 & 1 \\ 2 & 2 & 1 & 1 & 1 \end{bmatrix}$$

以此类推，有矩阵 B、C、D、E、F。六个判断矩阵中的元素具有下述性质：

$$(i)\, a_{ij} > 0 \quad (ii)\, a_{ij} = \frac{1}{a_{ji}} \quad (iii)\, a_{ii} = 1$$

2）一致性判断

构建以上矩阵之后，即可进行判断矩阵的一致性检验。根据矩阵原理，可以得到以下结论：

在单层次判断矩阵 A 中，当时 $a_{ij} = \dfrac{a_{ik}}{a_{jk}}$，判断矩阵为一致性矩阵。

此时，偏离完全一致性程度 $CI = \displaystyle\sum_{i=1}^{m} a_i CI_i$

其中，CI_i 为 A_i 相应的 B 层次中判断矩阵的一致性指标。

平均随机一致性指标 $RI = \displaystyle\sum_{i=1}^{m} a_i RI_i$

其中，RI_i 为 A_i 相对应的 B 层次中判断矩阵随机一致性指标。

随机一致性比率 $CR = \dfrac{CI}{RI}$，当 $CR \leqslant 0.10$，认为层次总排序的结果具有满意的一致性。

因此，计算出 6 个矩阵的偏离完全一致性程度（CI）、平均随机一致性指标（RI）、随机一致性比率（CR），如表 4-9 所示：

表 4-9　判断矩阵的一致性检验结果

矩阵	A	B	C	D	E	F
CI	0.0799	0	0	0	0	0
RI	1.12	1e-6	0.58	0.9	0.58	0.9
CR	0.0713	0	0	0	0	0

可见，所有判断矩阵的一致性性能良好。

3）层次单排序

计算判断矩阵 A 的最大特征根 λ_{max} 和其对应的经归一化后的特征向量 $W=(w_1, w_2, \cdots, w_n)^T$ $AW=\lambda_{max}W$，由此得到的特征向量 $W=(w_1, w_2, \cdots, w_n)^T$ 就作为对应评价单元的权重向量。λ_{max} 和 W 的计算一般采用幂法、和法和方根法。

因此，矩阵 A 的层次分析计算结果如下：

$$AW=\begin{bmatrix}0.10\\0.14\\0.23\\0.25\\0.26\end{bmatrix},\lambda_{max}=5.3195, CI=0.0799, RI=1.12, CR=0.0713$$

同理，可得：

矩阵 B、C、D、E、F 的计算结果：

$$BW=\begin{bmatrix}0.66\\0.33\end{bmatrix}, \lambda_{max}=2, CI=0, RI=1e-6, CR=0$$

$$CW=\begin{bmatrix}0.33\\0.33\\0.33\end{bmatrix}, \lambda_{max}=3, CI=0, RI=0.58, CR=0$$

$$DW=\begin{bmatrix}0.25\\0.25\\0.25\\0.25\end{bmatrix}, \lambda_{max}=4, CI=0, RI=0.96, CR=0$$

$$EW=\begin{bmatrix}0.33\\0.33\\0.33\end{bmatrix}, \lambda_{max}=3, CI=0, RI=0.58, CR=0$$

$$FW=\begin{bmatrix}0.33\\0.16\\0.16\\0.33\end{bmatrix}, \; \lambda_{max}=4, \; CI=0, \; RI=0.9, \; CR=0$$

4）层次总排序

根据表 4-5 和矩阵 **A**、**B**、**C**、**D**、**E**、**F** 的计算，可以推导出整个职业教育统筹发展的测度体系权重排序，如表 4-10 所示。

表 4-10　职业教育统筹发展指标体系

目标变量	一级变量		二级变量	
	内容	权重	内容	权重
职业教育统筹发展	**A** 入学公平性	0.106	每万人高职/中职在校生数	2/3
			近五年招收学历生递增/减率	1/3
	B 基础条件性	0.142	生均校舍建筑面积	1/3
			生均仪器设备值	1/3
			生均图书	1/3
	C 核心发展性	0.234	生师比	1/4
			双师型教师占专任教师比例	1/4
			高级职称教师比例	1/4
			高学历教师比例	1/4
	D 保障支撑性	0.251	生均教育投入	1/3
			生均教育经费支出	1/3
			生均预算内教育经费支出	1/3
	E 质量效益性	0.267	学生满意度	1/3
			近五年毕业生数	1/6
			毕业生获双证比例	1/6
			一次性就业率	1/3

四、职业教育统筹发展的测度指标体系建构的应用

本研究在测度各项指标时，既有京津沪渝之间的相对比较，也有以相关标准作为参照的绝对比较。高职主要以教育部《高职高专院校人才培养水平评估方案（试行）》（以下简称《方案》）和普通高等学校基本办学条件

指标(试行)（以下简称《指标》）为参照标准，中职主要以教育部制定的《中等职业教育督导评估标准》（以下简称《标准》）和教育部关于"十二五"期间加强中等职业学校教师队伍建设的意见(以下简称《意见》)为衡量标准。

入学公平性、基础条件性、核心发展性指标所涉及的数据主要来源于2007~2011年《全国教育事业发展简明统计分析》、《中国统计年鉴》、《北京统计年鉴》、《天津统计年鉴》、《上海统计年鉴》、《重庆统计年鉴》、《北京教育年鉴》、《天津教育年鉴》、《上海教育年鉴》、《重庆教育年鉴》等，保障支撑性指标的数据来源于2007~2011年《中国教育经费统计年鉴》，质量效益性指标数据主要通过年鉴数据和问卷调查得到。满意度问卷是根据Parasuraman等人（PZB①）的服务质量差距分析模型（SERVQUAL量表)改编而成。通过网络方式在京津沪渝的高职、中职院校发放了660份问卷，收回有效问卷509份，其中北京124份，天津109份，上海114份，重庆162份。结合本研究的需要，本研究考察京津沪渝职业院校学生对该学校服务质量感知与预期之间的差距，该差距的大小反映了高职院校服务质量的高低，从而对学生满意度产生影响。本研究主要采用描述统计与推断统计相结合的方法，采用统计图生动地展现每个变量在区域上、年度上的差异，综合测定京津沪渝在各个变量上是否具有统计学上的差异显著性意义。

在分析框架上，本研究主要采用了三种分析角度：一是纵向年度分析，对2007~2011年近五年京津沪渝各变量的发展进行图例分析；二是横向均值分析，对京津沪渝的均值进行对比分析，测定区域之间是否具有显著性差异；三是类别对比分析，对京津沪渝的高职、中职进行对比分析，厘定高职、中职之间的差距。

第二节　职业教育统筹发展的区域测度

在分析框架的引领下，利用分析指标和统计数据，对京津沪渝四地的职业教育统筹发展展开测度，测度发现：我国职业教育在入学公平性、基础条件性、核心发展性、保障支撑性和质量效益性五个方面取得了显著的

---

① SERVQUAL模型是20世纪80年代末由美国市场营销学家A. Parasuraman、Zeithaml和Berry依据全面质量管理（total quality management，TQM）理论在服务行业中提出的一种新的服务质量评价体系，其理论核心是"服务质量差距模型"。该模型名字由三位学者的首字母构成，即PZB。

成就，但问题也比较严重。

一、入学公平性：教育机会的总量性增加，供需匹配的局部性失衡

教育公平是社会公平价值在教育领域的延伸和体现。教育公平是指全体社会成员可以自由、平等地选择和分享受教育机会、公共教育资源和相同教育质量。职业教育公平一方面指每位社会成员拥有平等接受职业教育的权利和机会，即职业教育对个体的公平性；另一方面指职业教育在与普通教育的关系上，得到与普通教育同等对待，即职业教育与普通教育的平等性。

从图 4-3 中每万人高职在校生数看，京津沪渝高职在校生数低于普通本科在校生数，相差幅度在 50～305 人的范围。北京市相差约 300 人，上海市相差 154 人，天津市也相差了 112 人，重庆市相差 48 人。数据表明，京津沪渝职业教育在规模上还未真正形成与普通教育协调发展的局面。从年度变化看，天津市、重庆市的每万人高职在校生数在逐年增加，北京市、上海市有所振荡，尤其在 2011 年均有所下降。从各地平均值看，京津沪渝每万人高职在校生数相差较大，天津市最多，每万人有 138 人；重庆市最少，每万人仅 39 人。京津沪渝的平均值存在极其显著的差异（$F=229.739$，$p=0.000**$）。

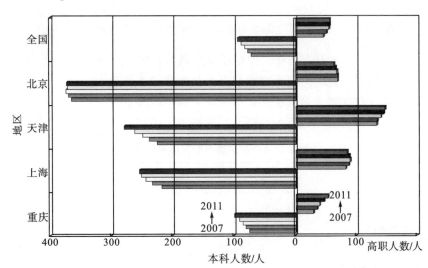

图 4-3　2007～2011 年京津沪渝本科、高职每万人在校生数变化图

从图 4-4 中每万人中职在校生数看，京津沪渝中职在校生数略低于普通高中在校生数，相差幅度在 17～70 人的范围。天津市、重庆市相差幅

度最大，上海市相差幅度最小。从各地平均值看，京津沪渝每万人中职在
校生数相差不大，北京市最多，每万人有 145 人；重庆市最少，每万人有
119 人，略低于全国平均水平 127 人。在统计学上，京津沪渝平均值不存
在显著的差异（$F = 2.754$，$p = 0.057$　$p > 0.05$）。从年度变化看，京津沪
渝每万人中职在校生数有下降的趋势，这与实现中等职业学校与普通高中
规模大体相当的目标尚有一定距离。

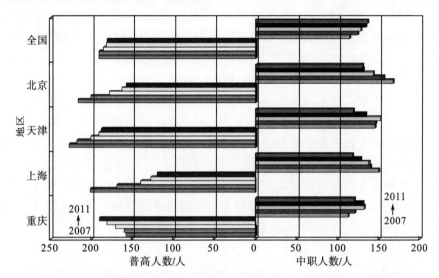

图 4-4　2007~2011 年京津沪渝普高、中职每万人生均在校生数分布图

从图 4-5 中每万人高职、中职在校生数看，中职在校生数高于高职在
校生数。值得注意的是，天津市每万人高职在校生数最多，已经接近于每
万人中职在校生数。这说明天津市高职业技术教育育的规模较大，高职高
专院校服务地方区域经济的原则和功能得到了很好的体现。

表 4-11　京津沪渝高职发展差异比较

变量	北京（$\bar{X} \pm S$）	天津（$\bar{X} \pm S$）	上海（$\bar{X} \pm S$）
生师比	13.69±0.68	16.91±0.29	17.44±0.35
高级职称教师 比例/%	29.09±0.69	36.25±1.08	25.92±0.99
研究生学位教师 比例/%	40.50±3.80	26.65±4.23	36.13±4.02
双师型教师占 比例/%	29.92±4.02	36.11±3.07	25.90±2.99

续表

变量	北京($\bar{X}\pm S$)	天津($\bar{X}\pm S$)	上海($\bar{X}\pm S$)
生均校舍建筑面积/平方米	36.91±2.43	27.32±0.53	26.43±0.96
生均仪器设备值/元	15 156.64±4 218.73	7 778.25±1 110.51	7 531.99±1 455.66
生均图书册数/册	86.83±10.31	69.96±2.90	67.55±5.83
生均教学行政用房/平方米	18.35±1.49	17.46±0.68	14.65±0.70
高职生均投入/元	36 535.04±8 943.63	12 708.92±2 164.58	13 199.97±2 719.57
高职生均经费支出/元	36 175.78±6 313.55	19 710.62±3 448.78	26 353.62±2 965.99
高职生均预算内经费/元	24 849.88±7 388.14	14 257.59±3 329.26	27 979.48±4 914.22

变量	重庆($\bar{X}\pm S$)	F	p
生师比	16.51±0.17	80.140	0.000**
高级职称教师比例/%	27.31±0.96	118.615	0.000**
研究生学位教师比例/%	26.93±7.01	9.720	0.001**
双师型教师占比例/%	31.10±1.66	9.492	0.001**
生均校舍建筑面积/平方米	30.42±2.40	34.995	0.000**
生均仪器设备值/元	5 291.96±906.71	16.775	0.000**
生均图书册数/册	59.77±3.40	16.216	0.000**
生均教学行政用房/平方米	15.64±1.08	13.030	0.000**
高职生均投入/元	12 455.26±2 527.33	22.252	0.000**
高职生均经费支出/元	17 276.28±2 991.42	19.319	0.000**
高职生均预算内经费/元	6 180.36±1 025.51	22.110	0.000**

**表示 $p<0.01$

表 4-12 京津沪渝中职发展差异比较

变量	北京	天津	上海
生师比	19.89±1.15	16.45±2.03	21.18±1.61
双师型教师占比例/%	21.94±3.92	22.51±5.94	20.27±3.36
本科及以上学历教师比例/%	91.21±2.10	85.97±3.20	92.50±2.46
生均校舍建筑面积/平方米	16.58±0.67	17.65±2.87	16.40±1.63
生均仪器设备值/元	6 546.6±1 539.15	4 043.20±1 360.13	8 084.4±1 501.64
生均图书册数/册	31.50±2.44	35.31±6.47	36.99±6.25
中职生均投入/元	23 372.34±2 603.74	12 085.6±4 889.40	21 857.25±2 393.34
中职生均经费支出/元	28 910.01±6 838.01	14 296.93±2 627.58	18 043.04±3 747.55
中职生均预算内经费支出/元	20 300.26±4 414.72	11 684.50±3 896.83	20 660.10±2 865.91

变量	重庆	F	p
生师比	29.59±2.17	48.824	0.000**
双师型教师占比例/%	20.53±2.47	0.345	0.793
本科及以上学历教师比例/%	80.72±4.71	13.527	0.000**
生均校舍建筑面积/平方米	13.03±1.33	6.113	0.006**
生均仪器设备值/元	2 089.0±391.21	21.276	0.000**
生均图书册数/册	15.48±1.86	21.400	0.000**
中职生均投入/元	6 353.7±1 854.86	33.194	0.000**
中职生均经费支出/元	11 480.77±1 032.16	14.722	0.000**
中职生均预算内经费支出/元	6 621.67±511.18	20.721	0.000**

**表示 $p < 0.01$

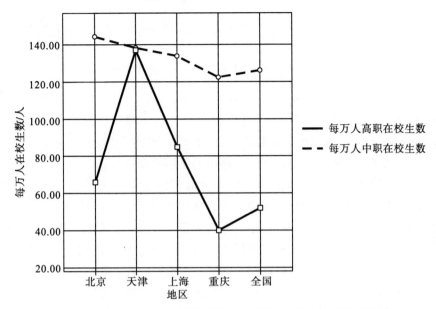

图 4-5　2007～2011 年京津沪渝每万人高职、中职在校生数变化图

　　从表 4-13 高职近五年招收学生情况来看，重庆市以较高的比率在递增，而京津沪的招生情况有所振荡，上海市出现负增长的情况。当下，在我国高等院校招生计划持续增长以及人口年龄结构变化的背景下，高考适龄考生人数逐渐下降，会使少数高职生源不足。从中职的招生情况来看，京津沪渝整体呈现出递减的趋势，2011 年仅北京市保持递增。数据显示，京津沪渝的中职招生总量不大，2011 年京津沪渝招生人数比全国平均水平均低，中职生源紧缺的矛盾未从根本上解决。综合职业教育入学公平性指标，京津沪渝教育机会的总量性增加，但在中职业技术教育育中出现机会供给与社会需求不匹配的局部性失衡问题。

表 4-13　2007～2011 年京津沪渝高职、中职招收招生递增率　　　　　单位：％

区域	高职招生增长率				中职招生增长率			
	2008 年	2009 年	2010 年	2011 年	2008 年	2009 年	2010 年	2011 年
全国	10.8	3.576	1.682	5.381	6.27	−0.18	9.458	−0.05
北京	2.26	−0.11	−13.2	5.963	−7.2	−9.71	9.715	1.613
天津	−0.7	3.551	11.91	2.121	−2.2	3.447	−0.71	−7.41
上海	1.56	−3.08	1.439	−5.23	−11	13.88	−12.7	−2.84
重庆	18.6	11.75	22.22	18.02	1.57	−4.12	1.662	−14.5

二、基础条件性：硬件资源的支撑力彰显，资源配置的区域性失衡

（一）生均建筑面积：京渝高职相对突出，中职区域差异显著

如图 4-6 所示，在高职生均校舍建筑面积上，2007～2011 年京津沪渝呈不断增加的趋势，尤其 2011 年北京市生均面积增加幅度较大，突破生均 40m²。四个直辖市的平均面积为 30.27m²，整体高于全国生均 27.70m² 的平均水平。在差异性上，四个直辖市的极值分布在 [25.41，40.28] 区间。在平均数上，北京市生均校舍建筑面积的整体水平最高，重庆市次之，天津市与上海市稍低，京津沪渝显现出极其显著的差异（$F=34.995$，$p=0.000**P<0.01$）。从全国平均水平看，如图 4-6 所示，北京市、重庆市的生均校舍建筑面积高于全国，天津市、上海市低于全国。与所在地区相比，北京市的生均面积高于东部，重庆市的生均面积高于西部，天津市、上海市的生均面积略低于东部。数据表明，京渝高职的生均校舍建筑面积相对突出，反映出京渝两市在办学条件上具有良好的保障。

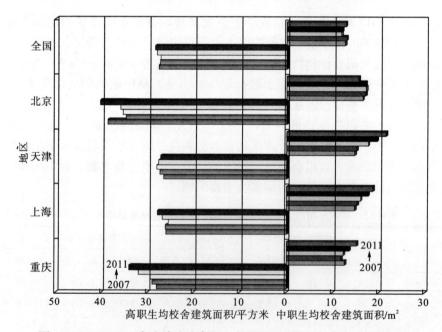

图 4-6　2007～2011 年京津沪渝高职、中职学校生均校舍建筑面积分布图

在中职生均校舍建筑面积上，2007～2011 年津沪渝的平均面积在不断增加，北京市的生均面积在振荡中稍有下降。四个直辖市的平均面积为

15.92m²，高于全国平均水平生均 12.59m²。在差异性上，京津沪渝的极值分布在［11.72，21.44］区间，京津沪渝的平均数显现出极其显著的差异（$F=6.113$，$p=0.006^{**}P<0.01$）。与全国中职生均校舍建筑面积平均水平相比，京津沪远高于全国，重庆与全国持平。与所在地区相比，京津沪渝均高于所在地区的平均水平。

从高职中职各自的集中区域来看，京津沪渝高职生均校舍建筑面积集中于 30m² 左右。北京市接近 37m²，天津市、上海市不足 30m²，低于全国平均水平。京津沪渝中职生均校舍建筑面积趋近于 16m²，最低的重庆市基本与全国持平。就各地分布情况而言，高职、中职的分布曲线不一致，高职京渝生均面积占优势，中职京津沪生均面积较突出（图 4-7）。

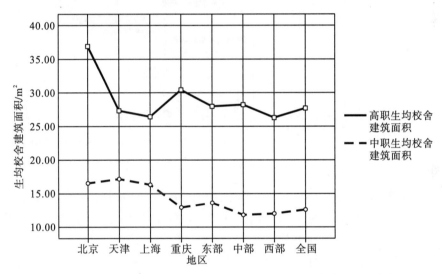

图 4-7　2007～2011 年京津沪渝高职、中职学校生均校舍建筑面积变化图

（二）生均仪器设备值：北京高职优势独特，上海中职超过高职

从时序变化看，2007～2011 年京津沪渝的高职生均仪器设备值显著增加，尤其北京市增长幅度较大，如图 4-8 所示。四个直辖市的平均值为 8939.71 元，超出全国平均水平（5735.44 元），继续领跑全国。在差异性上，四个直辖市的极值分布在［4194.14，21572.78］区间，极值差距有 5 倍之多，在平均数上存在极其显著的差异（$F=16.775$，$p=0.000^{**}P<0.01$）。生均值最高的北京市每年以 20% 左右的比例在增加，并显现出差距进一步扩大的态势。在全国范围内，京津沪的生均仪器设备值远远高于全国平均水平，重庆市略低于全国。与所在地区相比，京津沪的生均值高

于东部地区，重庆市略高于西部地区。数据显示，北京高职生均仪器设备值的优势特别突出，京津沪渝之间有较大的差异。

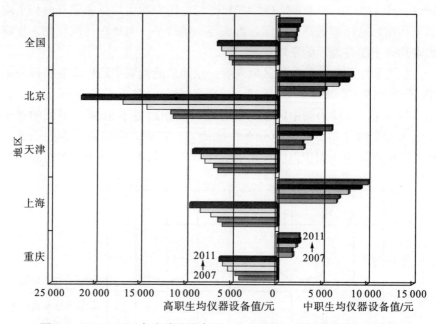

图 4-8　2007～2011 年京津沪渝高职、中职学校生均仪器设备值分布图

从图 4-8 看出，2007～2011 年京津沪的中职生均仪器设备值也逐年增加，尤其上海市、北京市的增长幅度较大。而重庆市的生均值在 2011 年略有下降，其生均值尚不及全国平均水平。在差异性上，京津沪渝的平均值呈现极其显著的统计学差异($F=21.276$，$p=0.000^{**}$)。与全国平均水平相比，京津沪均高于全国，渝则略低于全国。与所在地区相比，京津沪也高于东部地区，渝略高于西部地区。

从高职、中职各自的集中区域来看，京津沪渝高职生均仪器设备值集中在 8000 元左右，超过《方案》的"理工学院生均教学仪器设备值≥5000 元，文史、财经学院生均教学仪器设备值≥4000 元"整体要求。中职生均仪器设备值集中在 5000 元左右，京津沪达到了《标准》要求的"生均仪器设备值不低于 2500 元"。但重庆市的生均值仅为 2089 元，达不到《标准》的基本要求。就各地的平均值分布情况如图 4-9 所示，京津沪渝高职生均值呈下滑曲线。北京优势特别突出超过 15 000 元，天津、上海生均 7000 余元，重庆生均仅 5000 余元。京津沪渝中职生均值呈不规则的"W"形曲线，上海处于峰顶，重庆落在谷底。特别注意的是，上海市中职生均值高于高职生均值，可推断上海市近些年来持续加大对中职业技术教育育的投入，使中职学校教育教学条件得到改善。

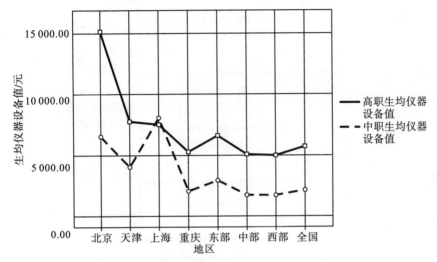

图 4-9　2007～2011 年京津沪渝高职、中职学校生均仪器设备值变化图

（三）生均图书：高职北京势头强劲，中职重庆相对较低

从时序变化看，2007～2011 年京津沪渝高职生均图书册数呈现不断增加的形势，如图 4-10 所示，尤其北京市增长幅度较大。在生均图书册数上，2007～2011 年京津沪渝的平均水平分布在 [69.96，86.83] 区间，在平均数上存在极其显著的差异（$F=16.216$，$p=0.000^{**}P<0.01$）。四个直辖市的极值分布在 [55.10，100.08] 区间，生均图书册数最高的北京市 2011 年以 11.6% 的比例在增加，增长率最低的仅有 1.28%，这样的差异在不断扩大。就全国而言，京津沪的高职生均图书册数远远高于全国，重庆市略低于全国。与所在地区相比，京津沪的高职生均图书册数高于东部，重庆略高于西部地区。

从图 4-10 看出，2007～2011 年津沪渝中职生均图书册数也在不断增加，2011 年北京市稍有振荡略有下降。从差异来看，京津沪渝的平均水平分布在 [15.48，36.99] 区间，在平均数上存在极其显著的差异（$F=21.40$，$p=0.000^{**}$）。四个直辖市的极值分布在 [13.44，46.90] 区间，生均图书册数最高的上海市达到 37 册，而重庆市仅有 16 册，这样的差异还有不断扩大的趋势。与全国平均水平相比，京津沪的中职生均图书均高于全国，重庆市略低于全国。与所在地区比较，京津沪的中职生均图书高于东部地区，重庆市略低于西部地区。

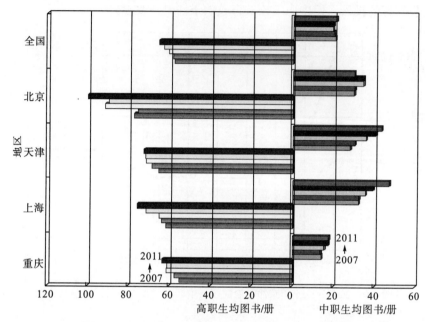

图 4-10　2007～2011 年京津沪渝高职、中职学校生均图书分布图

　　从高职、中职各自的集中区域来看，京津沪渝高职生均图书趋近于 70 册，中职生均图书趋近于 30 册，高职生均图书为中职生均图书的 2 倍以上。就各地的平均值分布，如图 4-10 所示，京津沪渝高职生均图书呈下滑曲线。北京优势突出超过 80 册，天津、上海生均近 70 册，重庆生均 60 册。数据显示，京津沪渝的生均图书达到了《方案》的要求"生均图书 60 册以上"。① 中职生均图书上海最高近 40 册，天津、上海生均 30 余册，重庆生均图书竟不到 20 册，低于全国、西部水平。这组数据也表明，京津沪渝生均图书的差异比较大，尤其是重庆的中职生均图书量，不能满足学生发展和教育教学的需求（图 4-11）。

---

① 　由于《方案》《指标》规定的各类高职（专科）院校的生均图书量不统一，不同类型的高职（专科）院校有不同的要求，我们对其进行了综合，得出生均图书 60 册的平均水平。

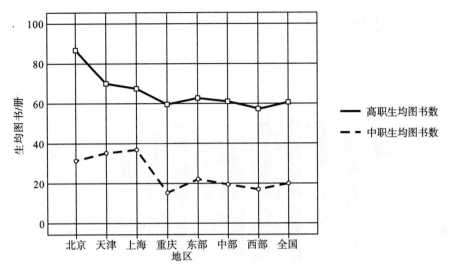

图 4-11　2007～2011 年京津沪渝高职、中职学校生均图书变化图

（四）生均教学行政用房①：区域差异显著，北京较有优势

从时序变化看，2007～2011 年京沪渝的高职生均教学行政用房面积在逐年增加，如图 4-12 所示，而天津市则出现振荡下降的情形。在差异性上，京津沪渝的平均水平分布在 [14.65，18.35] 区间，在平均数上存在极其显著的差异（$F = 13.030$，$p = 0.000^{**}P < 0.01$）。四个直辖市的极值分布在 [14.05，20.74] 区间，生均图书册数最多的北京市最高时为 2011 年，以 14.84% 的比例增加，最低时出现了负增长，而且，这样的差异还在不断扩大。

从京津沪渝的平均面积来看，如图 4-13 所示，京津渝的高职生均教学行政用房面积高于全国平均水平，北京生均面积超过 18m²，天津生均面积超过 17m²，重庆市生均面积 15.64m²，上海市低于全国水平，不到 15m²。与《方案》《指标》所规定的面积②相比，重庆市、上海市略低于 15.83m² 的平均水平。虽然京津沪渝的整体水平基本达到了《指标》的要求，但仍然存在显著的区域差异，尤其北京市在土地资源稀缺的情况下，为高职学生提供足够的活动、教学空间，保障高职的教育教学需求，这是

---

① 由于没有获取中职生均教学行政用房的数据，这里只统计高职。

② 由于《方案》《指标》规定的各类高职（专科）院校的生均教学行政用用房面积不统一，不同类型的高职（专科）院校有不同的要求，我们对其进行了综合，得出生均教学行政用用房面积为 15.83m² 的平均水平。

值得肯定的。

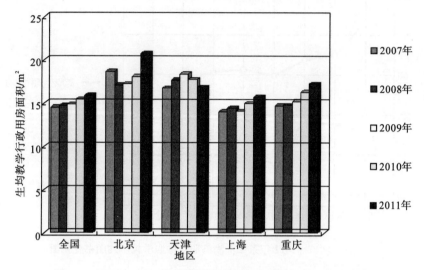

图 4-12　2007～2011 年京津沪渝高职生均教学行政用房分布图

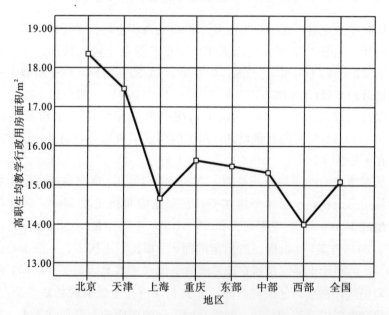

图 4-13　2007～2011 年京津沪渝高职学校生均教学行政用房变化图

　　综合各类基础条件性指标看，京津沪渝在高职、中职的硬件资源上都呈逐年增加的趋势，办学条件得到了一定保障，但资源配置的区域性差异较大，且有逐渐扩大的趋势。北京市高职硬件资源配置较好，在生均校舍建筑面积、生均仪器设备值、生均图书册数和生均教学行政用房面积上都是遥遥领先，显现出北京市高职具有良好的办学条件，与其他地区相比优势突显。而上海市中职硬件资源配置较好，在生均仪器设备值、生均图书册数指标方面具有突出的优势。

三、核心发展性：专任教师的数量性不足，区域配置的结构性失衡

（一）生师比：高职优于中职，区域差异明显

生师比在一定程度上体现了职业院校办学规模的大小和人力资源的利用程度，也反映了职业院校的办学质量。生师比并非越高越好，也非越低越好。合理的生师比，既能保证较高的教学质量，又能提高教育资源的利用率和学校的办学效益。

1. 高职：生师比趋于稳定，北京优势明显

2007～2011 年京津沪渝高职、中职生师比变化情况，如图 4-14 所示。

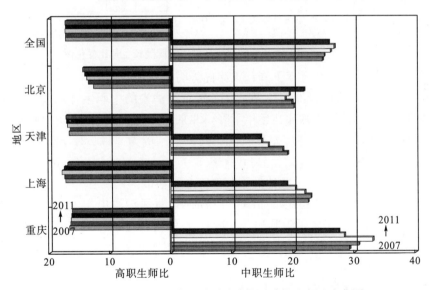

图 4-14 2007～2011 年京津沪渝高职、中职生师比变化图

与全国平均水平相比，如图 4-15 所示，京津沪渝高职生师比平均值为 16.14∶1，略低于全国的生师比平均值 17.26∶1。除上海市略高于全国外，京津渝的高职生师比均低于全国。与所在地区相比，北京市、天津市的高职生师比略低于东部，上海市略高于东部，重庆市略低于西部平均水平。因此，京津渝的高职生师比不仅低于全国，也低于所在地区的平均

水平，仅上海市略高于全国及东部的平均水平。但与《方案》所要求的生师比对比，京津沪渝全部达到了合格等级的生师比≤20：1，但离优秀等级高职院校生师比≤16：1还有一定的差距。

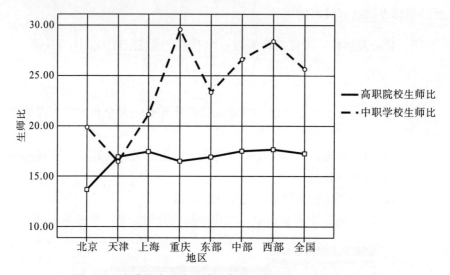

图 4-15　京津沪渝及分区域的高职、中职院校生师比变化图

2. 中职：生师比逐年下降，天津优势明显

从图 4-14 可以看出，2007～2011 年京津沪渝的中职生师比呈整体下降的趋势，津沪渝生师比在逐年下降，北京市在振荡中略有上升。同高职生师比一样，四个直辖市差异较大，其极值区域为 [14.53，32.83]，在平均数上存在极其显著的差异($F=48.824$，$p=0.000^{**} P<0.01$)，尤其是天津市 16.45：1 的生师比低于其他三个直辖市。

与全国平均水平相比，如图 4-15 所示，京津沪渝中职生师比平均值为 21.78：1，低于全国生师比 25.66：1，但离《标准》要求的生师比达到 20：1 还有一定距离。京津沪的中职生师比均低于全国，重庆市的生师比高于全国。同样，与所在地区相比，京津沪的中职生师比低于东部地区，重庆市的生师比高于西部地区。

就高职、中职比较而言，高职生师比优于中职，但区域差异大。高职生师比整体比较合理，京津沪渝虽然有差异，但全国高职生师比平均水平离《方案》生师比 16：1 的要求不远。中职生师比差异更大，京津沪渝差异显著，全国中职生师比平均水平离《意见》规划的 2015 年生师比 20：1 的要求尚有相当的距离。从生师比的分布情况来看，高职生师比优势明显的是北京市为 13.69：1，低于全国平均水平 17.26：1。中职生师比优势

明显的是天津市，中职生师比为 16.45：1，略低于高职生师比 16.92：1，
低于全国平均水平 25.66：1；难点是重庆市，生师比达到 29.58：1，过
高的中职师生比在一定程度上影响了中职业技术教育育的办学质量与效
益。天津、重庆悬殊的中职生师比不仅表现在专任教师的数量差异上，在
质量上也差异显著。京津沪等地区社会经济文化优势明显，对优秀人才具
有强烈的吸引力。而处于西部地区的重庆市这些年经济建设的高速发展对
职业教育提出了更高的要求，因此需要选拔更多优秀的专任教师从事中职
业技术教育育。

（二）双师型教师：高职、中职比例偏低，亟待加强建设

双师型教师是职业教育的特殊需求，也是职业教育发展的关键。只有
合理比例的双师型教师才能提高职业教育人才培养的质量。

1. 高职整体偏低，天津略显优势

从时序变化看，如图 4-16 所示，2007～2011 年京津沪渝高职双师型
教师比例呈逐年增加的态势，每年以 2％左右的比例递增。从区域差异
看，京津沪渝在平均数上存在极其显著的差异（$F=9.492$，$p=0.001**P$
<0.01），尤其天津市接近 40％的比例，高于其他三个直辖市。

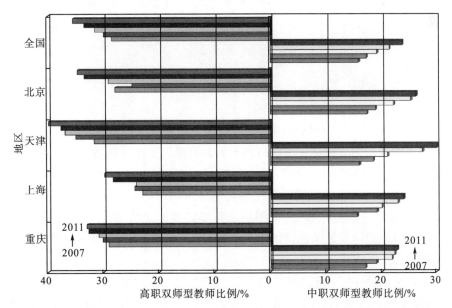

图 4-16　2007～2011 年京津沪渝高职、中职学校双师型教师占专任教师比例分布图

与全国高职双师型教师平均水平相比，如图 4-17 所示，京津沪渝高

职双师型教师平均比例为 30.76%，低于全国平均水平（31.67%）。天津市的比例高于全国平均水平，北京市、上海市、重庆市低于全国。与所在地区相比，天津市高职双师型教师比例高于东部平均水平，北京市、上海市高职双师型教师比例均低于东部平均水平，重庆市略高于西部水平。整体来看，京津沪渝高职双师型教师整体比例偏低，与《方案》要求"优秀等级的高职高专院校中双师型教师的数量占专任教师总数的比例为 70%，合格等级为 50%"的规定相差甚大。因此当下必须把双师型教师队伍建设放在突出的战略位置，从而解决双师型教师数量不足这一难题。

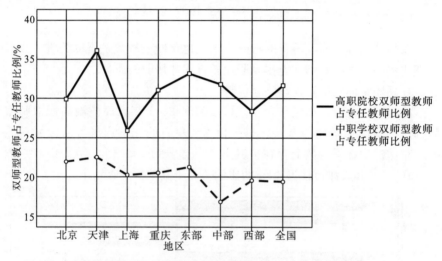

图 4-17 京津沪渝及分区域高职、中职学校双师型教师占专任教师比例变化图

2. 中职严重不足，区域差异不大

2007~2011 年京津沪渝中职双师型教师比例呈逐年增加的态势，尤其天津市的增长幅度明显。从区域差异看，京津沪渝在平均数上不存在显著差异（$F=0.345$，$p=0.793$，$P>0.05$）。与全国水平相比，如图 4-17 所示，京津沪渝中职双师型教师比例均超过全国平均水平（19.41%）。与所在地区相比，天津市、北京市中职双师型教师比例均超过东部平均水平，上海市中职双师型教师比例低于东部平均水平，重庆市中职双师型教师比例超过西部平均水平。

目前，京津沪渝中职双师型教师在数量上严重不足，与《标准》提出"不低于 60%"的目标还有很大的差距。按照近些年来的发展情况，以现有的速度与模式进行培养，京津沪渝很难达成 60% 的要求。由此，建设一支数量充足、素质俱佳的双师型教师队伍无疑成了中职学校教师资源建设的重中之重。

(三)高级职称教师①：整体比例不高，区域差异突显

职称在一定程度上反映着教师的学术水平和胜任教育教学工作的能力层次。职称结构是衡量学校的学科层次和人才培养层次的重要尺度。职称结构是否优化的关键指标在于高级职称比例的多少。高级职称比例太低，将直接影响学校的办学层次和人才培养层次。

从时序变化看，2007~2011 年京津沪渝高职院校高级职称教师比例呈现振荡中上扬的走势，如图 4-18 所示，主要分布在 24%~38% 区间，其中天津市比例最高为 36.24%，上海市比例最低为 25.92%。在差异上，四个直辖市存在极其显著的差异($F=118.615$，$p=0.000^{**} P<0.01$)。与全国的平均水平比较，如图 4-19 所示，天津市高级职称教师比例远高于全国，北京市略高于全国，重庆市、上海市略低于全国。与所在地区相比，天津市、北京市高级职称教师比高于东部平均水平，上海高级职称教师比则低于东部平均水平，重庆市高级职称教师比略高于西部平均水平。

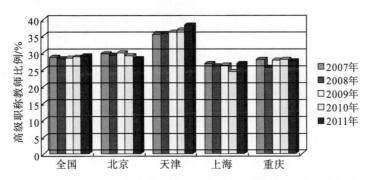

图 4-18　2007~2011 年京津沪渝高职院校高级职称教师比例分布图

近年来，随着我国高职业技术教育育的不断发展，学校规模不断扩大，京津沪渝的专任教师队伍不断扩大。目前仅天津市高级职称教师比例达到 30% 以上，符合《方案》要求"优秀等级的高职院校高级职称比例达到 30% 以上，合格等级的高职院校高级职称比例达到 20%"，但京沪渝都没有达到优秀等级的要求。因此，京津沪渝还需进一步加强教师队伍建设，提高高级职称教师比例，逐渐缩小区域差异。

_____

① 由于京津沪渝中职学校高级职称教师比例缺乏完整的数据，所以这里没有对中职学校的高级职称教师比例进行统计分析。

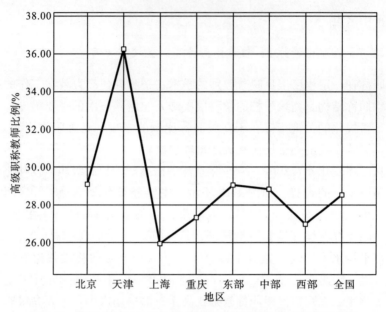

图 4-19　京津沪渝及分区域的高职院校高级职称教师比例变化图

（四）高学历教师：整体比例领跑全国，京津沪渝分布不均

学历是教师基础理论水平、科研水平和潜在能力的重要标志。学历结构是衡量教师队伍的专业水平和学术能力的基础性标志。学历结构的优化关键在于提高高学历教师的比例。高学历教师的比例直接影响着职业院校的办学水平、学科发展、教学质量及科研水平。本书对高职院校侧重于分析具有研究生学位的教师比例，中职学校侧重于分析本科及以上学历的教师比例。

1. 高职整体有所提升，北京优势突出

从时序变化来看，2007～2011 年京津沪渝高职院校研究生学位教师比例呈逐年上升的趋势，如图 4-20 所示，四个直辖市的平均水平为 32.55%，超出全国平均水平（29.34%），显现出良好的发展态势。在差异性上，京津沪渝研究生学位教师比例的极值分布区域为 [18.35，45.97]。在平均数上，北京市高职院校研究生学位教师比例最高，达 40%，上海市高职院校研究生学位教师比例为 36.13%，重庆市、天津市比较接近，有 25% 左右的教师具有研究生学位，京津沪渝存在极其显著的差异（$F=9.720$，$p=0.001**P<0.01$）。

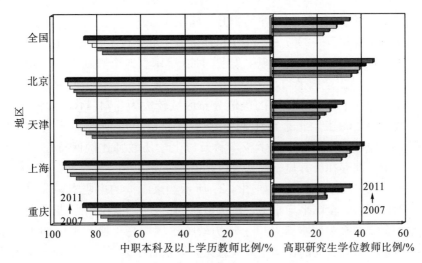

图 4-20　2007~2011 年京津沪渝高职、中职学校教师学历情况分布图

与全国平均水平比较，如图 4-21 所示，北京市、上海市高职研究生学位教师比例高于全国，天津市、重庆市高职研究生学位教师比例略低于全国。与所在地区相比，北京市、上海市高职研究生学位教师比例高于东部平均水平，天津市高职研究生学位教师比例低于东部平均水平，重庆市略高于西部平均水平。整体来看，北京市、上海市高职研究生学位教师比例达到了《方案》要求的"优秀等级高职高专院校研究生学历或硕士及以上学位比例在 30％"的要求，而天津市、重庆市距离《方案》的要求尚有一定的差距。

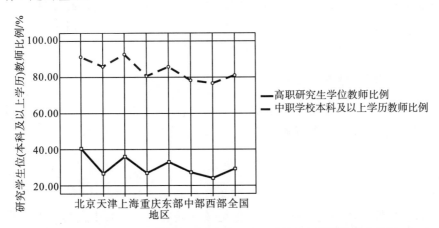

图 4-21　2007~2011 年京津沪渝高职、中职学校教师学历情况变化图

2.中职继续领跑全国，津渝提升空间较大

从时序变化看，2007～2011年京津沪渝中职学校本科及以上学历教师比例也显现出逐年增加的趋势，如图4-20所示。四个直辖市的平均比例为87.9%，超出全国平均水平(84.04%)，继续领跑全国中职业技术教育育。在差异性上，京津沪渝的极值分布区域较大为 [74.44，94.91]，在平均数上，上海市、北京市中职学校本科及以上学历教师比例均超过90%，天津市、重庆市中职学校本科及以上学历教师比例保持在80%以上，四个直辖存在极其显著的差异($F=13.527$，$p=0.000^{**}P<0.01$)。

与全国平均水平相比，如图4-21所示，京津沪的中职本科及以上学历教师比例高于全国平均水平，重庆市略低于全国平均水平。与所在地区相比，京津沪渝中职本科及以上学历教师比例均高于所在地区的平均水平。但京津沪渝目前的比例距离《意见》规划的目标"专任教师中学历达标率超过95%"还有一定的差距，尤其是天津市、重庆市的差距还比较大，需要加大对教师学历水平的培养和提高。

从高职、中职各自的集中区域来看，中职本科及以上学历教师比例集中在80%左右，高职研究生学位教师比例集中在30%左右。就各地分布情况而言，京津沪渝高职、中职的分布曲线近乎一致，呈"W"形，京沪处于"W"形曲线的高端，津渝处于"W"形曲线的低端。从这个意义层面可推断出，京津沪渝职业教育教师的学历存在明显失衡。

综合核心发展性指标看，京津沪渝的专任教师数量还存在一定的不足，尤其中职专任教师缺口较大。京津沪渝双师型教师的比例偏低，高职比例整体较低，中职出现低水平统筹。京津沪渝高级职称教师、高学历教师整体比例不高、分布不均，区域配置出现结构性失衡。特别注意的是，天津市中职优势明显，中职生师比低于高职生师比。

四、保障支撑性：教育经费的供给力增强，区域投入的差异性扩大

经费是职业教育发展的保障与支撑。充足的经费会成为促进职业教育发展的推进器，经费的短缺会变成阻碍职业教育发展的瓶颈。

(一)生均教育投入：北京高水平统筹，重庆低水平统筹

从京津沪渝的普通本科与高职生均教育投入比较，从图4-22看出，本科生均教育经费支出高于高职生均教育经费支出，其中上海市差距最大，本科教育投入超出高职近5倍，重庆市差距最小，也超出1.5倍。从年度变化看，2008～2011年本科生均教育投入增长幅度较大，尤其北京

市、上海市 2011 年的增长幅度很大。2008~2011 年高职生均教育投入虽
也在逐年增长，但增长幅度却远低于本科。这组数据充分说明，与普通本
科相比，京津沪渝高职的生均教育投入比较薄弱，尤其重庆市 2011 年还
出现了负增长。比较京津沪渝高职生均教育投入发现，如图 4-23 所示，
北京市生均经费较高，2010 年和 2011 年的生均教育投入超过了 40 000 元，
同比超出全国平均水平 30 000 多元。津沪渝三地的生均教育投入相差不
大，略高于全国平均水平。

　　从图 4-24 看出，京津沪的普通高中生均教育投入高于中职生均教育
投入，超出的比例范围在 20%~70%。上海市的差距最大，高中生均收入
超出中职生均收入 76.46%，重庆市的差距最小，高中生均投入超出中职
生均收入 20.65%。从时序变化看，京津沪渝的中职生均教育投入不断增
加，尤其 2011 年的增长幅度较大。2011 年，京沪两地的中职生均教育投
入超过 25 000 元，天津市也接近于 20 000 元，首次超过普高生均教育投
入，重庆市中职生均教育投入为 8838 元，超过高中生生均教育投入 15%
的比例。这是这些年政府加大对中职业技术教育育投入的可喜变化，说明
对职业教育办学经费的支持力度进一步增大。虽然重庆市中职生均教育投
入首次超过普高，但这种统筹是低水平的统筹，离京津沪的高水平投入有
相当的差距。比较京津沪渝中职生均教育经费支出，与高职一样，生均经
费的高低顺序依次为京、沪、津、渝。北京市、上海市的均值超出全国平
均水平接近 3 倍，天津市也超出近 1 倍，而重庆中职生均教育经费与全国
平均水平持平。

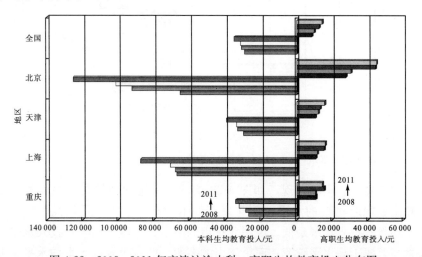

图 4-22　2008~2011 年京津沪渝本科、高职生均教育投入分布图

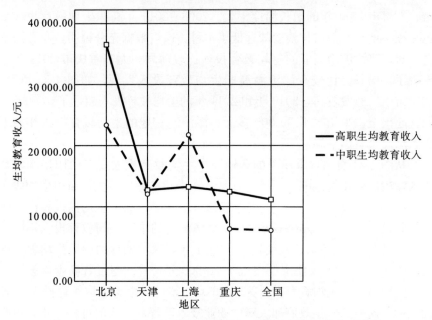

图 4-23 2008～2011 年京津沪渝高职、中职生均教育投入对比图

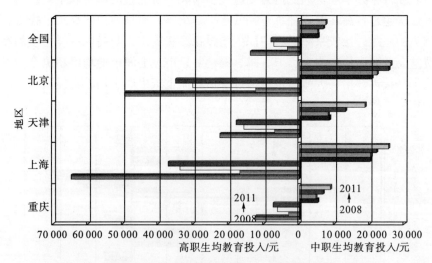

图 4-24 2008～2011 年京津沪渝高职、中职生均教育投入分布图

比较高职、中职发现，如图 4-23 所示，京渝两地的高职生均教育投入超出中职近 90% 的水平，而北京市的生均教育投入水平最高，重庆市的生均教育投入水平最低。说明北京市的高职、中职生均教育投入水平都非常高，属于高水平统筹；而重庆市的高职、中职教育投入生均水平都非

常低，属于低水平统筹。天津市的高职、中职生均教育投入水平相差无几，属于中水平统筹。而上海市高职生均教育投入水平低于中职生均水平，则说明上海市这些年极大地加大了对中职业技术教育育的投入。由于京津沪渝的经济发展水平差异较大，北京、上海、天津这类传统直辖市经济基础较好，因此，对高职、中职的投入力度远大于重庆。

(二)生均教育经费：京沪生均经费较高，津渝相对较低

从京津沪渝的普通本科与高职生均教育经费支出可以看出，如图 4-25 所示本科生均教育经费支出高于高职生均教育经费支出，重庆市、上海市差距最大，本科生均教育经费支出超出高职 50% 以上，北京市两者间差距最小，也超出 27.56%。从年度变化看，2008～2011 年本科生均教育经费呈现逐年增长的形势，且 2011 年的增长幅度较大。2008～2011 年高职生均教育经费也在逐年增长，但增长幅度却远不及本科生均教育经费的增长。数据表明，京津沪渝高职的生均教育经费相对于普通本科而言仍较薄弱。这不符合职业教育成本应该高于普通教育的基本规律，必然影响甚至制约着职业教育的健康发展。

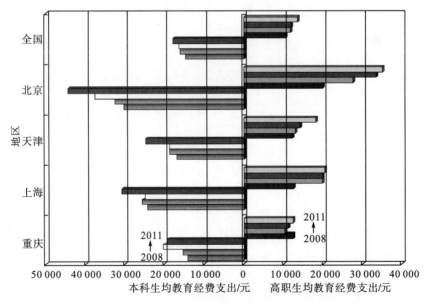

图 4-25　2008～2011 年京津沪渝本科、高职生均教育经费支出分布图

比较京津沪渝高职生均教育经费支出可以发现，如图 4-26 所示北京市高职生均经费最高，2008～2011 年的平均经费超过了 35 000 元，超出

全国平均水平 20 000 多元。上海市高职生均经费较高超过了 25 000 元，超出全国平均水平 10 000 多元。天津市高职生的生均经费在 20 000 元左右，超出全国平均水平 3500 元。重庆市高职生均的生均经费为 17 276 元，略高于全国平均水平。

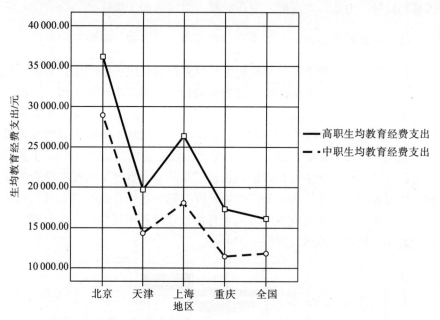

图 4-26　2008～2011 年京津沪渝高职、中职生均教育经费支出变化图

　　从图 4-27 中可以看出，京津沪的普高生均教育经费支出高于中职生均教育经费支出，超出比例在 30% 左右。其中重庆市普高生均教育经费支出与中职交替上升，2008～2010 年普高低于中职，2011 年普高略高于中职。但图 4-27 显示，全国的基本趋势是中职生均教育经费要高于普高。从年度变化看，2008～2011 年京津沪渝普高、中职生均教育经费均呈逐年增长，但普高、中职生均教育经费的差距有逐年增大的趋势。这说明京津沪渝中职的生均教育经费相对于普高仍较薄弱，因此，必须遵循职业教育运行、发展的规律和要求，及时加大公共财政对职业教育办学经费的支持力度。

　　比较京津沪渝中职生均教育经费支出，与高职相同，中职生均经费的高低顺序依次为北京、上海、天津、重庆。重庆中职生均教育经费略低于全国平均水平。这说明重庆市中职生均教育经费虽然与普高基本统筹，但这种统筹是低水平的统筹，重庆市对普高、中职的教育投入都严重不足。

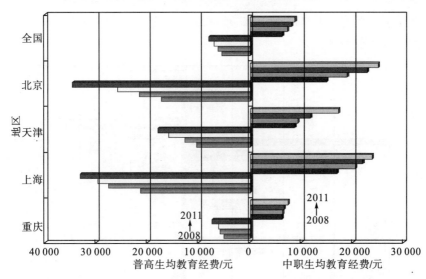

图 4-27　2008～2011 年京津沪渝普高、中职生均教育经费支出分布图

如图 4-26 所示，高职的生均教育经费支出水平略高于中职 5000～7000 元。从各自的分布形态来看，高职、中职的分布近乎一致，这非常有力地说明职业教育的投入与经济发展水平是密切相关的。由于京津沪渝的经济发展水平差异较大，北京、上海、天津这类传统直辖市经济基础较好，因此对高职、中职的投入力度远大于重庆。

（三）生均预算内教育经费：北京优势突出，重庆严重不足

预算内教育经费支出最能体现财政资金对职业教育的支撑程度和政府对职业教育的重视程度。从京津沪渝的普通本科与高职生均预算内教育经费支出比较看出，如图 4-28 所示本科生均预算内教育经费支出高于高职生均预算内教育经费支出。其中，上海市本科生均预算内教育经费支出是高职的 3～7 倍，重庆市本科是高职的 2～3 倍，差距最小的北京市、天津市也超出 60％以上。从年度变化看，2008～2011 年本科生均预算内教育经费支出呈现逐年增长的形势，且 2011 年的增长幅度较大。2008～2011年高职生均教育经费也在逐年增长，但增长幅度远不及本科生均教育经费的增长比例。

比较京津沪渝高职生均预算内教育经费支出，生均经费多少的顺序由高到低依次为北京、上海、天津、重庆。2011 年，北京的高职生均预算内经费接近 30 000 元，其他三个直辖市的生均费用仅在 4000～8000 元的范围，这说明京津沪渝之间具有非常大的差异。尤其是重庆高职生均教育

经费比全国平均水平略低了 1000 元左右。这说明重庆市高职业技术教育育的投入严重不足。

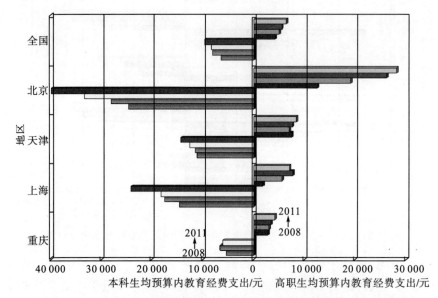

图 4-28　2008~2011 年京津沪渝本科、高职生均预算内教育经费支出分布图

从图 4-29 看出，京津沪的普高生均预算内教育经费支出高于中职，且普高超出了中职 20%~60% 的比例。而重庆市与全国中职生均预算内教育经费支出高于普高，且中职超出普高 10% 左右的比例。从年度变化看，2008~2011 年普高、中职生均预算内教育经费支出均呈现逐年增长的形势，京津沪渝的普高增长幅度普遍大于中职。数据显示，近几年来的中职生均预算内教育经费支出与普高持平，说明全国加大了对中职业技术教育育经费的投入力度。

比较高职、中职发现，如图 4-30 所示，京津沪高职、中职生均预算内教育经费支出出现相互交织的状态。北京市的高职生均水平预算内教育经费支出高于中职，天津、重庆的高职、中职生均预算内教育经费支出水平比较接近，上海则出现中职生均预算内教育经费支出水平高于高职的现象。北京市的高职、中职生均预算内教育经费支出水平最高，高职达到了 20 000 元以上，中职达到了 10 000 元以上。重庆市的高职、中职生均预算内教育经费支出水平最低，仅在 5000 元左右，且低于全国平均水平。

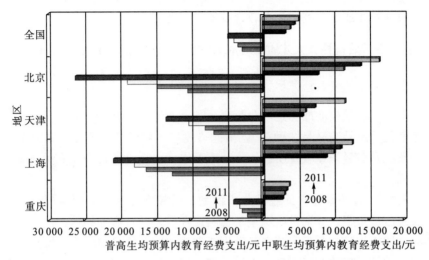

图 4-29　2008～2011 年京津沪渝普高、中职生均预算内教育经费支出分布图

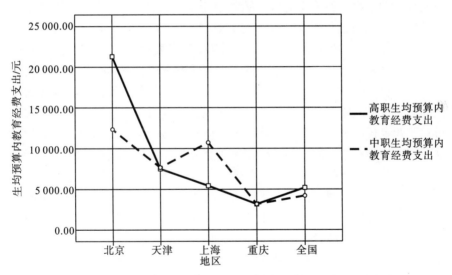

图 4-30　2008～2011 年京津沪渝高职、中职生均预算内教育经费支出变化图

　　综合保障支撑性指标可知，京津沪渝进一步加大投入，对职业教育的供给力明显增强，但区域投入的差异性也在不断扩大。北京市高职、中职的教育经费优势特别突出，在生均教育投入、生均教育经费支出、生均预算内教育经费支出上远远高于其他直辖市，显现北京市在职业教育投入上的支持力度很大。相比之下，重庆市的教育经费显得非常薄弱，面临着严重的经费投入不足的问题，生均经费水平明显低于京津沪，这种状况必须

加以改变，才能实现我国职业教育统筹发展的目标。

五、质量效益性：人才质量的成效性突显，区域人才的适应性不足

（一）满意度分析：高职优于中职，区域差异较大

由于职业学校的产品是职业教育服务，而学生是其服务的对象，所以学生既是"产品"又是"顾客"。由此可见，了解学生对于服务质量满意度的状况是衡量职业教育质量的一个重要维度，也是非常重要和关键的一个指标。

根据 PZB 的服务质量差距分析模型，学校在传递教育服务时存在五种服务质量差距，分别是认识差距、制定标准差距、服务绩效差距、传递差距和期望与感知差距。其中，学生所期望的服务质量与学生实际体验到的服务质量之间的差距，也称为学生满意度，是以上四个差距的累积。研究发现：如果组织所传递的服务绩效小于学生的期望（$P<E$），则学生满意度较低；如果服务绩效等于学生期望（$P=E$），则学生满意度较高；如果服务绩效大于学生期望（$P>E$），则学生满意度很高。

调查结果表明，京津沪渝的满意度值没有出现服务绩效大于学生期望（$P>E$）的情况，即学生所期望的服务质量与学生实际体验到的服务质量之间有一定的差距。具体来说，学生对职业院校的学习氛围及管理比较认可；职业院校的教师来源多元化，但整体素质有待进一步提升，部分教师缺乏实践经验；职业院校的学生实践机会较少，学生的动手实践能力有待进一步提升；职业院校的学生大都希望毕业后立即就业，但对就业信心不足。尽管这些年京津沪渝采取了多种措施提高职业教育质量，例如不断加大经费投入力度，实行中等职业教育资助政策；着力提升师资队伍水平，加强双师型队伍的建设；学校也在尽力提升服务质量，加强职业教育基础能力建设，但由于职业教育本身为推动经济发展、促进就业、改善民生、解决三农问题的重要途径，社会、行业、企业、家长、学生对其都有高期望值，尤其既是"顾客"又是"产品"的学生，其需求与期待值就更高，所以，学生对职业院校服务质量的感知与期望之间存在极其显著的差距。比较而言，北京的满意度相对较高，重庆的满意度相对靠后，如图 4-31所示。

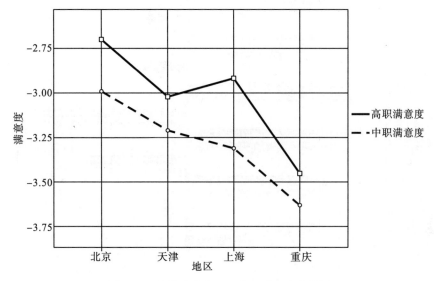

图 4-31　京津沪渝高职、中职满意度变化图

（二）毕业生数：天津毕业生数最多，区域差异显著

从每万人高职毕业生数看，如图 4-32 所示，京津沪渝高职毕业生数最多的是天津，2007～2011 年平均每万人高职毕业生数为 44 人，上海、北京的平均每万人高职毕业生数为 25 人，而重庆每万人高职毕业生数仅有 10 余人，低于全国 15 人的平均水平。从时序变化看，2007～2011 年京津沪渝毕业生数在不断增加，为地方经济社会发展培养出更多技能型、应用型人才。在平均数上，京津沪渝存在极其显著的统计学差异（$F=132.167$，$p=0.000^{**}P<0.01$）。2007～2011 年，津渝每万人中职毕业生数在不断增长，而京沪两地的毕业生数则呈逐年下降的趋势。京津沪渝毕业生数最多的是天津，平均每万人中职毕业生人数为 50 人；其次是北京、上海，平均每万人中职毕业生数为 45 人左右；重庆的毕业生数相对较少，平均每万人中职毕业生数仅有 33 人。在平均数上，京津沪渝存在极其显著的统计学差异（$F=14.129$，$p=0.000^{**}P<0.01$）。

从图 4-33 看出，高职、中职每万人毕业生的分布曲线类似，呈不规则的"北斗星"形态。北京、天津类似"斗柄"的位置，重庆处于"斗勺"的低端。只是高职的分布曲线更加急促，这说明高职的差异更大；中职的分布曲线更加缓和，折射中职的差异相对较小。但分布曲线也同时反映出，天津的高职中职毕业生数最多，重庆的毕业生数相对较少。

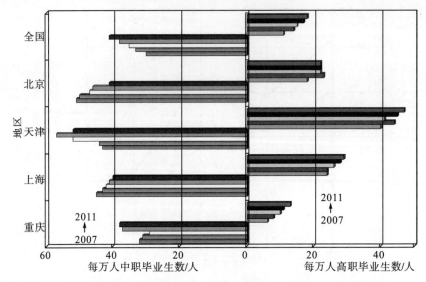

图 4-32　2007~2011年京津沪渝每万人高职、中职毕业生数分布图

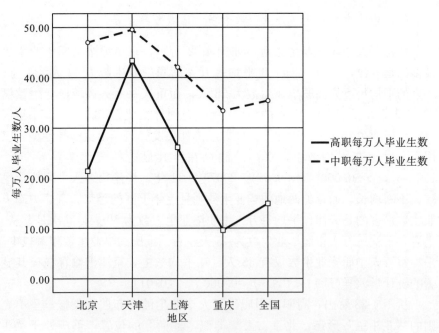

图 4-33　京津沪渝高职、中职每万人毕业生数变化图

（三）获得职业资格证书比例：上海市获证率高，天津市获证率低

从高职毕业生获得职业资格证书比例情况来看，由图 4-34 可知上海

市高职毕业生获证率最高，平均比例在 45% 左右，北京市次之，天津市、重庆市较低，略高于全国平均水平。从时序变化看，京津沪渝的高职获证率在逐年上升，说明高职院校越来越重视高职学生的职业资格证书获取情况。在平均数上，京津沪渝存在极其显著的统计学差异（$F = 71.798$，$p = 0.000^{**} P < 0.01$）。

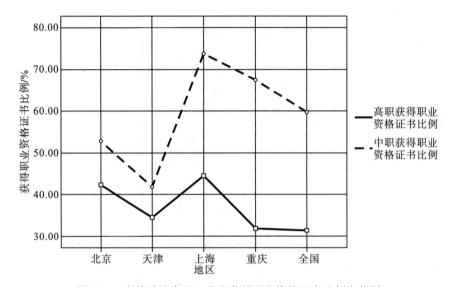

图 4-34　京津沪渝高职、中职获得职业资格证书比例变化图

从中职毕业生获得职业资格证书情况看，上海市中职毕业生的获证率最高，达到了 73% 以上；重庆市位列第二，接近 70% 的比例；北京市有50% 的比例；但天津市的获证率最较低，仅 42% 左右。在平均数上，京津沪渝存在显著的统计学差异（$F = 3.654$，$p = 0.02^{*} P < 0.01$）。从高职、中职的分布情况看，分布形态基本一致，只是中职的分布曲线趋陡，意味着中职的差异更大。

（四）一次性就业率：高职中职就业较好，优于全国平均水平

是否有较高的就业率是衡量职业教育教学质量高低的重要标准。培养出受社会欢迎、满足用人单位需求的毕业生，是职业院校办学的目标。提高毕业生就业率，是职业院校人才培养模式改革的出发点。

从京津沪渝的高职、中职就业率比较看出，由图 4-35 可知中职的一次性就业率高于高职一次性就业率。在高职就业率中，京沪两地的就业率更高，津渝两地相对较低，但都高于全国平均水平。但在差异性上，京津

沪渝的高职一次性就业率存在极其显著的差异（$F=46.039$，$p=0.000**P$ <0.01）。中职就业率中，京渝的就业率更高，津沪相对较低，但都达到了 95％以上远远高于全国平均水平。在差异性上，京津沪渝的中职一次性就业率也存在极其显著的差异（$F=53.447$，$p=0.000**P>0.01$）。显然，京津沪渝的高职、中职就业率都要优于全国平均水平，这与当地经济社会发展的水平与市场需求度正相关。

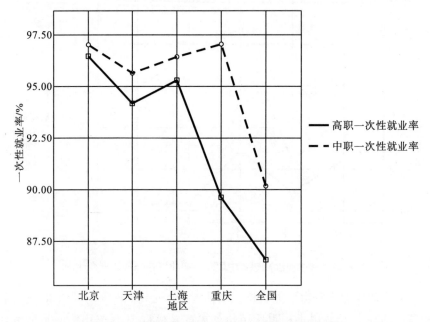

图 4-35　京津沪渝高职、中职一次性就业率变化图

　　职业教育质量关系到一个国家是否具有国际竞争力，也关系到职业院校的生存和发展，更关系到学生能否立足社会，关系到学生未来的前途和命运，因此，职业教育质量是职业教育发展的一个最核心问题。整体来看，京津沪渝职业教育有了长足的进步，职业院校倾尽全力提升服务质量、人才质量的成效性突显，但人才培养与区域经济社会发展之间，尤其是与区域产业结构之间还未能形成一种良性的、相匹配的关系。

第三节　职业教育统筹发展的测度发现

　　本章用层次分析法及加权平均数方法测度了 2007～2011 年京津沪渝区域高职、中职业技术教育育的统筹发展程度，得出以下主要结论。

第一，京津沪渝在高职业技术教育育发展进程中，机会公平性系数最高的是天津市，这说明天津市为更多的人提供了接受职业教育的权利和机会，不断满足经济社会发展的需求与产业结构调整的需要。基础条件性、保障支撑性、质量效益性系数最高的均是北京市，数据充分表明北京市对高职业技术教育育的投入是最高的，学生所期望的服务质量与学生实际体验到的服务质量之差相对较小。而核心发展性指标最高的是天津市，说明天津市非常重视高职师资的培养，尤其在双师型教师、高级职称教师的培养上表现突出。

第二，京津沪渝高等职业教育统筹发展程度最高的是北京市，天津市第二，上海市第三，重庆市最低。近年来，职业教育统筹发展进程加快，区域间的差距有缩小的趋势，但重庆市与京津沪之间的差异仍然非常显著，如表 4-14 所示。数据充分说明，京津沪渝的区域差异非常显著，重庆市高职业技术教育育的综合发展仍然比较薄弱。

表 4-14　京津沪渝高职发展系数比较

一级变量	北京	天津	上海	重庆	全国平均
机会公平性系数	0.791	0.972	0.869	0.759	0.742
基础条件性系数	1.42	1.127	1.207	1.150	1.089
核心发展性系数	2.036	2.124	1.778	1.866	1.855
保障支撑性系数	2.468	1.966	2.05	1.422	1.539
质量效益性系数	2.292	1.98	2.136	1.687	1.579
统筹发展系数	9.007	8.168	8.04	6.885	6.804

第三，如表 4-15 所示京津沪渝在中职业技术教育育发展中，机会公平性系数最高的是北京市，基础条件性系数最高的是上海市，核心发展性系数最高的是天津市，保障支撑性、质量效益性系数最高的均是北京市。这组数据充分表明，京津沪都有自己的优势，虽然津渝在总体上不及北京，但在基础条件与师资队伍建设上都有值得肯定的地方。而重庆市由于是新兴直辖市，经济基础相对薄弱，中职业技术教育育在多个方面还需要在今后一段时间内加强建设，尤其需要加大对教育经费的投入，配置相对优良的硬件资源与教师资源，为中职业技术教育育的腾飞奠定经济、物质、人才基础。

第四，京津沪渝中等职业教育统筹发展程度最高的也是北京市，天津市第二，上海市第三，重庆市最低，京津沪渝之间的差异非常显著，如表 4-15 所示。数据表明，京津沪的中职业技术教育育优于重庆市，重庆中职业技术教育育的综合发展非常薄弱。其原因在于，经济社会发展整体水平不及京津沪，在教育机会的提供、硬件资源的配置、师资队伍的建设、教育经费的投入、教育服务的质量等方面都还有较大的提升空间。

表 4-15　京津沪渝中职发展系数比较

一级变量	北京	天津	上海	重庆	全国平均
机会公平性系数	0.9717	0.866	0.689	0.601	0.759
基础条件性系数	1.207	1.264	1.297	1.06	1.027
核心发展性系数	1.95	2.184	1.973	1.7	1.763
保障支撑性系数	2.426	1.824	2.067	1.397	1.506
质量效益性系数	2.0693	1.98	2.003	1.905	1.691
统筹发展系数	8.624	8.118	8.029	6.663	6.746

第五，京津沪渝之间的职业教育发展差距较大，其原因主要在于有些地区经济基础薄弱、职业教育发展力度不够和制度创新不足，以及政府对于职业教育发展没有应有的重视。因此应理顺中职业技术教育育与普高教育、高职业技术教育育与本科教育发展的关系，平衡好各自的关系。政府应该在职业教育发展进程中起"助推器"作用，加快政府制度创新，突破经费投入不足对职业教育发展的阻碍，并进一步发挥行业、企业在职业教育发展中的作用，聚集各种力量共同推动职业教育的发展。

第六，职业教育的生源问题成为当下必须重视的问题。在我国高等院校招生计划持续增长以及人口年龄结构变化的背景下，高考适龄考生人数逐渐下降，生源不足、生源不佳会成为越来越严重的问题。如何提高职业教育的吸引力，推进职业教育的发展和创新，使职业教育适合地区经济发展对高技能人才的需求，是京津沪渝职业教育在发展中必须要解决的问题。

第七，职业教育专任教师队伍建设是一个潜在的、需要高度重视的问题。专任教师数量不足，双师型教师较为缺乏，高级职称、高学历教师比例偏低，是京津沪渝专任教师队伍存在的普遍问题。由此，补充专任教师数量，全面提高专任教师素质，打造一批数量充足、素质俱佳的双师型教师队伍无疑成了职业教育发展的重中之重。

第八，"均衡"的核心是职业教育与区域经济的适应性和协调性，是职业教育与区域经济的融合性和生长性。基于我国各地的资源、生产力等不同，不均衡是必然的，但适应性是可以提升的。如何在现有经济条件下推动职业教育的发展，促进京津沪渝职业教育与区域经济的发展需要相适应，如何在我国经济社会发展差距不断扩大的背景下，逐步缩小职业教育发展的差距，是中国职业教育必须摆在战略位置的重大课题。

第五章　职业教育统筹发展的治理逻辑

职业教育统筹发展治理体系包含着多维行动逻辑变量，如利益（interests）、制度（institution）、惯习（structuring mechanism）、策略（strategy）、权能（power）等。在各自不同治理逻辑的驱动下，国家、地方政府、职业院校和社会公众在这个体系中迭绎无序地自由博弈，而公共理性缺失的私利取向和多重制度阻隔下的信息不对称助长了这种博弈局面的恶化。当下，这种高成本、低效率的治理道路和"没有出路的恶性循环"治理困境已经严重阻碍了职业教育统筹发展事业的发展，一种科学的、复杂的，能够分析多重过程和机制的分析框架呼之欲出。伴随着单中心、单向度国家治理模式的消解和多中心、交互性公共治理模式的兴起，国家已不再是社会治理唯一的中心之轴。多元利益主体要求在公域之治中享有更多的知情权、参与权、表达权和监督权，他们不再满足于在"国家剧场"之外排着长队去领取政府分配好的权益、制定完的规则和做出的公共决定。① 治理模式的转型意味着治理逻辑分析框架必须变革。多重治理逻辑分析框架是基于多重制度逻辑而建构的组织分析工具，它通过制度的"促动性"与"限制性"去形塑治理者与治理对象的注意力从而影响治理实践。

第一节　职业教育统筹发展的治理逻辑与行为

在职业教育统筹发展的实践中，国家、地方政府和职业院校都是直接参与的治理主体，社会公众作为一股巨大的间接力量，尤其是公众媒体和研究城乡统筹的学者，他们的呼声和理想对职业教育统筹发展的治理也是意义非凡。因此，国家的逻辑、地方政府的逻辑、职业院校的逻辑和公众与社会的逻辑共同构建了职业教育统筹发展的四重治理逻辑。

一、国家的逻辑——以公平为起点的和谐共生

国家是一个具有自主行为能力的组织实体②，国家的行为反映的就是

---

① 罗豪才，宋功德. 行政法的治理逻辑 [J]. 中国法学，2011，(2)：5-26.
② 张静. 法团主义 [M]. 北京：中国社会科学出版社，1998：93.

这种自主性逻辑。在职业教育统筹发展的实践中，国家逻辑的具体行动者为国务院、教育部、财政部等相关部门单位，一方面，这些部门的政策和行为必然为各部门目标和利益服务；另一方面，其所有的具体行为都必然指向职业教育统筹发展的最终目标，即通过职业教育统筹发展以实现教育公平为目标的全局统筹与社会和谐。在理想状态下，这种以公平为起点的和谐共生显示为"帕累托最优"式的城乡职业教育协调发展；事实上，中国语境下的职业教育统筹发展更多地表现为"卡尔多-希克斯效率"式的发展。

　　按照政治经济学的观点，国家作为一个经济理性的当事人主体，通常会选择那种对其政治净收益（政治收益－政治成本）最大的方案。[①] 职业教育统筹发展不是一蹴而就的短期改革，而是一项长期坚守的攻坚战。然而，制度经济学早已告诉我们，随着时间推进，职业教育统筹发展的政治边际成本会逐渐递增，而边际收益则会递减。在漫长的职业教育统筹发展改革中，国家会面临着不时的收益与成本衡量。如图 5-1 所示，从 O 到 T_0、T_1、T_2，每一个时间点和时间段均是如此。所以，在职业教育统筹发展中，国家的行为决策总发生在边际成本与边际收益两条曲线相交处（此时此刻的政治收益最大），如图 5-1 中 A 点、B 点、C 点。由 A 点、B 点、C 点所勾画的曲线走势，我们可以看出，国家在职业教育统筹发展的改革过程中所选择的是一种渐进式发展路径。如图 5-1 所示，国家为尽可能保持职业教育统筹发展边际收益的持续提高，就只好控制边际成本曲线而使边际收益曲线不断向右上方移动。在不断向右上方移动的过程中，就会有更多的 A 点、B 点和 C 点出现，各行为决策点汇集而中，形成了一条随着时间推进的行为决策线，这条走势平缓的曲线正是国家治理逻辑在自身利益和目标选择上的真实写照。

　　同时，这条线也反映了国家为整个教育公平和各种力量和谐共生做出的努力。在中国，改革面临最大的政治成本来自于传统的意识形态以及与此交织在一起的既得利益。[②] 所以，即使职业教育统筹发展改革获得了国家高度的政策支持，"自上而下"的统筹依旧难以一帆风顺。统筹城乡跟职业教育必须兼顾各方面的既得利益，关照最基本的公平并使各种力量得以和谐共生。如图 5-1 所示，在特殊的中国语境和职业教育统筹发展多维

---

① Downs A. An Economic Theory of Democracy [M]. New York：Harper & Row, 1957：196.

② 蔡昉. 中国农村改革三十年——制度经济学的分析 [J]. 中国社会科学，2008，(6)：99-110.

逻辑行为变量的干扰下，职业教育统筹发展的边际成本曲线走势越来越陡，在O-T_0区间，职业教育统筹发展的边际收益大于边际成本，T_0是第一个均衡点。而再往后，国家就只有通过及时地调整发展方式和寻找制度变革的机会空间去找到T_1这个新的均衡点，也就是不断地把边际收益曲线向右上方移动。按照相同的逻辑，再寻找到T_2。在理想的模型中，国家能够在边际收益曲线向右上方移动的过程中完成城乡职业教育的最优化统筹，达到"帕累托最优"。然而，在现实中，这种模型所需要的条件不可能得到完全满足，国家在职业教育统筹发展的实践中，只有不触动或较少触动既有的利益格局，或者通过既有收益的一部分去补偿损失来达到"卡尔多-希克斯效率"，以实现全局统筹下的公平和整个系统的和谐共生。

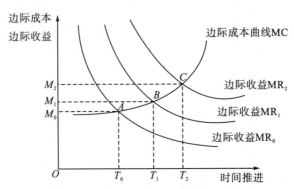

图 5-1　职业教育统筹发展国家逻辑的制度经济学分析

二、地方政府的逻辑——以效率为目标的科学发展

　　我国地方政府是按照科层制组织构建运作的，其治理逻辑遵循着经典科层制逻辑。在传统的科层制组织中，"权威"是一个核心概念，维护权威和提高权威是各科层成员共同的逻辑使命。一方面，不同层级的地方政府要服从上一级政府的命令，出色地完成各项任务，维护上级政府的权威；另一方面，要争创出色的政绩，通过出色地完成某一项任务获得良好的政绩去谋求个体在整个科层制金字塔中层级的上升，以此来获得更多的"权威"。职业教育统筹发展的地方政府治理逻辑包括省级政府的治理逻辑、市级政府的治理逻辑和县级政府的治理逻辑。在职业教育统筹发展的治理框架内，各级政府围绕着"权威"而努力，以完成上一级政府分派的任务、取得良好政绩为一切行为的逻辑出发点，追求职业教育统筹发展的高效率以实现上级政府规定的"科学发展"。

　　在"政绩观"的驱使下，地方政府在职业教育统筹发展的过程中会将效率作为第一目标。一方面，只有高效率才能创造出更好的政绩，从而获得更多的科层"权威"。另一方面，与国家不同，地方政府所管辖的行政范围相对较小，在特定的小的行政区域内，相比于全局公平目标的实现，全域效率的提高更能博得政治上的出彩。而且，在高效率的驱动下地方政府才能够做成职业教育统筹发展的"大蛋糕"，进而通过分解丰硕的"大蛋糕"去弥补小范围内短期的落后，以强补弱，最终也能够实现全域内的公平，甚至是高水平的均衡与公平。再者，某一地方政府所辖范围内职业教育统筹发展效率提高，必然在最终政绩成果上优于那些效率相对较低的地方政府治理地域，这种区域间政绩的比较优势往往会帮地方政府获得更多的科层组织"权威"。

然而，职业教育统筹发展还必须落实到"统筹"二字之上，而职业教育统筹发展最理想的结果就是城乡职业教育的科学发展，或者说就是国家治理逻辑所主导的"帕累托最优"。追求高效率是所有地方政府的第一选择，但是，当所有地方政府都去追求效率之后，通过效率来创造区域间职业教育统筹发展政绩上的比较优势而获得"权威"就只能是部分地方政府可以采用的手段和途径。由此，在地域、政治等先天条件上优势不足的地方政府就会在效率与公平之间"摇摆"。一旦努力追求政绩而不得，它们就会安于现状，追求在职业教育统筹发展的过程中"不出错"，以此来保住自己的既有"权威"。或者，高一级的地方政府通常会严格要求下一级地方政府，通过不断施压和制定高指标以获得理想的政绩。而一旦出现问题，推诿于下级是一种选择；通过上下通融，在政策间摇摆、变通，形成共谋，则是另一种常见的行动方式。这也是效率路径之外的另一种职业教育统筹发展的"科学发展"之路。

三、职业院校的逻辑——以利益为核心的差序进步

中国社会结构有三个以"私"为核心的特征：①以己为中心的自我主义；②没有明确边界、可伸缩的社会圈子；③差别有序。[①]"差序格局"正是当前我国城乡职业教育的分布格局。二元经济形态和"偏城市"的政策主导下，城乡职业教育的"差序"格外明显：城乡职业院校都有各自的利益中心和不存在边界的资源圈子，以及城乡职业院校间不成文的"差异秩序"。在国家职业教育统筹发展的实践中，职业院校摄于国家和政府的权威服从职业教育统筹发展的政令安排是为必然。然而，受传统心理与惯

---

① 费孝通.乡土中国［M］.北京：北京大学出版社，1998：25-34.

习的影响，以各自利益为核心的职业院校治理逻辑依然不会改变。因此，在职业教育统筹发展的治理中，职业院校维持既有"差序格局"，坚持自身的利益核心，而期望在国家和政府主导的统筹变革中取得可能性的进步也会是它们的另一种逻辑。

职业教育统筹发展最直接的受益者就是各职业院校，然而，坚持利益核心的职业院校在治理逻辑却走向了不自觉的"奥尔森困境"。① 城市职业院校在区位、市场、师资、生源等方面享有先天的优势，同时还比农村职业院校享有更多的政策支持。农村职业院校尽管在学校发展的软件硬件上不及城市职业院校，但是其也有面向农村市场、生源相对固定等优势。在职业教育统筹发展的改革中，学界和政府都强调城乡职业院校联动互助②，开放资源，以求得共同发展。然而，城市职业院校却担心农村职业院校盗取自身发展的先进理念，复制其发展模式，进而发展壮大成为强劲的竞争对手；农村职业院校因为怵于城市职业院校进驻其既得的农村市场，怕"引狼入室"而致使自身利益被外来者瓜分。而当面对国家提供的职业教育统筹发展的各种资源与利益时，各职业院校又会想尽办法为各自学校争取。农村职校会不断地示穷示弱、呼吁政府予以补偿，而城市职业院校则会制订一项新的计划寻求资金或政策支持。各职业院校虽作为理性的个体，但忘记了在职业教育统筹发展的过程中它们是一个共同利益团队的基本事实。

除了各职业院校内部的利益纠葛外，对外，所有职业院校都不得不在职业教育统筹发展的过程中与国家和各级政府展开直接的对话。众所周知，职业教育一直以来所得到的关注和支持并不能和普通教育相提并论。而且，多年以来，职业教育的改革也是断断续续而成果成效并不显著。职业院校置身于职业教育统筹发展的改革实践之中，却又不敢完全相信国家和政府这样的统筹究竟会带给自己多大的实质性的发展利益。然而，出于对政府权威的服从，它们又不得不对职业教育统筹发展的政策表现出高度的热诚，并力争在职业教育统筹发展的改革中有所作为和表现。即使对政府的信任处于赤贫状态，对政府权威的服从加上追逐自身利益的治理逻辑，各职业院校也会自愿地深入到职业教育统筹发展的第一线，只不过它们会在维护既有"差序"中不断观望，同时完成自己的分内之事。最终，

---

① 曼瑟·奥尔森.国家的兴衰：经济增长、滞涨和社会僵化［M］.上海：上海世纪出版社，2007：18.
② 朱德全，杨鸿.职业教育城乡均衡发展问题表征与统筹保障——以重庆市为例［J］.教育研究，2012，(3)：57-65.

它们只好抱着服从政令安排的心态和追逐自身利益的奢望，在职业教育统筹发展的改革中安分守己以保护自己，在"差序格局"的内外纠葛中为各自职业院校的发展与进步谋取利益。

四、公众与社会的逻辑——问题得以解决的善治理想

伴随着中国社会治理方式的转型，公众正以一种前所未有的姿态涌入公共领域：中国已进入"大众政治"时代。① 在"大众政治"时代，公民逻辑就是建筑在公众清晰的权利诉求、民主意识和法治观念之上的社会价值取向。尽管当前公民逻辑并不够强大，但它却有着很强的独立性和影响力。在职业教育统筹发展的改革中，公众与社会作为一股重要的力量参与其中，怀揣着"问题得以解决的善治理想"，他们对城乡职业教育发展中的问题极为关注，对职业教育统筹发展的权力运行和政策执行的监督也充满热情。在这种治理逻辑的驱使下，他们认定中国城乡职业教育的发展是"成为问题"的发展，但又迫切希望通过职业教育统筹发展去实现城乡职业教育治理的善治。

在公众与社会的一般逻辑中，职业教育统筹发展问题的关键还是乡村职业教育的问题。事实上，乡村或者说乡村教育成为一种问题早见于近代的乡村运动，晏阳初先生就曾理性地诊断出中国乡村社会"愚、穷、弱、私"的四大疾病，并认为需要发动整个社会的力量对此加以诊治。这种思考乡村和描写乡村的模式影响着中国近代以来民众看待乡村社会的眼光②，尤其是职业教育统筹发展的研究者。不可否认，把中国乡村界定为一种有"问题的乡村"，有先假定了自己的"是"去教育别人的"不是"之嫌，但职业教育统筹发展的重点和难点都是农村的职业教育却也是不争的事实。只不过，公众与社会把这个问题予以主观性的扩大化和严重化，以至于在问题究竟如何解决的道路选择上走向了偏颇。呼声颇高的"农村补偿""城乡均衡"等原则和主张过分地强调农村之病弱和城乡职业教育之间的机械式均衡，这值得我们深刻的反思，西方国家由"平准化"到"反平准化"、由"标准化"到"反标准化"的老路是血的教训。

公众与社会把问题解决的美好愿望寄托在了职业教育统筹发展的伟大改革，在这种逻辑的驱动下，越来越多的民间主体正以各种各样的形式介

---

① 周汝江，陈家刚.大众政治兴起与现代国家型构［J］.湖北社会科学，2009，(11)：19-22.
② 赵旭东.乡村成为问题与成为问题的中国乡村研究——围绕"晏阳初模式"的知识社会学反思［J］.中国社会科学，2008，(3)：110-117.

入职业教育统筹发展之中。尽管他们有着不同理想诉求，但是城乡职业教育问题得以解决的善治理想汇集成了一股强劲的公众力量，并成为职业教育统筹发展的"助推器"。然而，职业教育统筹发展的主导力量不在民间，而在政府。"政府是必要的恶"①，这一点公众和社会都有着清醒而深刻的认识。因此，在公众与社会把美好的善治愿望寄托在职业教育统筹发展改革之时，监督政府的权力运作和政策执行也成为了他们自发的逻辑使命。对职业教育统筹发展中问题的批判、对政治承诺的不完全信任和强烈的善治愿望一经公众和社会之口放大就汇成了"意见洪流"，从而，整个职业教育统筹发展的系统都不得不予以重视。如此，城乡职业教育"问题得以解决的善治理想"就成为了职业教育统筹发展中一面鲜艳的旗子，催动各级政府和各大职业院校把职业教育统筹发展的工作当成一种伟大的事业去不断地探索。诚如托依布纳所言，"公众虽然无法直接进入系统和直接改变系统，但可以通过公共生活的平台，把民众的种种意见和要求予以表达，把生活中的种种不满和愤懑予以发泄，通过震荡和呐喊引起更多人的共鸣和支持，从而刺激系统进行反思和调整"。②

第二节　职业教育统筹发展治理逻辑间的相互关系

在职业教育统筹发展的实践中，国家、地方政府、职业院校三方构成了"委托—管理—代理"的三方组织关系，如图 5-2 所示。在这个治理体系中：①国家（委托方）拥有职业教育统筹发展政策制定和设计的最终权威，包括激励设置、绩效评估等权力。②地方政府（管理方）作为中间治理人，对上，要服从和执行上级政府的各项政策指令；对下，又必须承担起监管下级政府和职业院校各方面的统筹工作。③职业院校（代理方）作为政策执行的最终端，也是职业教育统筹发展利益的最直接受惠者，在这个治理结构中，除了无条件完成上级指标之外，还必须考虑自身的实际情况和发展前景。④公民与社会作为整个职业教育统筹发展的见证者和广义上的监督者，他们对职业教育统筹发展拥有批评建议和发表自己看法的权力与自由。在职业教育统筹发展的治理体系中，四种逻辑相互作用、自由博弈，影响着职业教育统筹发展治理的全局。

---

① 周雪光.逆向软预算约束：一个政府行为的组织分析 [J].中国社会科学，2005，(2)：132-143.
② 贡塔·托依布纳.法律：一个自创生系统 [M].北京：北京大学出版社，2004：256.

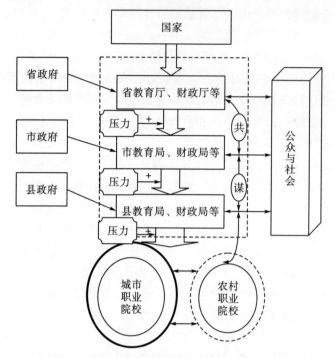

图 5-2　职业教育统筹发展的多重治理逻辑分析

一、向上负责——"行政发包"中的施压与服从

　　在当前职业教育统筹发展的治理体系中，实行向上负责治理体制，下级政府接受上级部门的指令，并贯彻实行。[①] 如图 5-2 所示，国家（委托方）从着眼于全局公平和整体和谐共生的治理逻辑出发，通过正式程序设立职业教育统筹发展的具体目标，如职业教育统筹发展布局、职业教育统筹发展师资、职业教育统筹发展经费等。然后，国家将这些统筹目标"发包"给地方政府。[②] 同时，为调动地方政府（管理方）的积极性，国家（委托方）也将职业教育统筹发展的激励权和控制权赋予地方政府（管理方）。至此，国家（委托方）便开始行使检查验收权，定期检查、评估地方政府职业教育统筹发展的落实情况。为完成上级目标，争创良好的政绩，实现以效率为目标的科学发展，地方政府（管理方）就必须充分地利用好激励权与

---

① 周雪光，练宏.中国政府的治理模式：一个"控制权"理论 [J].社会学研究，2012，(5)：69-93.
② 周雪光.逆向软预算约束：一个政府行为的组织分析 [J].中国社会科学，2005，(2)：132-143.

控制权。通常，地方政府（管理方）会向职业院校（代理方）不断地施加压力，这也就是通常所谓的"层层加码"。与此同时，高一级的地方政府会给下一级政府制定更高的政策目标，通过提高政策执行的成果指标保障职业教育统筹发展的最终成果，以此去应对验收过程的各种不确定性，从而确保了任务完成的万无一失。职业院校（代理方）作为治理结构中最底层的一级，在个体利益最大化的前提下，必须无条件地服从各级地方政府的政策安排。同时，城市职业院校和农村职业院校作为被统筹的两类群体，必然会通过各种外在变革和内部的互动来响应上级的各种号召，彰显职业教育统筹发展取得的直接成果。而公民与社会作为见证者和围观者，会通过各种言论和学术研究表达社会逻辑的善治理想，从而对职业教育统筹发展的各级政府和各类职业院校产生影响。

二、上下共谋——"成果抽查"中的行为偏差

在当前职业教育统筹发展的治理体系中，四大治理主体间的相互作用和自由博弈并不是对等的。由于国家治理逻辑和地方政府逻辑的相对强势以及政府本身的权威，在多重制度阻隔下的信息不对称的治理环境中，四种治理逻辑在自由博弈的过程中走上了不自觉的"治理行为偏差"。集中体现在"被迫服从"和为了共同利益而"上下共谋"。国家（委托方）追求职业教育统筹发展的全局公平与整体和谐共生，它们最关心统筹的最终结果，却并不关心统筹过程的实际部署。而且，在复杂的、多层级的职业教育统筹发展治理体系中，国家（委托方）全面检查并验收成果的成本极高，因此，抽查式"验货"成为其常用的手段，如选择某些县城彻底检查其职业教育统筹发展的工作进度、经费管理与使用等。因为国家（委托方）的检查验收是非常规性的，所以，国家（委托方）与职业院校（代理方）的组织关系相对较为松散，只存在传统科层制意义上的服从关系，但是这种服从却成为职业教育统筹发展的主旋律之一。大量的类似于"热烈欢迎各级领导前来视察"的标语证明了一切，也反映了检查行为背后地方政府（管理方）和职业院校（代理方）的被动地位和心态。但是，它们并不甘心于安静地等待检查，在职业教育统筹发展的治理体系中，地方政府（管理方）和职业院校（代理方）有着共同利益关系和命运关联，作为被检查的双方，它们会竭尽全力以确保统筹的结果被国家（委托方）所接受。于是，地方政府（管理方）就会联合职业院校（代理方）以激励权为核心，调动其他资源，采取各种应对策略，上下共谋、掩盖问题。这也是职业教育统筹发展治理体系底层治理主体无奈的共同选择。

三、迭绎循环——巨型科层组织的治理困境

事实上，当前职业教育统筹发展的治理体系就是一个巨型的专门化科层组织，尽管这个体系无比地忠实于职业教育统筹发展的伟大事业，但也没能摆脱传统科层制的痼疾。由于过多地强调"权威"与"服从"，各大治理主体的民主参与显得不够；又由于制度安排上的多重阻隔，国家（委托方）和职业院校（代理方）之间出现信息不对称的治理障碍；再加上公共理性的缺失，国家（委托方）、地方政府（管理方）和职业院校（代理方）三者在不同治理逻辑的驱使下自由博弈，最终走上了分散治理的循环怪圈，三大治理主体相互之间出现了辽阔的不能作为空间和漫长的无法作用距离。从而整个职业教育统筹发展的治理体系职责同构、绩效不高，治理成本高昂而效率低下且缺乏公平竞争和责任追究的相应机制，严重困扰着职业教育统筹发展事业的发展。

第三节　职业教育统筹发展的治理模式建构与实施

国家管理转向公共治理意味着其调整逻辑要从公众对国家主张的单向度接受和被动服从转向基于参与、因为理解、出于认同、自愿遵从。因此，理想的职业教育统筹发展治理模式应该是这样一种治理模式，它不再是仅依靠权力的统治，而是一种围绕着公共理性之轴展开的民主参与和深度认同，同时，也克服了当前职业教育统筹发展治理体系过分强调"权威"与"服从"、制度安排上多重阻隔以及公共理性缺失的诸多弊端。

一、职业教育统筹发展 360°治理模式的要素与组构

（一）基本治理要素安排

建构足以胜任理性分析使命的职业教育统筹发展治理模式，需要对最基本治理要素进行合理安排。首先，职业教育统筹发展 360°治理模式设计必须以公共理性为轴向，围绕公共理性之轴安排治理制度，实施行为选择。其次，关注治理主体和治理区域的差异性要求，要因人而异和因地制宜地做出相应的制度和要素安排以完成角色塑造和特色打造。最后，设计好制约与激励机制。依靠对偏离公共理性之轴的行为惩罚以及对与之契合

行为的奖励加以引导。① 具体来说，主要包括以下四个方面。

1. 治理的主体

美国著名教育社会学家科尔曼曾言，家长、教师、学校管理人员，以及更大范围的社区共同体，对学校教育的连续性和儿童学业的成功至关重要。② 因此，职业教育统筹发展的相关利害关系人、国家、地方政府、职业院校和作为监督者、观察者的社会公众都必须被吸纳进来，并广泛参与。

2. 治理的事项

职业教育统筹发展中的各种治理问题和相关事宜，具体包括：统筹城乡职业院校的布局、办学、资金、师资等宏观事项，也包括人才培养观、培养方式和培养体系、评价体系等微观事宜。

3. 治理的规则

"没有规矩，不成方圆。"在职业教育统筹发展 360°治理模式中，《教育法》《职业教育法》《国家中长期教育改革和发展规划纲要（2010—2020年）》等各种政策法规和其他相关法令政策均是务必遵守的治理规则。

4. 裁判、监督和纠错

没有裁判的比赛就没有结果，没有监督的权力必将走向腐败。为了更好地发挥激励机制，也为了更好地防范或者矫正治理主体的权力或者权利滥用，职业教育统筹发展 360°治理模式中四大治理主体可以相互裁判，判定成绩，也可相互监督，监督权力的运行。

（二）360°治理模式组构

如图 5-3 所示，以职业教育统筹发展的核心诉求为圆心（图中点 O），公共理性为半径（图中射线 OM，根据公共理性的强度大小，OM 的长度不断变化）。基于国家、地方政府、职业院校和社会公众的广泛参与，OM 绕着圆心 O 完成 360°顺时针旋转，勾画了职业教育统筹发展 360°治理模式的完整框架。与传统的直角坐标系不同，图 5-3 中的 OA、OB、OC、OD 分别代表国家、地方政府、公众社会和职业院校围绕着职业教育统筹发展治理的努力程度和方向，但所有射线并没有具体的数值标度，也不能像普通向量一样做数学运算（事实上，在职业教育统筹发展的治理体系中，四

① 张维迎：博弈论与信息经济学 ［M］.上海：上海三联书店，上海人民出版社，1996：11.
② Molnar A. School Reform Proposals：The Research Evidence ［M］. Connecticut：Information Age Publishing，2002：139.

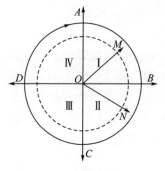

图 5-3　职业教育统筹发展
的 360°治理模式

大治理主体之间的治理关系也都不能进行简单的数值运算）。相应形成的四个区间为不同的常态治理区，即区间Ⅰ到区间Ⅳ，依次为国家—地方政府治理区、地方政府—职业院校治理区、职业院校—社会公众治理区和国家—社会公众治理区。当然，这四个治理区并不能代表全部的治理区域，在 360°治理模式中，根据参与主体的不同和参与程度的差异，会出现无限多的任意治理主体组合的不同治理区域，如图 5-3 中，扇形 *MOB*、扇形 *MON* 和扇形 *MOC* 均为不同性质的治理区域。整个职业教育统筹发展治理在这个模型中前后相续地完成，显现出逻辑上的先后顺序，而在真实的具体实践中却呈现为不同治理区域的治理行为同步发生。

（三）360°治理模式的"四性"表征

1. 公共理性

传统科层制的"被迫服从"和"上下共谋"是对公共理性的背离，360°治理模式却始终围绕着职业教育统筹发展治理的核心诉求，以公共理性为半径去构建不同的治理区域。公共理性直接决定了最终的治理效用，假如公共理性没有得到应有的尊重而不能发挥作用，那么整个 360°治理模式将不复存在。所以说，公共理性是 360°治理模式的第一表征。

2. 开放性

360°治理模式除却了传统治理模型的多重制度阻隔，基于四大治理主体的广泛参与而建构起来，广泛听取各方意见，治理决定的过程与决策的结果对外公开，开放、平等、民主的话语空间为解决职业教育统筹发展过程中的信息不对称或不完全问题提供了有效的制度保障。

3. 系统性

360°治理模式以国家治理为主导，以地方政府治理为重点，以职业院校治理为基础，公众与社会的治理为舆论监督，四大治理主体随机组合建构出不同的治理区域，凸显出更为强大的横向整体统筹能力，在新的制度安排和公共理性指导下，所有的治理主体和治理要素组成一个完整的开放系统，催生职业教育统筹发展的最终成就。

4. 实践性

360°治理模式是在修正与规避传统治理体系的缺点的基础上组构而

出，具有深刻的实践基础。而建构此模型的最终目标也是改良传统的职业教育统筹发展治理模式，推动职业教育发展，事实上，在所有的教育类型中职业教育的发展是最可能促进城乡社会统筹发展的。所以，360°治理模式的最终指向也是实践性的。

二、职业教育统筹发展 360°治理模式的制度设计

直接决定职业教育统筹发展 360°治理模式最终绩效的因素：一是治理区域角度的大小，这涉及治理主体参与的广度；二是公共理性的半径，这决定着治理范围的大小，涉及治理范围与治理能力、治理强度等系列变量因子。为充分发挥 360°治理模式的治理效能，要把影响治理指数的行为变量做好相应的制度设计。

1. 治理的广度——参与

治理的广度主要是指职业教育统筹发展某一具体治理领域中治理问题和治理事宜的多寡，它标志着整个治理模型的开放度和参与度。本模型可设置为完全开放、半开放、以开放为例外、以开放为原则等多个等级。开放领域可以包括职业教育统筹发展的办学、资金投入、管理、师资等宏观层面的统筹，涉及国家、地方政府、职业院校和社会公众四大治理主体的各个治理区域。

2. 治理的宽度——理解

治理的宽度通常是指有资格进入职业教育统筹发展治理体系的主体的众与寡，它所衡量的是治理主体对职业教育统筹发展治理模式的理解程度。基于理解程度的差异，本模型可以设定为零理解、公众型理解、利益相关者理解、当事人式理解、专家型理解等。宽度和广度是息息相关的两个维度，要通过一种全景开放式参与，吸纳观察者、评论者等多种身份的治理人通过论坛等各种途径理解职业教育统筹发展。

3. 治理的深度——认同

治理的深度一般用来衡量职业教育统筹发展的治理认同及其理由的深浅，显示出治理模式的社会穿透力和辐射力的强弱。认同度可以自上而下可以分为多个层次：合乎法性、合乎法律、合乎比例（比例分配原则）、合乎理性、合乎道德、合乎自由。通过治理深度的有效控制，可以为职业教育统筹发展制度安排和实践获取更多的民意支持和行动基础。

4. 治理的强度——遵从

治理的强度就是职业教育统筹发展治理主体对公共决定影响力的意愿表示，这是在参与、理解和认同的基础上的外在行为表现。按照由弱到强

的顺序可以依次设定为以下级别：不予遵从、选择性遵从、基本遵从、主要遵从、唯一遵从等。听从政令与执行决策是最为常见的治理强度呈现方式。然而，最大的治理强度并不一定会有最好的治理效果，最为典型的就是那些排他性遵从会使得一项决策百分百地执行而其他决策完全落空。

三、职业教育统筹发展360°治理模式的运行机理

在整个360°治理模式中，职业教育统筹发展的核心诉求是动力，公共理性是灵魂，制度设计是基础，"基于参与、因为理解、出于认同、自愿遵从"则是其明白不过的游戏规则。如图5-4所示，在信息畅通、开放自由、理性民主的360°治理模式中，国家、地方政府、职业院校和社会公众在公共理性的指导下，以职业教育统筹发展的当前核心诉求为出发点，在新的制度安排中受到各自治理逻辑的驱使，广泛参与职业教育统筹发展的各区域治理，通过理解（这种理解包括在问题认识、决策和措施上的分歧）而深度认同，认同之后再自觉遵从，最终共同完成职业教育统筹发展的伟大实践。

1. 开启：响应诉求而广泛参与

360°治理模式是基于问题和面向实践的职业教育统筹发展治理模式。开启本模型运转的钥匙只能是职业教育统筹发展实践中的核心诉求，即职业教育统筹发展的一个个具体的问题。以职业教育统筹发展中城乡师资流动为例，因为历史和现实的种种原因，城乡职业教育在师资上严重失衡，农村职业教育师资严重缺乏，成为了阻碍农村职业教育发展的重要困厄之一，而城市职业教育的师资却因为相对的结构性盈余而造成了师资利用的低效率和人才人力资源浪费。为改变农村职业技术教育师资严重匮乏和城市职业技术教育师资结构性盈余的现状，通过城乡职业教育教师的良性流动促成城乡职业教育师资利用的高效率，以此解决职业教育统筹发展的师资困厄成为了一种核心诉求。基于这种问题现状和统筹治理的理性需要，国家、地方政府、职业院校和社会公众都会在自主意识和公共理性的唤起下关注于城乡职业教育师资流动问题，并积极参与其中。

2. 推进：制度之下的深刻理解

各大治理主体因为公共理性而对公共利益和公民品德表现出高度的尊重，在响应职业教育统筹发展核心诉求的呼吁中进入了统筹治理体系。同时，在不同治理逻辑的驱使下，各大治理主体会在360°治理模式中基于自我的视角，把城乡职业教育师资流动的问题"在此领悟"。这种没有多重制度藩篱的时空环境中，组织压力、信息不对称都将不复存在，职业教育

统筹发展的治理者自由、民主地追问和反思当前大的时空背景下城乡职业教育教师流动的合法性、元动力、可能的类型和实然的表征等系列治理事宜，把职业教育统筹发展师资流动的治理问题纳入国家、地方政府和职业院校共同的办事日程，民主协商、共同抉择。当各种各样的关于职业教育统筹发展师资流动的思想和意识流汇聚一起，相互碰撞，就形成了自主意义上的"头脑风暴"。如此一来，"在此领悟"和自主式的"头脑风暴"就为实现职业教育统筹发展的善治提供了基础。

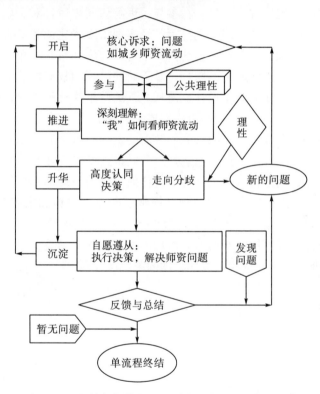

图 5-4　职业教育统筹发展 360°治理模式的运行机理①

3. 升华：高度认同或走向分歧

当然，深刻的理解之后除了达成高度的共识之外，完全有走向分歧的可能。例如，在城乡职业教育师资的流动有"法令规则机制""自由选择机制"和"公民责任机制"，究竟哪一种或哪几种机制更能满足当前职业教育统筹发展治理的需要，或者说当前的治理环境下城乡职业教师的流动

————————

①　为使论证更为具体透彻，以城乡职业教师流动为分析案例。

该走哪一条道路等问题，都会成为可能的分歧。但是，不管是高度的认同还是走向分歧，两者共同表明了问题解决的难度系数和可能性系数，如若在当前的治理范围和治理能力下问题能够解决，那么走向共同治理和自觉遵从是治理流程的必然；反之，则共同的分歧将成为一个新的问题再次回到治理的开启点，进入新一轮治理。

4. 沉淀：自愿遵从与问题解决

事实上，自愿遵从和问题解决并不是 360°治理模式发挥作用的最后一道或最重要的一道流程。首先，在参与、理解认同之后，对于城乡职业教师流动治理的问题决策、路径选择等已经实现了最优化或者最合理化，各治理主体的职责和分工也在充分的协商中得以明确和科学安排，遵从和执行是对会后诺言与个体职责的履行。基于共同决策的权威性和透明性，也因为公共理性和最初的制度设计，遵从之下的政策执行将不再是"层层加码"和"被迫服从"，更不会是单向度成果验收的"上下共谋"。自觉而民主的共同治理足以唤醒公民的志愿和政府的责任履行，城乡职业教育师资流动的政府机制设计与公民志愿选择将共同推进城乡职业教育师资利用的最高效，从而让问题得以解决。其次，任何问题的治理都不可能一劳而永逸，不断发展变化的时空环境与制度规则需要治理决策和措施与时俱进，所以单个治理流程实施完结之后的反馈与总结至关重要。一方面总结经验；另一方面发现问题，开启新的治理流程，更重要的是要通过新一轮的"开启—推进—升华—沉淀"实现治理的第二次飞跃。

第六章　职业教育统筹发展的机制构建

职业教育统筹发展主要有自组织动力、他组织动力和共组织动力三种动力，因此，要从职业教育统筹发展的根本需求、物质依托、前进方向和发展创新四个维度去构建并拓展职业教育统筹发展的动力机制。以"和谐共生"为目标，理顺办学机制、管理机制、人才培养机制和招生就业机制等多重内部运行机制的关系。同时，要在职业教育统筹发展的进程中，构建职业教育与区域社会联动发展的多重机制、职业教育与区域经济协调发展的体制机制、职业教育与区域文化联动发展的相关机制。

第一节　职业教育统筹发展的动力生成机制

随着经济全球化步伐的加快和信息产业的迅速崛起，坚持科学发展观，走城乡"统筹兼顾、均衡发展"之路已成为当前中国经济社会可持续协调发展的明智选择。职业教育作为与经济社会联系最为紧密的教育类型，决定了其更应走在"统筹兼顾、均衡发展"改革之路的前列。当前，制约中国职业教育可持续发展的最大障碍是农村职业教育的严重落后，因此，研究城乡职业教育统筹发展的动力机制具有重要的战略价值。

一、职业教育统筹发展动力机制的要素维度

动力机制，是指符合社会发展客观需要的社会手段和措施。[①] 城乡职业教育统筹发展的动力机制则是指符合城乡职业教育统筹发展需要的各种社会手段和措施。通常来讲，城乡职业教育统筹发展的动力机制可以分为自组织动力、他组织动力和共组织动力三种力量。

（一）自组织动力

自组织动力是指某特定组织内部的各种元素通过其自身相互运动而产生的某种内在动力。就职业教育而言，是指职业教育组织内部诸如教育理念、教育目标、教育方向、教育条件、教育过程、教育质量等构成元素自

---

① 　刘芹茂，杨东.我国教育发展的动力机制 [J].教育与经济，1992，(3)：45-48.

身相互运动时所产生的一种力量。这种力量能促使职业教育组织内部的各构成元素按照一定的序列科学地排列组合，进而体现职业教育为经济社会发展及科技文化进步服务的功能。

（二）他组织动力

他组织动力是指某特定组织外部的各种与该组织发展有关的元素在非线性运动的过程中所产生的一种潜在力量，其实质也是某一组织内部的各组成元素自组织运动时所产生的一种力量，但该力是位于某特定组织之外却与该特定组织有关的各组成元素相互运动时所产生的，属于"他"的范畴，故称之为他组织动力。落实到职业教育，是指职业教育组织外部各种与职业教育发展相关的诸如政治、经济、文化、科技等元素在相互作用的过程中所产生的一种力量。这种力量能促使政治、经济、文化、科技等元素以职业教育的协调发展为目标走向科学组合与排列。

（三）共组织动力

共组织动力是指某特定组织内部的各种元素与该特定组织外部的相关元素在相互交流等非线性运动时所产生的一种能促进该特定组织可持续发展的整合力，其实质也是各元素自组织运动时所产生的一种力量。但由于其在两个不同组织之间运动且其所追求的是各种影响因素的统筹发展与共振运动，其产生的力可称之为"间力"，属于"们"的范畴，所以把这种力称之为共组织动力。在职业教育这个组织中，该组织内部的理念、目标、质量等元素与该组织外部的政治、经济、文化等成分在共组织动力的促使下按照规律加以整合排列，以保障职业教育组织协调、均衡发展。

自组织动力关注的角度侧重于职业教育组织内部，他组织动力侧重于职业教育组织外部，共组织动力则关注职业教育组织内部与该组织外部之间的有机运动，侧重于系统各元素非线性运动时合力的生成及共振效应的产生。这三种动力之间的有机组合及相互影响构成了职业教育统筹发展的动力机制。

二、职业教育统筹发展动力机制的生成探究

城乡职业教育统筹发展的动力机制由自组织动力、他组织动力和共组织动力构成，其动力的强弱受到多种因素的影响。

（一）自组织动力的生成因子探析

自组织动力属于职业教育组织发展的内在动力。教育理念、教育目标、教育方向、教育条件、教育过程、教育质量等是自组织动力生成的重要影响因素，这些影响因素存在着复杂的逻辑关系，如图 6-1 所示。

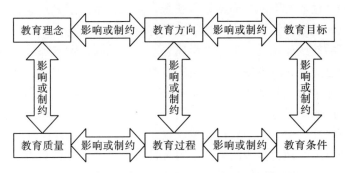

图 6-1　自组织动力生成各影响因素间的逻辑关系

影响自组织动力生成的首要因素应是教育理念的科学程度，它在自组织动力机制中起着统摄作用。教育理念的科学程度直接关系到教育目标的确定、教育方向的明辨、教育条件的完备、教育过程的畅顺和教育质量的提升以及它们之间相互作用频度的大小。教育理念的科学程度与各职业机构教师的职业情感、办学理念、精神信念、"三风"建设及校规校训有关。职业情感体现了教育情怀，办学理念显现了教育追求，精神信念凸显了教育激情，"三风"建设隐现了教育风尚，校规校训彰显了教育激励，而情怀、追求、激情、风尚及激励等元素的科学匹配则是城乡职业教育统筹发展等先进教育理念形成的基础，是自组织动力生成的前提条件。

影响自组织动力生成的第二个因素是教育目标的确定，它在自组织动力生成中起着激励、导向作用。教育目标的确定，直接影响教育理念的实现深度、教育方向的明晰幅度、教育条件的完备程度、教育过程的畅顺效度和教育质量的提升高度及它们之间非线性运动的厚实度。教育目标的确定应首先从职业教育统筹发展专业建设的宏观层面做好农林畜类专业的总体目标规划，明确自己的专业发展目标定位；其次，要立足于职业教育统筹发展课程建设的中观层面，全面落实好课程体系、教材内容、教学手段等阶段目标的设定，体现出课程建设的战略发展目标定位；最后，要着眼于职业教育统筹发展实践教学的微观层面，以轮流顶岗实习、综合社会实践、高科技农业园见习等具体目标达成为对象，做好实践教学的整体发展布局目标定位。

影响自组织动力生成的第三个因素是教育方向，它在自组织动力生成中起着路标指引作用。教育方向明辨，首先是指职业院校的管理者要树立起清晰的统筹兼顾、协调发展的办学思路，改变过去那种以城市发展为中心的办学取向。要把城乡职业教育的均衡发展作为自己的行动指南，改革以前那种"输血式"的单向型教育观念。要以科学的统筹理念来制订学校的长远发展规划，注重突出农村职业教育应有的发展地位。其次是指职业院校教师的教风要纯洁、学生的学风要浓厚。教师要抛弃那些鄙视农村职业教育的思想，在改革中纯化自己的教育心态；要勤于关心那些来自农村或选修农业类专业的学生，在沟通中催生自己的教育激情。对学生来说，要调整自己的学习心态，弱化自己"跃龙门"的求学动机，理解城乡统筹发展的重要性，树立起为农村繁荣、农业振兴而学的良好风气。

影响自组织动力生成的第四个因素是教育条件的完备与否，它在自组织动力机制中起着基础保障作用。教育条件的完备性，从校内维度来看主要是指师生资源，关注的是选修农林畜类等专业的学生数量、从事农林畜类等专业教学的专业课教师的比例、担任农林畜类等专业实训课教学的教师结构等，他们的质量与数量不但是教育条件完备与否的重要指标，更是自组织动力机制正常运转的人力保障；从校外来说则主要看各项规章制度是否突出了城乡职业教育统筹发展的重要性、教学设施是否彰显了农村职业教育的应有地位、教学环境是否体现了城乡职业教育统筹发展的要求。可以说，教育条件的完备与否，直接关系到自组织动力的生成强度。

影响自组织动力生成的第五个因素是教育过程的畅达度，它是自组织动力生成的关键性环节。城乡职业教育统筹发展的侧重点是农村职业教育的发展，而农村职业教育的发展需要通过教育过程来加以体现。教育过程能否畅达，关键在于农村职业教育的日常教学是否规范、统筹教学理念是否落实、课外教学活动是否丰富、实践教学设施是否齐全、顶岗实习教学是否科学。同时还应注重城乡职业教育统筹发展的教学理论研究，在课堂教学中、在校外实习时不断总结教学经验、提炼教学精华，并逐步升华为教育理论。另外还要重视室内文化课程、校内实习课程、校外实训课程三类课程的建设，加大文化课教师、专业课教师和实习课教师三支教师队伍的建设力度，力图通过文化修养、技术习得、顶岗锻炼三类课堂的实施来落实教学活动，从而让教学过程充满活力，促使自组织动力的生成。

影响自组织动力生成的第六个因素是教育质量，教育质量的优劣程度是自组织动力生成的后续保障及外在表征。城乡职业教育统筹发展的关键是农村职业教育的发展，其教育质量的优劣主要通过城乡学生就业观念、创业意识等文化思想素质的改变、农村富余劳动力转移数量的变化、农工商一体化经营规模的大小、农村居民经营管理水平的提升、农用生产科技水平的提升程度、乡村精神风貌的改善幅度等来体现，由素质、数量、规模、水平、技术和风貌等元素构成的教育质量不断地与其他要素相互作用，共同影响自组织动力的生成。

（二）他组织动力的生成因子探析

他组织动力的生成要素受到道德规范、政治气候、经济基础、舆论环境、文化类型、科技水平等元素的影响，这些元素是以职业教育组织的协调发展为轴心而加以匹配运动时所产生的一种力量。影响他组织动力生成的各构成因素之间存在着复杂的逻辑关系，如图6-2所示。

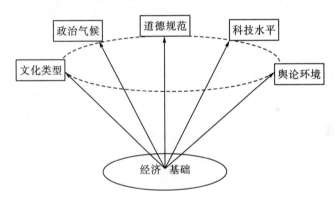

图6-2　他组织动力生成各影响因素间的逻辑关系

他组织动力生成的首要影响因素是经济基础，包括产业类型、市场规模、就业结构等子因素。例如，产业类型中转基因农业的规模和高科技农业的产量及纯绿色产品的数量、市场经营中农产品的供求状况和涉农产业的服务质量及农业产业链的循环态势、就业结构中农业人口的比重和城市中农民工的数量及工业乡村化的规模等都是经济实力的外在表征。而所有这些因素的发展都需要有一个重视城乡统筹发展的舆论和文化背景，都需要有一个注重城乡均衡发展的道德规范和政治气候作保障，都需要以一定的科技和经济实力作为城乡统筹发展的支撑点。

他组织动力生成的第二个影响因素是政治气候，它是城乡职业教育统筹发展他组织动力产生的政策保障，包括各级政府或部门的法律、法规和条令。例如，全国人民代表大会通过的《职业教育法》第七条规定"国家采取措施，发展农村职业教育，扶持少数民族地区、边远贫困地区职业教育的发展"；国务院出台的《大力发展职业教育的决定》规定职业教育应继续强化农村"三教"统筹，促进"农科教"结合，积极开展城市对农村的对口支援工作，为社会主义新农村建设服务；共青团中央、教育部发出的《关于加强农村青年职业教育和成人教育的意见》要求培养适应 21 世纪农业和农村经济发展需要的新型农民，为农村地区的两个文明建设服务。诸如此类的法律法规、政策文件等都为城乡职业教育的统筹发展提供了优质的政治土壤，保证了城乡居民的职业道德规范建设和技术文化氛围的养成都沿着正确的方向运行，有利于农村职业教育优先发展等主导舆论环境的构建。然而，法律、法规和条例等政治气候的构建，都必须建立在一定的经济基础之上，并以一定程度的科技力量为支撑，也正是它们之间存在着这样的协调运动，才促使他组织动力源源不断地生成。

影响他组织动力生成的第三个因素是舆论环境，它是影响他组织动力生成的外围土壤。这里的舆论环境专指城乡统筹发展的教育理念，农村居民参加职业技能培训的意愿和农村孩子选择就业岗位的观念以及社会对职业教育地位的认识。如果能改革过去那种以城市优先发展为取向的职业教育理念，改变现阶段职业教育为劣等教育的认识观、摒弃当前这种以"跳龙门"为最终目的的、以"捧铁饭碗"为最后手段的传统就业观念，达成终身学习、回归学习的教育意愿，则城乡职业教育统筹发展就会有良好的舆论基础，并最终和其他影响因素一起，共同促使他组织动力生成。

他组织动力生成的第四个影响因素是道德规范，包括爱国守法、明礼诚信、敬业奉献等内容，其决定着他组织动力产生的伦理方向。职业教育的培养对象是人，如何正确处理好人与自己、人与他人、人与社会的关系，正是职业教育的重要内容之一。城乡职业教育统筹发展的目的就是要培养一大批具有爱国兴乡之愿、守法诚信之心、敬业奉献之情的新型农民和高素质员工，以保障城乡经济社会的协调可持续发展。因此，加强对城乡居民的职业道德规范教育，提高职业道德规范与政治气候、经济基础等影响元素的匹配度，有利于他组织动力的生成。

第五个他组织动力生成的影响因素是文化类型，它是制约城乡职业教育统筹发展他组织动力生成的主要影响因素之一。文化类型主要包括传统文化、技术文化和外来文化三种。[①] 中国几千年来重人伦修养、轻技术传授的传统文化导致广大农村居民认为接受教育的目的就是为了通过离乡做

①　刘合群.职业教育学［M］.广州：广东高等教育出版社，2004：47.

官来光宗耀祖，再加上近年来受外来文化中某些腐朽思想的侵蚀，导致城乡居民对职业教育缺乏热情，技术文化修养明显不足，严重影响文化类型与其他影响因素的协调发展，不利于他组织动力的生成。

第六个他组织动力生成的影响因素是科技水平，它是城乡职业教育统筹发展他组织动力生成的催化剂，主要包含管理技术、营销技巧、制作技能等。城乡职业教育统筹发展的目的之一是要培养一大批懂管理、善营销、会制作的新型农民，农民管理技术的高低、营销技巧的多寡、制作技能的熟练程度关系到农民的增收程度。因此，科技水平越高、技术转化越快就越能驱使城乡居民主动接受职业教育、不断提高自身的生产能力，进而促使他组织动力的自动生成。

(三)共组织动力的生成因子探析

共组织动力是由影响自组织动力和他组织动力生成的各种元素在科学合理匹配的过程中所生成的，如图6-3所示。共组织动力生成的第一个重要影响因素是自组织动力与他组织动力各影响因素的开放性。这里的开放性，是指各影响因素与外界环境间的互通有无。耗散结构理论认为，"非平衡是有序之源"。①各影响因素要想实现向新的有序态转化，就必须保持开放态，不断与外界进行能量、物质和信息的交流。共组织动力是自组织动力和他组织动力的影响因素在协调发展共同作用的过程中所产生的一种间力，而无论是在自组织动力的影响因素中还是在他组织动力的影响因素中都存在着许多因素"自生的结构熵"，如二元化导向的经济社会状况、城市化取向的职业教育管理体制、工业化倾向的专业设置标准、线性化走向的经费投入机制、轻农化趋向的教学运行方式、定势化取向的人才管理模式等，都是此类结构熵的典型外部表征。为了抵偿这种结构熵，所有的影响因素都必须保持高度的开放性，不断地互通有无，如从城乡职业教育统筹发展的教育理念的科学度、教育过程的畅达度、教育质量的优劣度、经济基础的厚实度、政治气候的适宜度、科学技术的转化度等的改善来吸取外部的负熵流，以实现影响因素有序态的转化。这种不断从外部吸取负熵流的过程，就是共组织动力生成的过程。

共组织动力生成的第二个重要影响因素是自组织动力与他组织动力各影响因素的动态性。动态性是指自组织动力与他组织动力各影响因素之间的竞争与协同。竞争的根源是资源的稀缺性，竞争的路径是两种因素之间

① 普利高津.耗散结构 [J].自然科学哲学问题，1981，(1)：175-176.

某些元素的相互排斥或相互赶超。城乡职业教育发展失衡的局面就是因职业教育组织内的元素无序竞争导致的资源配置不均所造成的。例如，计划经济时代行政指令式的就业体系导致农村职业教育采取了以确保城市经济优先发展为取向的"输血"式的人才培养模式，最终使农村职业教育在竞争中处于劣势地位，拉大了与城市教育的差距，激化了城乡二元矛盾，这种不正常的竞争格局，导致自组织动力和他组织动力的各种影响因素之间处于信息不对称状态，出现了闭路障碍，不利于外部负熵流的吸取，制约了共组织动力的生成。

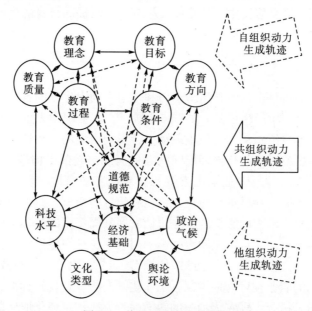

图 6-3　共组织动力生成轨迹

协同的关键在于物质间的关联性，协同的动因在于追求整体大于部分之和以及共振效应的产生。城乡职业教育统筹发展就是要充分发挥协同的作用，以达成共振的效应。例如，城乡职业教育自组织动力影响因素中的教育条件因素不但需要与教育质量、教育管理等相关因素进行协同来生成动力，而且还需要与他组织动力影响因素中的经济基础、科技水平等因素进行协同来产生共振效应。同样，他组织动力影响因素中的经济基础、科技水平等因素在受到其所属相关因素影响的同时，还要受到自组织动力影响因素中的教育质量等特定因素的制约，要与自组织动力影响因素中的相关因素保持一种协同关系，所以这两种影响因素之间的竞争最后只能通过妥协，以一种大家都能接受的方式生成各自的组织动力，它们之间的这种妥协过程，就是共组织动力形成的过程。为此，在城乡职业教育统筹发展过程中，应注重发挥协同因子的作用，积极催生共组织动力，在重视农村职业教育发展的同时，也要防止城市职业教育的滑坡，避免"城市农村化""乡村真空化""农业工业化"等消极统筹现象的发生。

三、职业教育统筹发展动力机制的路径拓展

城乡职业教育统筹发展的动力机制是一个由自组织动力、他组织动力和共组织动力共同构成的动态机制，它必须遵循一定的运动规律、依托一定的路径保障才能科学有序地向前发展，为保障城乡职业教育统筹发展动力的强劲度和持续性，需要在城乡职业教育统筹发展动力机制的路径上寻找拓展。

（一）需求——动力机制运行的根本要求

需求是指组织内部的一种不平衡状态。从需求对象层面可以划分为满足个体成长的需求和完善市场发展的需求两种类型。具体到职业教育，则是指接受职业教育的学生自身提高的需求、职业教育学科体系完善的需求、城乡经济社会可持续发展的需求。城乡职业教育统筹发展的动力机制是一个由自组织动力、他组织动力和共组织动力共同构建的动态机制，城乡经济社会的可持续发展是动力机制运行的外在市场需求，城乡职业教育体系的不断完善是该机制的内在需求，城乡居民不断增长的精神和物质需求是该动力机制运行的不竭追求。中国经济社会的持续发展，迫切需要调动广大农村地区居民参与经济建设的积极性。实现这一目标：一是要加大对农村经济发展的支持力度，大力发展生态农业、观光农业、转基因农业等高科技农业，形成农、工、商相互渗透，科技，农产品生产、加工、运输、销售和农资供应等一体化经营的模式。二是通过农产品提价，增加诸如土地休耕、各种农业灾害、环境保护等多方面的补贴，努力提高农民的收入。只有当农村在繁荣、农民在富裕、农业在振兴时，城乡职业教育的统筹发展才会有不竭动力。三是加大职业教育自身的改革力度，从财政投入、资源配置、师资力量、专业设置、管理体制、教学模式等方面入手，走"以乡促城、以城带乡"式的职业教育改革之路，努力提高人才培养质量，满足城乡居民不断提升的精神与物质文化需求，实现职业教育体系逐渐完善的诉求。

（二）条件——动力机制运行的物质依托

条件是事物存在、发展的影响因素。任何事物的发生与发展，都必须建立在一定的物质条件基础之上，城乡职业教育统筹发展的动力机制也不例外。无论是自组织动力还是他组织动力或是共组织动力，要么互为条件或基础，要么就以其本身为保障或导向。例如，自组织动力不仅要以他组织动力的经济基础、科技水平、社会环境、政治气候、舆论氛围、道德规范等影响因素为其发展的条件基础，而且还要以其自身的教育理念、教育质量、教育目标等影响因素为依托，他组织动力更是如此。为了提高教育质量，满足农村经济发展对农林畜类专业人才的需求，政府需要：一是尽快出台大力推进农村工业化政策，加强农村地区的基础设施建设，积极推进农村工业化进程，保障农村工业及家庭手工业及传统技艺的发展，不断改善农村职业教育的环境。二是加快制定有利于城乡职业教育统筹发展的法律法规，如国家制定《城乡职业教育统筹发展法》、地方政府出台一些有益于农村职业教育发展的相关规定等，从规章制度、政策措施等层面来确保农村职业教育的优先发展。三是逐渐改良过去那种鄙视农桑的传统文化、"学而优则仕"的封建伦理、唯利是图的道德规范、职业教育是劣等教育的舆论，注重传统文化的创新，走城市反哺农村、工业反哺农业、市民帮扶农民之路，以农工商一体化经营、高科技农业区、创业典型案例等多种形式来建构一种有益于城乡职业教育统筹发展的良好氛围，不断缩小农村与城市的发展差距，最终实现共同富裕的夙愿。

（三）评价——动力机制运行的方向保障

巴隆（Bloom）认为，评价就是对一定的想法、方法和材料等做出价值判断的过程，具有诊断、导向和激励等功能。城乡职业教育统筹发展的动力机制是一个由自组织动力、他组织动力和共组织动力构成的呈开放态和动态性的复杂组织，其必须不断与组织外部进行物质、信息和能量的交换，以获取其生存所必需的负熵流。但并非外界所有的熵流都是负的，都能起到抵偿和减退机制自生熵的作用，为此，很有必要运用评价工具，获得能起到抵偿和减退机制自生熵作用的负熵流，以保证动力机制运行的正确方向。在动力机制运行过程中，应科学运用评价工具，对来自外界的熵流进行诊断和控制，为负熵流的输入进行导向，坚决防止和杜绝城乡职业教育改革过程中各种消极熵流的产生，避免一边倒"唯农化"教育思潮的泛滥，使动力机制保持科学的运动状态和正确的前进方向。

（四）创新——动力机制运行的永恒主题

创新是一种综合素质，是一种积极开拓的精神状态和行为表现，是潜在能力的迸发。[①] 要想实现城乡职业教育的统筹发展，使动力机制运行永葆动力，就必须在发展过程中敢于创新、勇于开拓。具体来说，在自组织动力生成中，应主要从教育理念、教育过程两个方面入手，树立起与时俱进、统筹兼顾的教育理念和管理思路；在他组织动力生成中，应从政策制定、科技帮扶等方面着手，立足于区情、着眼于国情、大胆创新，勇于开拓，努力提高科技水平，制定出适合城乡职业教育统筹发展的法律法规；在共组织动力生成中，应立足于经济基础，以教育质量和科技水平的革新为主线，在动态性和开放性方面加大农用技术转化和农村人才培养的创新力度，实现城乡职业教育的协调发展。

第二节　职业教育统筹发展的内部运行机制

职业教育统筹发展的内部运行必须要有明确的目标取向，必然是和谐的、共生共荣的、一体化的统筹发展。其内部运行机制主要包括办学机制、管理机制、人才培养机制和招生就业机制四个方面的内容与工作。

一、职业教育统筹和谐发展的目标取向

"共生"一词源于希腊语。首先是由德国真菌学家德贝里在 1879 年提出，他将"共生"定义为不同种属生活在一起（living together）。针对这个十分宽泛的定义，布克纳、科瑞勒、刘威斯对"内共生""寄生、互惠共生、同住现象"进行了广泛的研究。在此基础上，斯哥特（Scorrt）认为，共生是生物体生命周期的永恒特征和生理上彼此平衡的状态。[②] 随后欧洲学术界普遍把"共生"限于两个有机体互惠的范围。随着相关研究逐渐扩展，20 世纪 50 年代后，人们逐渐发现人与人之间、组织与组织之间存在着与生物界类似的共生关系。共生系统的共生单元、共生模式和共生环境三要素之间相互影响、相互作用，共同致力于共生系统的动态变化。这就是说"共生"不仅是一种生物现象，也是一种社会现象；不仅是一种生物

---

① 张玉荣.论创新教育与创新型人才的培养 [J].教育探索，2006，(5)：10-12.
② 袁纯清.共生理论——兼论小型经济 [M].北京：经济科学出版社，1998：7.

识别机制①，也为我们研究社会现象提供了一种全新的研究方法。

那么，什么是和谐？我国著名学者张诗亚从中国博大精深的甲骨文象形文字中演绎出"和"的本来含义，他将"和"比喻为琴瑟共奏，每个琴瑟长短、粗细不一，却能发出"和"的音调，意指各部分既要不同，又要与总体统一，是谓"和而不同"。其意蕴只有在不同声音、不同看法、不同认识的基础上，将各自的特色融入一起，才能"谐"。② 即和谐不是单一化，不是统一化，而是让多样性的东西在一体的情况下融合发展。张诗亚对"和谐"的解释与"共生"的内涵有异曲同工之意。在共生系统的共生单元、共生模式和共生环境三要素中，共生单元是基础，共生环境是重要的外部条件，共生模式是能否实现共生的关键。

（一）共生单元：职业教育统筹和谐发展的基础

共生单元是指构成共生体或共生关系的基本能量生产和交换单位，它是形成共生体的基本物质条件。③ 任何共生单元都会优先选择共生度和关联度好的对象作为其共生单元，共生度和关联度决定共生单元的匹配性。在城乡职业教育和谐发展的过程中，要提高城乡职业教育这两个共生单元的共生度和关联度，必须寻找两者间相互兼容的变量。在当前区域经济发展过程中，城市走新型工业化的发展道路主要依靠能源、新型技术的兴起以及原有工业的升级改造，并带动当地房地产、旅游、金融等服务产业的发展。而农村经济的发展则强调在改造传统农业的基础上走新型农业现代化之路。这一模式所导致的一个直接后果就是城乡职业教育没有形成一体化的发展模式，两者间的共生度和关联度存在断层，共生单元间缺乏有效的价值链。因此，要促进城乡职业教育发展的和谐共生发展，就必须加强共生单元间的关联度。

（二）一体化共生模式：职业教育统筹和谐发展的终极目标

共生模式包括共生组织模式和共生能量模式，前者可分为点共生、间歇共生、连续共生和一体化共生等状态；后者可分为寄生关系、偏利共生关系和互惠共生关系等状态。④ 在诸种状态中，互惠共生存在共生单元间

---

① 萧灼基.共生理论序言［M］.北京：科学技术出版社，1988：8.
② 张诗亚.和谐之道与西南民族教育［J］.西南师范大学学报（社会科学版），2007，（1）：65.
③ 袁纯清.共生理论及其对小型经济的应用研究（上）［J］.改革，1998，（2）：103.
④ 孙健.基于共生理论的职业技术教育集团研究［J］.教育与职业，2011，（11）：8.

双向的能量信息沟通，双方在保持各自独立性的同时，能实现两者利益的最大化，并结成共生共荣的伙伴关系，一旦形成长期稳定的可持续性关系，也就形成了一体化共生状态，所以对称互惠一体化共生模式是共生系统存在的最优状态。改革开放 30 多年来，我国经济得到迅猛发展，城乡产业结构开始升级和调整，城乡居民生活水平有了大幅度提高，但城市的发展更为突出和快速。与此相对应，城市职业教育为促进城市经济发展提供了技术和人才，而农村职业教育的发展却一直在培养新型农民，其特色不鲜明、办学定位不准确等问题困扰着其发展，使得在城乡职业教育共生系统中，两者更多地表现为一种非对称互惠的关系，造成城乡职业教育的自我造血机能受到很大影响。为了使两者能实现帕累托效应，必须促成城乡职业教育按对称互惠共生模式向理想状态和终极目标进化。

（三）共生环境：职业教育统筹和谐发展的前提

共生环境是共生关系存在发展的外在条件，即共生环境是共生单元以外的一切影响因素的总和。它们之间的相互作用通常以物质、能量和信息的互流来实现，对任一共生单元来说，环境对它的作用有正向的、中性的和反向的，与之相对应，共生单元对所处环境的反应也表现为正向的、中性的和反向的，而共生单元与环境的双向激励是最佳的共生环境。[1] 对城乡职业教育共生系统而言，共生环境主要体现为城乡职业教育和谐发展所需要的政治环境、区域经济发展环境、制度环境等。我国在 20 世纪形成的城乡二元结构和目前比较突出的"三农"问题等都是城乡职业教育和谐发展的反向环境。自党的十六大报告明确提出城乡统筹发展是全面建设小康社会的一项重要任务以来，社会各界越来越意识到城乡统筹是解决"三农"难题的最佳途径和关键点。政府的重视、城乡统筹综合改革实验区的推进和学术界的深入研究等都为城乡职业教育共生系统的发展提供了良好的宏观共生环境，而城乡职业教育共生单元的体制与机制建设就是从微观层面构建了良好的共生环境。

二、职业教育统筹和谐发展的内部运行体制

为了促进城乡职业教育和谐共生，必须针对城乡社会经济结构和教育现状，按照共生发展规律，构建促进城乡职业教育共生系统与共生环境形成持续的双向激励的共生体制。城乡职业教育共生系统的体制建设越完

---

① 　袁纯清.共生理论——兼论小型经济 [M].北京：经济科学出版社，1998：5.

善，城乡职业教育共生单元与环境的双向激励就越强，城乡职业教育和谐共生进程的推进就越快。

（一）办学体制：对称互惠集团化共生体制

城市和农村的职业学校、行业、企业、政府等共生单元构成了职业教育的共生系统。《国家中长期教育改革和发展规划纲要（2010—2020年）》明确指出，要健全政府主导、社会参与、办学主体多元化、办学形式多样化、充满生机活力的办学体制。但长期以来政府、社会与学校等共生单元间的合作缺乏有力的载体。共生单元间，如多元办学主体间的关系不顺成为现行办学体制焕发生机活力的桎梏。职业教育对称互惠，集团化共生办学体制以政府统筹、行业参与、核心企业和规模职校为核心的办学体制，如图6-4所示。

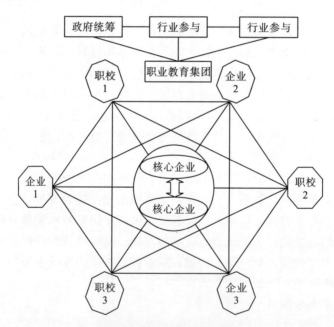

图6-4　集团化共生办学体制

该体制是在政府统筹的前提下，依托区域内或行业内优质职业教育资源尤其是核心企业和规模职校，以专业为纽带，职业学校与行业、企业共同组建职业教育集团。这种体制打破了原有行业界限和资源配置无序的藩篱，既促进了职业教育与经济社会的紧密结合，又充分发挥了政府统筹和行业参与的积极性，将职业教育共生系统中政府、行业、企业、职业学校等共生单元整合成利益共同体，使其在追求各自利益最大化的同时确保职业教育集团的整体利益。该体制能有效减少职业教育共生系统中的不均衡性和非对称性，使诸多共生单元在横向、纵向、区域上实现耦合，并真正实现对称互惠。

（二）管理体制：多元耦合

职业教育集团化办学的重要目标是统整多方教育资源，实现城乡职业教育和企业的共生多赢，这必然与原有教育管理体制产生一定的冲突。制度经济学认为稳定的制度会变成一种强大的力量对职业教育共生系统的诸多共生单元产生强大的约束力。为此，政府应从和谐共生的角度，发挥多元主体协同参与管理的职能，建立由政府主导、社会各界广泛参与的管理体制，从而实现学校教育资源和行业企业资源的整合，确保职业教育集团高效率运作。

1.凸显政府的主导作用

政府是办好职业教育的第一责任人，是对称互惠集团化共生办学体制改革的宏观调控者和服务者，是职业教育共生系统各共生单元间职能和利益关系的协调者。政府应在统筹、规划职业教育发展的基础上为共生单元参与办学提供服务、支持与保障，尤其是要运用行政、经济、法律等手段建立各种激励和约束机制，调动职业教育共生系统中行业、企业参与职业教育的积极性。

2.成立职业教育统筹发展工作委员会

从国务院到地市各级政府设立职业教育管理的组织协调机构——职业教育统筹发展工作委员会。该委员会由政府统筹，以职业教育主管部门为核心，由人事、劳动保障等有关业务部门、行业协会、核心企业、职业教育专家共同参与组成。

3.提高行业和企业参与职业教育集团化办学管理的积极性

对称互惠集团化共生办学的重要基础就是共生单元之间的合作和资源共享，其中校企共生单元之间的资源整合是推进对称互惠集团化共生办学的重要切入点，社会参与对称互惠集团化共生办学的管理是政府和职业教育共生单元间对话的重要保障。因此，为了使行业和企业等共生单元在社会角色和经费投入等方面能以有效的方式和程序介入对称互惠职业教育集团化共生办学，就必须通过立法等强制手段，明确行业和企业在职业教育集团中的权利和义务，保障社会组织的参与权利，从而彰显职业教育对称互惠的集团化运营价值。

（三）人才培养体制：交互共生

职业教育是一个复杂的、多层次结构的共生系统，与其他类型的教育相比，经济、科学技术和社会发展对其影响要深刻得多。经济发展带来经济结构布局调整，科技水平的提高引发行业结构的变化。而这些变化迫使职业活动的内涵和外延发生相应的转变。然而，长期以来，人们遵循"文化基础课—专业课—在岗实习"三段式的线性逻辑来培养人才，把职业教育搞成了普通教育和工厂师徒制的"三明治"，严重影响人才培养的质量，损害职业教育共生单元的诸多利益。要实现职业教育共生单元的对称互惠，把职业教育办成政府满意、行业认同、企业称心、学校开心、家长放心、学生喜欢的教育，就必须牢固树立"以服务为宗旨，以就业为导向"的办学思想，充分调动行业企业参与人才培养的积极性，保证共生系统校企信息流的顺畅沟通，构建交互共生的人才培养体制。

1. 双核校企实体"联姻"

合作是共生系统的重要特征。校企合作被公认为是职业教育与企业"无缝对接"的最有效方式，然而时至今日校企缺乏实质性合作，校企合作辐射力减弱已成为职业教育可持续发展的重要障碍。核心企业在技术、资金、人力等方面具备投资职业教育的优势，因此，要鼓励核心企业投资职业教育，组建由核心企业和核心职校实体"联姻"的股份制职业学校。这既有利于充分发挥核心企业和核心职校在各自领域的领头羊作用，又便于实现两者价值需求的整合，把学校与工厂、课堂与车间、教学与生产、教师与工程师、学生与学徒、作业与产品全面融合，将一个松散的职业教育共生系统转变成一个利益共同体。双核校企实体"联姻"的股份制学校建立后，可以辐射同行业的其他企业和学校，为实现校校、校企实质的合作奠定坚实的基础，最终实现政府、企业、学校多个共生单元的互惠共赢，如图6-5所示。

2. 城乡互助对接构建职业学校共同体

建构城乡职业学校共同体的过程就是职业教育共生系统中共生单元相互激励、共同进化的过程。在此共同体中，城乡职业学校不是相互替代，也不是"削峰填谷"，而是在相互合作与互相竞争中呈现多赢，进而实现职业教育共生系统的结构重组和功能创新。因此，要充分利用城市职业学校的优质教育资源，通过设立分校、合作办学、共享师资、对口扶持等方式将城乡职校联结成学校共同体，有效促进职业学校的和谐发展。

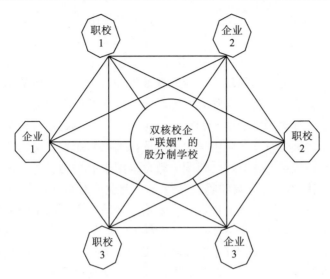

图 6-5 双核校企实体"联姻"

(四)招生与就业体制：双元一体化

从某种意义来说，职业教育的发展不仅是职业技术院校本身的利益，还是整个职业教育共生系统的根本利益所在，这一共同利益将系统中的诸多共生单元联结成由上游、中游和下游共同组成的"价值链"。职业教育共生系统中的各单元分别处于该价值链中的不同位置，如图 6-6 所示。

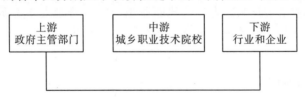

图 6-6 职业教育共生系统价值链

长期以来，处于职业共生系统价值链的各个部分基本沿袭了上游政府主管部门出政策、中游城乡职业技术教育院校具体组织招生和实施人才培养、下游行业和企业接纳中游的产品——学生的做法。由于中下游的沟通合作机制没有建立，处于同一价值链的城乡职业教育和行业、企业的分离，于是出现了一方面学校出于自身利益的考虑，不顾行业企业的需求盲目扩大招生，毕业生找不到工作；另一方面行业和企业却急呼招不到高水平工人的尴尬局面。美国哈佛商学院教授迈克尔·波特(Michael Poter)认为，在市场经济体制下，竞争不是发生在企业与企业之间，而是发生在企业各自的价值链之间。① 因此，必须对共生系统中价值链的各个单元实行有效管理，才能使该系统在市场竞争中立于不败之地。

在对称互惠职业技术教育集团中，为了实现多赢，处于职业教育共生系统价值链中游和下游的城乡职业教育院校和行业、企业应从招生、人才培养和学生就业方面进行合作，实施双元一体化的招生就业体制。即招生计划由职业教育集团内的学校和行业、企业共同会商确定，报职业教育统筹发展工作委员会审核，学生毕业后可选择到该职业教育集团的相应企业工作。同时，规定企业有接受该职业教育集团毕业生的义务。由于双元一体化的招生就业体制将城乡职校和行业、企业联结成了利益共同体，行业、企业在专业设置、招生规模、人才培养等诸多方面从企业未来发展的角度精心考虑，企业办学主体地位才能够充分彰显。城乡职业教育统筹发展的共生机制是指在对称互惠职业教育集团中诸多共生单元间相互作用的方式。统筹的目标是共生，共生的关键是能否实现资源的共享，所以城乡职业教育统筹发展的共生机制的构建应紧紧围绕资源来打造。

第三节　职业教育统筹发展与区域社会的联动机制

在职业教育统筹发展的进程中，区域社会与职业教育通过资本、劳动力、技术和政策等要素产生互动关系，两者之间的发展相互作用、相互影响。因此，应以区域经济增长、区域社会结构优化、区域人力资源发展、区域政治民主法治化为基点，构建职业教育的经费投入与资源分配机制、招生与就业体制、人才培养体制、办学与管理体制等，以此推动职业教育均衡发展，加快城乡一体化的改革进程。

一、职业教育均衡发展与区域社会和谐发展互动的内涵和要素

职业教育与区域社会作为两个独立的主体，它们的发展不是孤立进行的，它们是一种互动关系，两者相互作用、相互影响。职业教育作为一种社会公共事业，必然要参与区域社会的经济、政治和文化等实现共同发展，职业教育均衡发展其本质就是区域社会和谐发展的内容和要求之一，只有教育事业发展均衡了，区域社会才能真正和谐；同时，区域社会也为教育事业的发展提供资源和保障，尤其是职业教育的发展更需要和谐的区域社会提供物质基础和实践空间，因此，只有区域社会发展和谐了，职业

---

①　迈克尔·波特. 竞争优势 [M].陈小悦译.北京：华夏出版社，1985：247.

教育均衡发展才能有所依附。

职业教育均衡发展与区域社会和谐发展互为条件，两者相互制约、相互促进。两者的互动本质是通过关联性要素来具体实现的，两者的关联性要素主要包括资本、技术、劳动力和政策等。互动要素是联系职业教育和区域社会发展的纽带，也是参与两者发展的最核心资源，它们既是职业教育均衡发展与区域社会和谐发展的必要投入，也是两者实现发展后的必然产出。区域社会和谐发展推动互动要素的协调发展与合理配置，进而为职业教育均衡发展奠定基础；职业教育均衡发展也能够促进互动要素持续发展和优化组合，为区域社会和谐发展创造更优厚的条件，如图 6-7 所示。

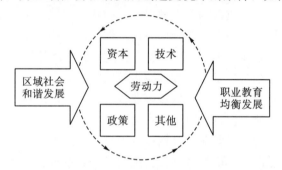

图 6-7　职业教育均衡发展与区域社会和谐发展的互动要素

二、职业教育均衡发展与区域社会和谐发展互动的多重机理

职业教育均衡发展与区域社会和谐发展的互动遵循了教育发展和社会进步的基本规律，其互动机理也是职业教育和区域社会两大发展系统诸方面内容相互作用的运行规则和基本原理的客观反映。职业教育均衡发展是教育投入、资源配置、招生与就业、人才培养、办学与管理等方面的优化过程，是一个系统的整体提升；而区域社会和谐发展是指包括经济、社会、政治和文化等诸方面在内的多元的、多层次的进步过程，是一个系统的全面推进的过程。这两个系统以互动要素为交点，通过多种途径发生千丝万缕的联系，两者的互动发展也正是凭借这些联系得以持续的。

（一）联动机理：资本和技术要素联动区域经济与职业教育发展

区域社会和谐发展与职业教育均衡发展的互动，体现为区域经济的协调发展与职业教育的良性互动。发展职业教育耗资巨大，无论是其规模的扩大、质量的提升，还是其结构的优化，都需要稳定增长的区域经济为其提供发展所需要的资本。职业教育要实现经费充足、资源均衡就必须以协调发展的区域经济为后盾。反之，职业教育只有得到可持续投入与资源的合理配置，才可能实现均衡发展，进而才能通过产学研等途径为区域经济提供技术服务和革新，推动区域经济发展方式的转变以及产业结构的调整与优化，充分实现职业教育均衡发展的经济功能。

（二）联系机理：劳动力要素联系区域社会与职业教育发展

构建和谐发展的区域社会就必然要求区域社会结构不断优化，社会分层与流动趋于合理，国民素质全面提高，这一目标的实现与职业教育发展紧密相连。职业教育立足区域现状，预测未来需求，培养大量的高素质劳动者和技能型人才，改造闲置人力资本，构建与区域社会和谐发展相适应的人力资源结构，鼓励人才的均衡流动，促进职业结构不断优化，推动阶级、阶层结构的合理变迁，使区域社会结构发展趋于和谐。值得一提的是，在城乡二元结构背景下，数量庞大的农村劳动力是区域社会和谐发展的巨大障碍，对此，我们必须依靠职业教育均衡发展来逐步解决。通过提高农村劳动力素质，促进农村劳动力就业率的提高，进而有效地推进城乡一体化的进程。同时，职业教育均衡发展也必然要求有相对和谐的社会结构作为支撑与导向。和谐的区域社会结构既是职业教育均衡发展的必要背景，也是设定职业教育发展规模、发展速度和发展层次，设置培养目标和专业课程等的基本依据。

（三）联结机理：政策要素联结区域政治与职业教育发展

在同一国家政治背景下的职业教育发展中出现的区域分化问题以及不均衡状态，说明政治在不同区域的作用程度不完全相同，真正与职业教育均衡发展直接相关的其实是区域政治。政治对区域职业教育和谐发展的作用体现在两个方面，一方面，区域的政治地位逐渐上升，职业教育受国家政治的影响得到强化，其发展备受重视，其办学目的、办学规模及管理力度都能体现出国家的意志；另一方面，区域政策体系不断完善，职业教育均衡发展获得更多的价值引导、政策支持与信息服务，其均衡发展得到了更好的法规和制度的保障。区域政治发展推动职业教育不断优化，同时，职业教育也促进区域政治的和谐发展。不断趋于均衡发展的职业教育是对区域政策、制度等是否科学合理的最有效的检验方法和反馈手段；同时，职业教育能够立足国家和区域政治的需要，通过思想传播、制造舆论等方式培养合格公民和政治人才为区域政治服务，通过教育教学方式启迪人的民主理念，推进区域社会政治民主化的进程，推动区域社会和谐发展。

（四）联合机理：物质和精神等要素联合区域文化与职业教育发展

不同水平和性质的区域文化使得人们的思想、理念、行为、风俗和习惯等也不尽相同，即使在同一区域内，其物质和精神环境也不尽相同，这样滋生出的教育理念也就各有差异，进而在其影响下所形成的职业教育观也各有差异。受到区域文化作用的职业教育活动，其传授的知识与技术也明显地受到区域文化的影响，从而呈现出差异化的职业教育内容。反之，职业教育也通过物质创造和精神引导等途径，对区域文化加以积淀、保存、传承和创造。从功能上讲，职业教育也是推动区域社会文化发展的重要力量。总之，区域文化与职业教育理念、内容等互补互促，共同发展，如图6-8所示。

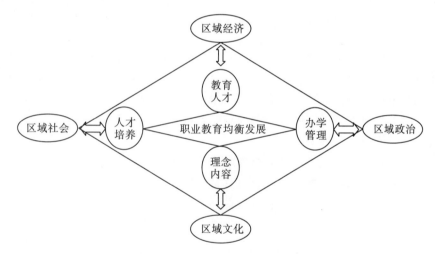

图6-8　职业教育均衡发展与区域社会和谐发展的互动机理

三、职业教育均衡发展与区域社会和谐发展互动的机制构建

职业教育发展存在的区域失衡现状在很大程度上受体制、机制发展的影响，因此，为了促进职业教育均衡发展，我们应解决其体制、机制问题。基于区域社会和职业教育发展的互动机理，构建良性互动的体制、机制是事半功倍地均衡发展职业教育的途径。因此，依据两者发展的规律和关系，以职业教育均衡发展为着力点，有效激活互动链条，以此促进职业教育均衡发展，促进区域社会和谐发展，促进城乡一体化的最终实现。符合这一意图的职业教育均衡发展的体制、机制，如图6-9所示，至少应该包括以下四个方面。

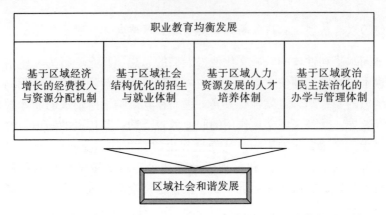

图 6-9　职业教育均衡发展与区域社会和谐发展的互动体制、机制

（一）构建基于区域经济增长的经费投入与资源分配机制

良性的职业教育经费投入与资源分配机制，是职业教育均衡发展的物质基础，也是推动区域社会与职业教育互动发展的强大力量。促进职业教育均衡发展，首先，应该在保证扩大国家和地方财政性教育供给的基础上，有效控制教育投资的区域差异和城乡差异，避免两极分化，确保教育投入的公平性。其次，拓宽筹资渠道，增强职业学校（机构）本身的"造血"功能，同时，激发区域社会资本投资职业教育的活力，鼓励私人、民间团体和公益机构帮扶职业教育尤其是农村职业教育，平衡、兼顾办学效益和教育公益。最后，提高职业教育经费投入的使用率，加强职业教育经费收支透明度，使投入的有限经费创造出最大的教育效益。

建立合理的资源分配机制是职业教育改革和发展的一项迫切任务。这就要求，首先，更新职业教育资源分配观念，正确认识教育公平内涵，吸纳各类教育利益主体参与到职业教育资源分配的过程中，实现社会效益的最大化。其次，开源节流，既充分挖掘、开发职业教育资源，引入市场竞争，又着力改变各类资源浪费、资源利用率低下的教育状况。再次，形成对农村职业教育资源稀缺地区的补偿和扶持，完善农村的办学条件和基础设施等，为使更加丰富的教育资源流入农村提供充分的保障。最后，还要完善经费投入与资源分配的相关制度，健全有效的法律法规体系，形成相对公平、合理的职业教育发展环境，为推动区域经济增长创造必要的条件。

（二）构建基于区域社会结构优化的招生与就业体制

良性的职业教育招生与就业体制，是把关职业教育的进口和出口，促进区域社会结构优化，推动社会和谐发展的一种互动制度。现行的职业教育招生与就业体制必须结合区域社会的发展要求进行改革和创新。职业教育的招生应该因时、因地、因人制宜，实行更加灵活和开放的体制。首先，扩大招生规模，尤其是在扩大中职招生规模时，应该结合市场和区域社会对人才的需求，并根据职业教育的办学条件合理增加招生比例。其次，转变生源结构，促进教育对象多样化。改变以"学龄学生"为主的招生现状，拓宽招生口径和层次，使更多有意愿接受教育的人能够享受公平的教育资源。最后，打破招生方式与时间的限制，立足区域实际，改革招生考试方式，削弱统考的消极影响，满足不同类别教育对象的需要，也减少大进大出和同进同出的招生就业局面出现。

以"就业"为导向的职业教育也是一种就业教育，其就业体制应该兼顾市场需求和人的终身教育需要，积极改善就业环境，创造更好的就业条件。首先，完善就业渠道。运用现代化信息技术等手段，与社会用人单位、人才交流服务机构等建立联系，突破传统方式，开辟多种就业渠道。其次，健全就业服务体系和保障措施。围绕就业中心开展服务工作，做好相关宣传和服务事宜。建立完善的就业服务制度和就业保障制度，组建相应的责任机构，建立完善的就业信息服务平台，加强就业的后续跟踪工作。最后，加强就业指导。更新传统的就业指导观念，转变就业指导方式，对职业教育进行全程指导，规划学生的职业人生。职业教育招生和就业体制，要求区域政府积极干预，建立人力资源与社会保障部门、教育行政部门、职业院校等之间的沟通与协调机制，制定公平的招生就业政策，为职业教育的招生和就业提供全面的服务和支持，加强招生与就业的统筹。

值得关注的是，对农村职业教育的招生与就业体制的政策倾斜和扶持，是职业教育均衡发展的必然要求，也是消除城乡二元结构的必然要求。因此，职业教育的招生与就业体制应该有利于招收和培养大批的新型农民，对他们采取学历教育与培育并举的措施，吸引更多的农村劳动力接受职前职后教育，为农村劳动力就业提供更多的便利和支持，促进农村劳动力的就业转移，缩短城乡发展差距。

（三）构建基于区域人力资源发展的人才培养体制

　　良性的职业教育人才培养体制，是推动职业教育自身均衡发展，并与区域社会相适应，对职业教育的人才培养目标、专业设置、课程结构、教学模式和评价体系等方面进行全方位、长远性规划的一种互动制度。不同区域的产业结构、资源配置各不相同，所需要的人力资源结构也就不同。因此，职业教育要均衡发展就必须基于区域需要，形成与之相适应的人才培养体制。职业教育的人才培养目标应满足区域发展对职业人才提出的新要求，应培养知识、能力、素质兼备的劳动者和技能型人才，重点扶持一些优先发展领域的未来"增长点"，最大限度地激活劳动力要素，培养强大的智能型、创新型人才资源。同时，根据职业岗位的变化、市场需求和个体不同的职业选择等情况设置合理的专业和课程，课程内容要结合职业要求进行创新、整合，课程结构要向主题式、模块化发展，动态吸收新知识和技术，以适应社会和市场的发展变化。教学模式应以学生为中心进行设计，注重双师型教师队伍的培养，教学组织形式、方法和手段等应更具有开放性。在职业院校的整个教学过程中，应发展学生的职业能力和素养，联合企业、社区等加强建设稳定的实习基地供学生"做中学"，建立完善职业资格证书就业准入制度。另外，建立与培养目标相一致的、突出学生实际能力和综合素质的、由教育领域内部和社会等多元主体参与的、多种评价形式与方法并用的人才质量评价体系。

（四）构建基于区域政治民主法治化的办学与管理体制

　　良性的职业教育办学与管理体制，既是促进职业教育均衡发展的有效保障，也是推动区域社会政治民主化进程的有力推手。职业教育办学体制改革的关键有两个方面：一是办学应立足区域发展的需要和确定独具特色的办学定位，实现办学方向与办学行为的统一。职业教育办学要立足区域发展，突出办学特色，避免低效、重复和资源浪费。二是明确权责，联合多元主体办学，鼓励多形式办学。充分利用区域政策优势，积极引导国有民办、民办公助、私人办学、集团化办学或其他社会力量办学等。此外，必须扩大职业教育办学规模，实现职业教育多层次办学的目标。建立职业院校准入和退出机制，设置合理标准，严格审批，完善办学质量评价体系。注重职前与职后、学历与非学历、职业教育与普通教育、学校教育与社区教育的衔接与沟通，推行职业教育弹性学制，搭建产、学、研合作平台与纽带。尤其应把农村职业教育放在优先发展的重要位置，加大农村职业教育办学力度，积极推动直接面向农村、服务农民的中等职业教育办学，创建"农科教"相结合的农村职业教育发展模式。

职业教育管理体制的改革与创新应充分吸收国外先进经验，更新管理理念，创新管理方式，构建有层次、有效率的管理体制。首先，调整职业教育行政管理组织系统，明确管理主体和职权，划清管理对象和内容，加强国家宏观调控和统筹，充分发挥地方政府的关键作用，赋予学校充分的办学自主权，协调社会、市场、行业和企业等在职业教育管理体制中的关系。其次，建立和健全职业教育决策参谋系统和督导评估系统，充分调动企业等各行业力量的积极性，为职业教育的人才需求预测、专业与课程建设、质量检测等具体事务和工作进行指导、监督和评估。最后，加强立法，制定和完善相关的政策和法规，规范管理行为，为职业教育管理创造有法可依的理性环境，使职业教育管理走向法制化。

在加快城乡一体化进程中，职业教育发展不是一个孤立静态的系统，要打破区域失衡现状，实现可持续的均衡发展，就必须科学审视职业教育均衡与区域社会和谐发展的互动关系，找准互动基点，激活互动链条，建立基于互动原理的职业教育发展体制和机制，从问题的根源着手进行改革，为职业教育均衡发展提供一个优良的制度环境，促进职业教育和谐、长效发展。

第四节　职业教育统筹发展与区域经济的联动机制

实现城乡经济社会一体化是我国"后改革时代"的关键与核心。在城乡一体化进程中，职业教育凭借其经济与教育的双重属性和显著的区域性等特征，成了促进区域经济协调发展的有效桥梁和纽带，而职业教育自身的均衡发展也成为了必然的时代诉求和改革趋势。因此，如何一方面发挥职业教育对区域经济协调发展的作用，另一方面在区域经济协调发展的环境下实现职业教育的均衡发展，是城乡一体化进程中需要思考和解决的重要议题。

一、职业教育与区域经济均衡、协调发展的复杂联动机理

职业教育与区域经济发展的关系是一个比较古老的教育经济学话题。长期以来，人们关于两者之间的关系已形成了普遍的共识，即职业教育与区域经济发展存在着作用与反作用、决定作用与能动影响的关系。尽管职

业教育均衡发展与区域经济协调发展是一对更特殊、复杂、微观的范畴，但从宏观而言，两者之间同样是一种相互作用的关系：一方面，区域经济协调发展既为区域职业教育发展提供了新的发展机遇，同时又提出了均衡发展的新要求。区域经济协调发展的推进，有利于打破城乡壁垒，缩小城乡差距，优化资源配置，进一步促进城乡职业教育的均衡发展。另一方面，职业教育均衡发展是推进区域经济协调发展的必要步骤和重要组成部分，是实现城乡融合、改变农村落后面貌、构建新型城乡关系的必要举措，是城乡关系发展的必然要求。

（一）驱动机理：区域经济协调发展对职业教育的均衡发展

区域经济协调发展就其内涵而言，强调经济发展的可持续性和城乡之间的均衡性，而其外延包括以下三个方面：一是实现经济要素的有效配置，促进城乡经济的整体发展，表现为经济发展目标；二是通过经济要素的配置实现社会要素的平稳流动，促进城乡一体化的发展，表现为社会和谐目标；三是缩小城乡之间的发展差异，实现城乡之间经济发展的均衡性，表现为均衡发展目标。区域经济协调发展三个目标的有效达成对职业教育均衡发展有重大的驱动作用，主要表现为"三个驱动"：①驱动职业教育的资源均衡。"职业教育的资源均衡指区域内职业院校基础能力方面的均衡性。"[①] 经济要素在区域内的均衡配置一方面有助于城乡职业教育在经费投入、校舍、教学实验场地等硬性设施上达成尽可能的公平；另一方面有助于在师资、信息、内部管理等软性资源方面达成均衡发展态势。②驱动职业教育的发展均衡。首先，城乡一体化进程中，区域内经济产业结构、技术结构不断进行调整和升级换代，必然需要人力资源结构同样进行升级和优化，具体表现为对技能型工人的需求日益迫切，这就刺激了区域职业教育的壮大发展；其次，产业结构的变化制约着职业教育专业结构和类别结构的发展变化，要求区域内职业教育及时调整、更新各种类型与各科专业的学校，这刺激了区域内职业院校专业结构和层次结构的均衡发展；最后，区域经济的协调发展影响城乡职业教育投入的均衡发展。区域的经济发展水平决定着区域公众的经济实力和居民家庭的消费结构，因此区域经济的协调发展在提升农村经济实力和农村居民家庭消费结构的同时可以刺激农村对职业教育的投入。③驱动职业教育的布局均衡。在城乡

---

① 王琴，马树超.区域职业教育均衡发展的内涵和原则［J］.职业技术教育，2010，（7）：16-19.

二元结构体制下，区域职业教育布局在促进城乡二元社会的和谐发展中体现出了"一元化"特征，即职业教育的布局是"城市取向"的。而在区域经济协调发展进程中，城镇化和新农村建设这"两驾马车"必然对区域内职业教育的布局调整提出全新的要求，中等职业院校、各种技能培训基地对农村的覆盖率将有所提高，可以驱动区域内职业教育的布局均衡。

（二）杠杆机理：职业教育均衡发展对区域经济的协调发展

区域经济作为一个相对完整的有机系统，其内部诸要素之间的联系表现为区域内的经济、社会、教育、科技的互动作用。因此，区域经济在协调发展的进程中，必然存在着一个与区域经济协调发展相适应的职业教育系统。职业教育与区域经济的并行协调与配合，是区域经济协调发展的重要杠杆。基于区域经济协调发展所要解决的三个目标，职业教育均衡发展对区域经济协调发展的杠杆作用主要是通过以下三个层次来传递的：①有利于区域经济、社会要素的公平流动。职业教育均衡发展要求把区域内有限的教育资源均衡地配置给城乡不同的职业院校，要求区域内所有社会成员平等地拥有和享用高质量的职业教育资源，这可以打破传统区域经济、社会要素的单一流向，使区域内资金、福利、人力、信息、科技等各种要素按需求合理流动。②有利于区域经济结构的协调发展。在经济学视角下，"职业教育均衡发展就是指职业教育的培养规格、规模、结构、质量和效益满足社会人力资源和个人发展的需求，并在两个需求之间保持相对平衡的状态"。① 可见，作为提供技能性人力资源的职业教育能否在人才培养规格、规模、质量、结构和效益等方面在系统内部达成均衡发展态势，直接影响着经济社会发展结构的协调发展。③有利于缩小城乡之间的发展差异，促进区域经济的和谐稳定发展。城乡居民收入差距过大是当前制约区域经济协调发展的重要问题，"解决城乡收入差距，提高农民的收入，最主要和关键的就是要减少农民，把农村劳动力向非农产业转移"。② 职业教育均衡发展，一方面可以通过缩小城乡居民的教育差距，从劳动力市场的起点减少收入的不平等，从而减少社会财富的分配不均，促进社会的和谐与稳定；另一方面可以破解农村劳动力在向城市的转移中遭遇的自

①　王琴，马树超.区域职业教育均衡发展的内涵和原则［J］.职业技术教育，2010，（7）：16-19.
②　林毅夫.职业教育对缩小城乡差距至关重要［J］.中国老区建设，2007，（5）：13-14.

身素养、技术上的障碍，以便顺利完成向城市的转移，实现经济的一体化。

二、职业教育与区域经济均衡、协调发展的理想与现实

（一）职业教育与区域经济均衡、协调发展的应然表征

职业教育均衡发展与区域经济协调发展互动不是一个机械的相互作用的"躯壳"，而是由区域经济、社会、城市职业教育、农村职业教育等诸多要素共同构成的复杂系统，要真正实现两者之间的良性互动，发挥互动的应然效益与效应，则要彰显以下三个互动特征。

1. 系统开放性

职业教育均衡发展与区域经济协调发展互动是由相互依赖、相互联系、相互作用的不同要素构成的系统工程，系统之间应当不断地进行人力、知识、科技、信息等方面的交流和互补，发挥互动的系统效应。

2. 交互共生性

职业教育均衡发展与区域经济协调发展自成系统，但两者互动旨在通过系统要素之间的相互结合、相互渗透，发挥要素之间的优势互补功能，从而使系统在自身发展的同时又对其他系统起到积极促进和优势互补作用。

3. 多赢互惠性

职业教育均衡发展与区域经济协调发展互动应当是一种多赢的模式，即两者的互动不是强制结合，而是建立在自愿、互利基础上，形成共同的目标、共同的原则、共同的实施路径，通过资源的优化组合和有效运作，使每个子系统的发展都得到提高，共同推进城乡一体化的进程。

（二）职业教育与区域经济均衡、协调发展的现实阻隔

职业教育均衡发展与区域经济协调发展互动是一种多赢互惠的发展战略模式，但这种战略模式的运行却一直受到我国长期积累着的诸多体制和机制方面的矛盾的制约，这些矛盾构成了阻碍职业教育均衡发展与区域经济协调发展良性互动的桎梏和顽疾。

1. 管理体制"条块分割"

相对于经济体制改革，社会体制改革的滞后性导致了我国社会事业管理体制的问题庞杂、积重难返。社会事业管理体制"条块分割"的"硬

伤"对职业教育均衡发展与区域经济协调发展互动所带来的困扰表现在三个方面。第一，单向度的利益博弈机制。在条块分割的管理体制下，利益博弈的一个显著特征就是城市取向，"城乡分治建构的是一个从中心城市出发、依行政权力而衰退的等级框架"。① "一言堂""一边倒"的现实使利益分配的多方博弈转变成了独家经营。第二，封闭的信息沟通机制。横向上，职业教育管理部门与区域经济管理部门之间、职业教育不同管理部门之间缺乏沟通平台；纵向上，不同层次、不同类别的职业教育管理系统之间的沟通渠道严重缺失。第三，缺失的优势资源互补机制。职业教育均衡发展与区域经济协调发展在资源利用上具有高度的优势互补性。职业教育所能提供的人才资源、设备资源、技术资源和信息资源是区域经济发展的渴求资源，而经济实体所拥有的雄厚资本、市场信息、实践平台、技能专家等也是职业教育发展中所缺少和需要的资源。而在"条条"和"块块"分割的刚性管理体制下，职业教育和区域经济发展均存在着资源不足与资源浪费并存的现象。

2. 人才培养体制"脱离市场"

人才培养体制对职业教育均衡发展与区域经济协调发展互动的障碍表现在职业教育课程设置、教学模式、人才评价与市场脱节。首先，课程设置与市场的不适切性主要表现为三个方面：一是课程设置不能满足区域经济的发展需求以及城乡居民的个体发展需求。大多职业院校热衷于开设服务于第三产业的专业，而忽视直接服务于第一、第二产业的专业，忽视与农民、农民工发展联系最紧密的专业。二是由于缺乏市场需求评估机制和协调交流机制，区域内不同层次、不同类型职业院校之间在课程设置上存在严重的趋同现象，从而区域经济发展过程中产生"人才过剩"和"人才缺失"并存的尴尬局面。其次，教学模式与市场脱节集中表现为"学非所用，用非所学"的人才培养负面效应。最后，人才评价机制与市场的脱节主要表现为评价主体的单一性。作为职业教育人才培养的"利益相关者"，政府机构、职业教育机构、企业、社会和受教育对象应当共同参与到人才评价之中。而当前的职业教育人才评价主要是一种以职业教育机构为主体、其他"利益相关者"游离在外的单一主体评价机制，这势必阻断职业教育与经济的沟通反馈，从而影响职业教育均衡发展与区域经济协调发展的互动质量。

---

① 柯春晖.城乡统筹发展中的教育政策取向和政策制定 [J]，教育研究，2011，(4)：1-19.

3. 办学体制"封闭单一"

作为一种开放、多元、平等、自主、以市场为导向的经济形态，市场经济体制的形成要求职业教育的办学主体必须向多元化发展。而与之对应，由于长期受计划经济体制的影响，职业教育办学体制同样形成了"路径依赖"，政府包揽办学和单一计划办学仍然是职业教育办学体制的主要特征。这种封闭单一的办学体制对职业教育均衡发展与区域经济协调发展互动带来以下负面影响。首先，不利于发挥政府以外的投资主体(如企业、行业)办学的积极性，难以将更丰富的经济、社会资源转化为职业教育资源，容易抑制潜在的教育供给，导致单一的教育财政资源的供给不能满足职业教育迅速发展的需求。其次，使职业教育的供给不能满足区域经济社会日益增加的教育需求。经济活动的多样化需要以职业教育的多样化做保障，而职业教育的多样化与办学主体的多元化密不可分，因此办学主体的单一性势必使经济社会发展受阻。再次，不能满足区域内城乡居民对职业教育机会供给类型的多样化需求。"经济发展的多元格局和人们收入水平的差异，使社会不同阶层、团体、家庭和个人对物质和精神的追求，也产生了很大的差异。"[1] 而差异化的受教育需求则势必诉诸多元化的办学体制。在城乡一体化进程中，单一的职业教育办学体制特别容易使农村居民、进城务工人员、城市待就业居民的受教育需求无法得到满足。最后，容易造成教育机会分配上的不平等。由于政府财力物力有限，不可能全面兼顾区域内经济社会以及个人的教育需求，往往会采取通过抑制社会和个人教育需求的方式来实现职业教育供求的外在均衡。

三、职业教育与区域经济均衡、协调发展的互动体制机制构建

体制改革与机制创新是城乡一体化进程中保障职业教育均衡发展与区域经济协调发展互动的根本所在。基于体制与机制这对范畴的结构相融、功能互补、过程相连等特性，在体制改革与机制创新过程中，一方面要求两者必须同步进行，不可顾此失彼；另一方面则要求两者相互适应、配套进行。为此，结合当前我国教育体制与机制改革的重点、难点以及职业教育均衡发展与区域经济协调发展互动的现实障碍，本节构建了城乡一体化背景下的职业教育均衡发展与区域经济协调发展互动体制与机制的基本框架，如图 6-10 所示。

---

① 张翼. 多元办学体制的构建与教育公平的推进 [J]. 教育与经济，2004，(2)：37-39.

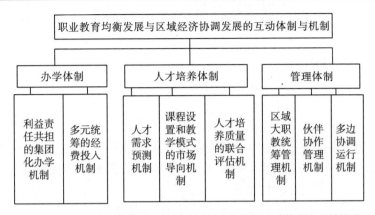

图 6-10　职业教育均衡发展与区域经济协调发展的互动体制与机制框架图

（一）办学体制机制的构建

办学体制主要回答谁来举办学校的问题，即"谁投资、谁办学、谁管理"。① 可见，办学主体及其关系以及经费投入问题应当是办学体制改革的核心问题。基于此，在职业教育均衡发展与区域经济协调发展互动的框架下，办学体制改革可以构建利益责任共担的校企合作办学机制和统筹协调的经费投入机制。

1.利益责任共担的集团化办学机制

集团化办学凸显的是一种规模经济和范围经济理念，旨在提升区域的内聚性。集团化办学主张区域内政府机构、企业行业、职业教育机构在利益互惠、责任共担的基础上，建立一种资源共享和契约化发展的大职业教育办学模式。从投资主体来看，该机制可以改变政府单一投资的局限，通过引入新的投资者，使职业院校的产业格局变为多个投资者，形成国有资产与投资单位财产分离的办学格局。从办学模式来看，该机制又可以根据具体情况形成不同的办学模式。例如，可以建立行业、企业与院校联合办学的模式；可以建立校企股份制办学的模式，职业院校与企业按照比例投入办学经费，组建以企业为主体的"厂中校"或以职业院校为主体的"校中厂"；可以建立政校共建办学的模式，即职业院校与地方政府共建二级学院(系)，缓解职业教育与区域经济建设及发展需求之间的矛盾；可以建立城乡职业院校、中高职院校联动办学的模式，即集团中的城乡职业院校、中高职院校在优势互补、资源共享的原则下实行合作办学，共同开展

---

① 　朱静.试论办学体制与教育供求的关系 [J].教育与经济，2001，(1)：49-51.

教育改革、专业建设、课程建设和师资队伍建设等。从办学效益来看，本机制可以在办学集团内部构建生源链、产业链、信息链、实训链、就业链等有效载体，有序实现区域经济资源与职业教育资源的有机结合，使校企合作从"一对一"走向集群式，实现效益最大化。

2.多元、统筹的经费投入机制

近年来职业教育的快速增长暴露出了政府部门在职业教育办学经费投入方面的诸多偏颇：一是办学经费投入总体规模不足；二是办学经费投入主体过于单一；三是办学经费投入城乡不均衡。因此，构建灵活、多元、统筹的经费投入机制，是确保职业教育经费总额持续增长、拓展职业教育经费来源渠道、促进城乡职业教育均衡发展的重要保障。建构多元、统筹的经费投入机制：一要积极吸引团体和公民办学、社会捐助、集资，提高企业、行业、实业家在职业教育经费中的比例；二是职业院校要充分利用自身的优势和各种优惠政策，大力发展校办产业，走"产学研"结合道路，增加自我筹措资金的能力；三是政府部门要采取合理的经费拨款模式，缩小区域内城乡职业教育的经费差距。政府部门可从城乡不同地区的发展水平出发，制定城乡各个层次、类别职业学校的最低生均拨款标准并在参照生均培养成本的基础上严格按照在校学生数量进行拨付，在此基础上，同时考虑地区经济系数、重点扶持系数、人才培养成本系数等参数，采用多参数公式拨款方式进行分配。

（二）人才培养体制机制的构建

人才培养体制与机制改革和创新不仅是教育改革和发展的核心问题，也是职业教育均衡发展与区域经济协调发展互动的关键突破口。人才培养包括制定目标、培养过程和评价反馈三个基本环节，基于此，人才培养体制可以相应构建人才需求预测机制、课程设置和教学模式的市场导向机制以及人才培养质量的联合评估机制三重机制。

1.人才需求预测机制

区域内合理的职业教育人才结构有利于提高区域社会经济效益及职业教育的外部经济效益，而合理的职业教育人才结构必须基于对人才供给与需求的准确判断。职业教育人才需求预测主要是对人才的层次结构和专业结构作供求两方面结合的有效判断。建立区域内职业教育人才需求预测机制，可以从三个方面着手：第一，政府部门邀请、组织区域内来自工商界、职业技术教育界、学术界、行业协会界的代表共同组成专门性的职业教育人才预测咨询团，专门负责从事区域经济发展对职业技术教育人才需求及其变动趋势的阶段性、滚动式分析预测；第二，以人事系统为依托，构建人才需求信息网络系统，搭建区域内职业技术教育人才需求、供给信息征集与反馈的平台；第三，应当建立科学的人才需求预测预报指标体系和分析系统，以保证预测结果的科学性、准确性、及时性和有效性。

2.课程设置和教学模式的市场导向机制

课程与教学是职业院校人才培养的载体，建立课程设置和教学模式的市场导向机制是职业教育均衡发展与区域经济协调发展互动的关键性枢纽。该机制的构建可以从三个方面入手：一是建立市场主导型专业设置模式。区域内各个职业院校应该根据当地政府公布的人才需求预测报告、地方政府发展战略规划、区域经济发展需求和自身办学条件来设置专业，并根据市场的变化及时调整专业，将区域经济结构、产业结构和技术结构以及社会人才需求的变化趋势作为专业结构优化的主要依据。二是发挥地方政府、企业和职业院校自身的优势，与地方政府、企业共建品牌特色专业，开发符合市场需求的特色课程。三是建立政府、高校、企业、学生及社会共同参与人才培养过程的有效机制，形成多方联动的一体化人才培养方式。四是要凸显职业教育或职业培训过程中的实训化特征。

3.人才培养质量的联合评估机制

建立人才培养质量的联合评估机制旨在扩大区域内职业教育人才培养质量的评价主体，发挥企业、行业等职业教育"利益相关者"在检测职业教育人才培养质量中的"标尺"作用，促进市场机制作用的发挥，真正提高职业教育质量。职业教育人才培养质量联合评估机制的构建有赖于当地政府部门牵头，组建由政府、职业院校、企业、行业与学生代表共同构成的联合评估委员会，共同制订一套科学可行的评估方案和行动准则，形成有效的职业教育人才培养社会评价反馈机制和人才培养质量调控机制，提高人才培养的社会适应性。在此基础上，职业教育机构要根据人才培养社会评价信息反馈和经济社会发展需求，及时完善人才培养方案、相关管理制度和运行机制。

（三）管理体制机制的构建

"职业教育管理体制是指职业教育事业的组织领导、管理机构、管理职能以及运行机制等。"① 在职业教育均衡发展与区域经济协调发展互动

① 王念哲.和谐视域中的我国职业教育管理体制创新 [J].职业技术教育论坛，2009，(6)：45-50.

的框架下，职业教育管理体制可以通过建立区域大职业技术教育统筹管理机制、伙伴协作管理机制和多边协调运行机制进行创新。

1. 区域大职业技术教育统筹管理机制

要打破职业技术教育管理体制上存在的"条块分割"格局，解决职业教育规模过小、办学分散等问题，则应当在区域内树立大职业技术教育观，建立区域性职业教育体系，实施区域大职业技术教育的统筹管理机制。本机制建立的基本思路有：第一，将区域内教育行政部门负责的职业教育、劳动就业部门负责的技工教育和岗位资格认定与培训，以及人事部门负责的人才使用管理制度，统一由区域政府进行统筹管理，通过政府整体统筹和市场运作的结合，实现区域职业教育的整体发展。第二，将区域内分别归属于高等教育管理部门的高等职业教育、职成教育管理部门的中等职业教育以及社会保障部门的技能教育等都归并到一个行政主管部门进行统筹管理，通过设立职业技术教育处(所、科)，统筹负责本地区职业教育的发展，发挥职业教育调控管理的聚集效应。第三，统筹区域内城乡职业教育的管理。将区域内主要由省(市)级政府负责的城市职业教育和主要由县镇级政府负责的农村职业教育进行"一盘棋"统筹管理，在财政投入、资源配置、招生就业等方面尽量做到"一碗水端平"。

2. 伙伴协作管理机制

职业教育均衡发展与区域经济协调发展互动需要多部门、多行业和多群体的有效协作，有效的伙伴协作管理机制有利于解决当前职业教育业务主管部门与行政部门之间沟通不畅以及社会参与职业教育管理力度不够两大问题，推动职业教育要素与区域经济要素的有效流通和融合。具体而言，伙伴协作管理机制建立的程序和步骤是：第一步，确定影响职业教育均衡发展与区域经济协调发展互动的相关部门和群体并形成战略合作伙伴关系，如教育部门、劳动部门、人事部门、财务部门、工商管理部门、企业组织、行业协会等；第二步，在确定的相关利益者中按照"自愿、互利"的原则，选出其代表作为伙伴代表；第三步，召开伙伴代表大会；第四步，由伙伴代表大会选举产生伙伴协作管理委员会，常设职业教育管理委员会或职业教育一体化发展委员会，建立秘书处，负责日常工作，下设各专门小组(如中等职业教育组、高等职业教育组、技能培训组、农民工培训组等)；第五步，定期召开伙伴会议，根据需要确定各专门小组的活动。

3. 多边协调运行机制

基于互动所关涉的四大主体——政府机构、企业、行业、职业教育机构，可以构建由制度协调、行政协调、行业协会协调、学术机构协调四个层面共同构成的多边协调运行机制。第一，制度协调是指以法律制度的形式保障互动的运行。统一的制度可以部分消解区域内诸多制度各自为政、主体多头、职责不清的难题，推动区域内经济、社会、人才等要素的充分、合理流动。第二，行政协调是由政府的行政部门通过签订行政协议的方法作为磋商沟通的一种机制。① 行政协调有利于促进区域内经济社会行政管理部门与职业教育管理部门以及系统内部门之间的沟通和协商。第三，行业协会作为市场经济发展的产物，以其为主体所构建的协调机制可以使市场机制得以真正发挥，实现市场与职业教育的"无缝衔接"。第四，学术机构协调是由区域内职业教育研究领域和其他相关研究领域专家学者共同搭建的协商平台，可以通过成立职业教育均衡发展咨询委员会、区域经济协调发展咨询委员会、城乡一体化促进会等非官方组织的形式提供信息搜集、反馈、咨询、理论支撑等服务。

第五节 职业教育统筹发展与区域文化的联动机制

文化共生是多元文化之间的紧密联结、共栖、共存的文化状态。文化共生强调多元文化的共存理念，是以多元文化和谐发展为旨趣的。② 其内涵充分把握了文化多样性、历时性与共时性的本质特性，且指明了多元文化并存的现实性与必要性。从文化共生的理论基础来看，文化共生理论的假设之一是每一种文化都有存在的理由，文化类型之间没有好与不好的比较标准。对于区域社会来说，城市文化与乡村文化都是文化单元，它们之间无法比较，都有存在的必要。因此，文化共生的理论假设有理由成为毋庸讨论的前提。文化共生理论的精髓是文化单元的共生，即文化单元都是独特的存在，是在彼此冲突与融合的过程中发展自身。因此，它应该是城乡一体化建设的诉求。

一、职业教育统筹与区域文化共生发展的互动机理

文化共生是职业教育统筹与区域社会发展互动的内在张力，它内隐于社会发展的现象之中。文化共生为多元文化提供了可能性空间，也为多元

---

① 宣文俊.长江三角洲区域协调的重大体制与机制的创新 [J].上海经济研究，2008，(11)：50-58.
② 邱仁富.文化共生论纲 [J].兰州学刊，2008，(12)：155.

文化提供了不确定领域。

　　因此，文化共生是两者互动的终极旨归，也是社会和谐发展的必然诉求。人类社会发展是基于人类的需要，这与文化功能理论的观点不谋而合。通过对文化共生的动力进行考察，文化共生的动力来源于文化内部的驱动力和外在的压迫力。两者之间密切联系、不可分割，在内外因素的结合下文化共生的动力更为强大。无论内部驱动力还是外部压迫力，都是基于对发展的追求，发展的动力始于需要，如图 6-11 所示。

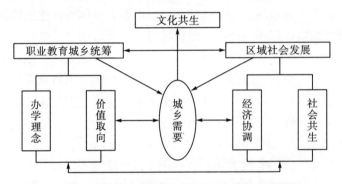

图 6-11　职业教育统筹与区域社会发展的互动机理

　　职业教育统筹与区域社会发展互动的基点是满足城乡各自利益需求。由于城乡各自的功能与社会身份属性不同，所以各自利益需求不同，责任范畴不同，社会功能也不同。因此，区域社会整体发展必须同时满足城市与乡村的利益，促进城乡共同发展。从区域社会的文化功能角度看，区域社会文化共生是职业教育统筹的"土壤"，其肥沃程度将决定职业教育统筹这个"幼苗"的生长程度。区域社会发展在一定程度上影响职业教育的课程设置、人才结构、学校规模等。从职业教育"能为"与"何为"的角度看，职业教育统筹从办学理念和价值取向上满足了区域社会城乡整体发展的需要，为它们提供技术和人才，使城市和乡村在发展中能"各取所需"，从而生长各自文化，推动区域社会和谐发展。区域社会发展也必须为城乡职业教育统筹发展提供一个经济协调和社会共生的外部环境。从文化共生的角度看，职业教育通过型塑职业人身份推动区域社会文化共生。职业人身份指明了农村和城市只是两个不同的空间，打破了社会阶层意义系统的疆界，引导了城乡互动，借此达成城乡文化的"各美其美、美美与共"。

二、职业教育统筹与区域文化发展的互动机制构建

基于上述互动机理，互动的"刺激物"是城乡需要的激励体制与机制。这种体制与机制建设越完善，双向激励功能越得当，职业教育统筹与区域社会发展的文化共生能力越强。基于此，我们期望构建合理的体制与机制来引导且保障职业教育统筹与区域社会发展互动。根据已有的研究可知，体制与机制是密不可分的，两者互相影响。体制可以包括机制，机制也可以包括体制，各有其道理。

（一）文化控制的区域教育集团化办学机制

文化控制是对文化的生产、传播、冲突和变迁等社会过程进行系统管理和操控的一种科学。具体内容包括：①文化控制的对象并不只是对文化传播而言的，而是对包括传播在内的整个文化的生产、应用以及冲突、变迁等全部社会过程的控制与管理；②这种控制与管理并不仅是外力的压制，而是符合规律的系统管理和操作；③这种管理和操作不是机械地设置"关卡"，而是社会系统对文化生产、传播、冲突和变迁的各种信息的不断选择、反馈的自我实现。文化控制归根结底表现为人对文化的创造和享用的能力，表现为人在社会中的实现。① 教育是培养人的活动，当然会成为社会进行文化控制的手段之一。作为教育的一种类型，职业教育通过办学理念、课程设置、人才培养及教育管理等方面进行文化控制。我国正在兴起的职业教育集团化办学也是一种文化控制的方式。职业教育集团化办学是通过各种形式、多元主体的联盟，借助规模效应、资源优化、品牌效应和对口效应，从而实现人才培养的高质量和集约化、集团实力的提升，同时使得联盟各方利益共赢，共同发展。② 可见，职业教育集团化办学过程中，集团内部的各小集团经过文化冲突、妥协达到共生。这种控制过程也是建立和修正师生价值系统的过程。它通过价值引导机制、文化冲突机制及文化整合机制来完成。

1. 价值引导机制

制度和规范是建构价值意义系统的有效路径，也是人追寻意义的符号。人总是依据这些符号来建构内部世界。因此，职业教育集团化办学必须通过价值引导机制重建人的价值系统。价值引导机制是通过制定一定的

---

① 司马云杰. 文化社会学［M］. 太原：山西教育出版社，2007：72.
② 涂三广. 职业教育集团化办学研究综述［J］. 职业技术教育论坛. 2009，（1）上：8-11.

行为规范和建立相应的执行机构，从而引导人们建立与社会发展需要相适应的人类价值系统。司马云杰指出，文化世界建构价值意识就是通过无数文化场、行为场、文化环境、情境、生活细节，在人的心理机制上不断发生意义、意识、知识的过程，是不断积累、凝聚文化世界的价值和意义的过程，也是人根据自己的灵明之心、道德本性和特殊需要，并通过理解、体验、想象、瞭悟等知性活动能力把上述种种文化情境中的价值和意义内化、整合为价值意识的过程。① 职业教育办学理念应通过建立合理的制度、规范和政策等激发各个小集团或者小组织通过价值—态度系统来调节自己的参与程度与积极性。文化控制在文化调适中的作用概括为三个方面：第一，控制某些文化的超限度增长，编制各种文化发展的"指令表"。第二，控制文化失调，避免社会问题出现。第三，控制文化变迁，使之更有计划性。职业教育集团化办学通过办学理念的引导，控制城市文化的超限增长，保证城乡文化协调发展，使城乡文化共生更有计划性和有序。因此，区域政府应根据社会价值取向与区域价值诉求修正或开发关于职业教育集团化办学的政策和法规，激发主体的办学积极性，达到集团内部的小集团之间利益共赢与文化共享。

2. 文化冲突机制

对文化冲突有两种理解：一种是从文化发展的纵向角度看，某一时期某一民族占主导地位的文化模式或文化精神，由于不再有效地规范社会和个体的行为而陷入危机，此时新的文化出现，新旧文化之间展开对抗；另一种是从横向的角度看，两种或两种以上的文化相互接触所产生的竞争、对抗状态，主要是价值观上的冲突。就职业教育集团化办学的发展阶段看，它经历了建章立制、规范管理，注重内涵、提高质量，以及校企合作、完善功能三个阶段。一个阶段代替另一个阶段就是文化冲突的结果，这也是文化共生必须经历的过程，即从原生态、冲突态、妥协态到和谐态的过程。从横向的角度看，我国职业教育集团化办学采用多元主体联盟模式，其价值在于主体间的价值博弈。王超按照联结纽带关系将我国职业教育集团归纳为三种组建模式，即契约联接模式、实质整合模式与混合联结模式。② 无论哪一种组建模式，职业技术教育集团内部的各小集团的接触必然产生价值观的碰撞，由冲突走向共生。文化冲突机制就是能够通过一

① 司马云杰.文化价值论——关于文化建构价值意识的学说［M］.西安：陕西人民出版社，2003：8.
② 王超.对职业教育集团化办学模式的分析与思考［J］.现代企业教育.2010，(11)：5-6.

定的制度和规范调控，调适冲突的度，而顺利达成共生状态。

3.文化整合机制

文化的整合旨在强调把各种分散的、孤立的，甚至冲突的文化价值力量整合为一种凝结着人类整体利益和整体价值理想的力量，从而使人类的文化实践行为充溢着一种健康自觉的人文精神关怀。文化整合机制是指文化主体在制定规范时以文化整合为价值取向，控制职业教育集团内部或者外部力量，使其超越冲突，并积极主动合作，促进区域社会文化共生。涂三广将职业教育集团化的办学模式进行了五种类型的划分：①按主导类型划分，职业教育集团主要有政府主导、院校主导、企业行业主导、自愿联盟和中介主导。②根据联盟方式划分，有校际联盟、校企联盟和区域联盟。③根据实体间的联结关系，将职业教育集团划分为契约型、资产型和资产-契约混合型。④依据联合跨度分为行业内、跨行业和跨教育类型。⑤基于各实体合作结合点分为专业对口、地理位置、集团品牌等。无论哪一种类型，职业教育集团办学都是以文化整合为价值取向，使职业技术教育集团内部各小集团在吸收他者文化的基础上发展自身，同时也创造大集团文化。

(二)文化功能的通才与专才综合人才培养机制

职业教育统筹通过培养人才来促进区域社会协调发展。依据文化功能理论，职业教育人才培养应从功能的独特性出发，培养多样化的人才，既培养一般职业人才，也要培养高级职业人才和特殊职业人才。社会结构是多层次、多组织的。因此，无论在人才培养的目标、培养过程及教育评价方面，职业教育都应该满足区域社会结构及个体差异的需要。因此，职业教育人才培养体制以目标机制、过程机制及评价机制的协调作为体制运转的保障。具体表现为以下三个方面。

1.多层级的目标调控机制

职业教育人才培养目标是职业教育过程及质量评价的基础和依据。目标设计的质量决定职业教育过程的实施和人才培养的质量。因此，我们提出多层级职业教育人才培养目标调控机制，借此达成培养"完整的职业人"的总目标。"完整的职业人"意味着职业人精神品味的提升，关注个体内部世界的需求，使人人都能获得自我内部世界与外部世界的平衡，达到"全人公民"的素质。职业人是类群体，是具有各种层次的职业人，是具有不同技术水平的人。根据职业教育院校层次以及职业技术本身的要求，职业教育应该设立具有各种层次的目标，将目标的"点"扩大为

"面"，建成职业教育目标系统。将职业教育人才培养目标按照职业技术水平分出等级，为培养过程中的自主选择提供依据，避免过于关注目标而带来线性思维，观照过程的生成性与创造性。这些具有不同等级层次的目标应该被建成一个目标平台，该目标平台将成为调节过程和评价的机制，并通过信息平台来调整教学过程和学业考核与评价。

2. 自主选择的过程培养机制

职业教育人才培养目标的设计将引导职业教育过程，并要求在过程中生成目标。目标设计采用"面或体"的形式，目的在于调整人才过程的控制为职业教育过程留下自主选择的空间。现行职业教育的人才培养过程应增加自主选择的空间，它与目标的预设性结合，既监控职业教育人才培养的质量，又能达到培养创新人才的目的。职业教育技术创新需要理论的渗入和实践的历练，因此，课程与教学是技术创新的平台。职业教育课程设置中应该设置学生创生课程的计划，使创生课程的过程成为学生享受学习的过程，而非为了完成他者的任务或生存的无奈而学习。我们认为，职业教育人才培养过程中以目标为调控机制并不限制教育的生成过程，关键在于目标的设计是否科学，是否能够引领过程。过程系统虽然受目标系统的调节，但并不完全受制于目标系统。目标系统以"面"的形式设计，分散了过程的"聚焦点"，因此，观照了过程的创生性。

3. 开放多元的动态评价机制

职业教育多元评价机制应以自我实现为价值取向，这与多层次目标机制相契合。目标的层次性提供了选择的机会，同时配合评价体系，使人人能够得到自我目标的实现，也能向着上一层次的目标进行流动。多元评价机制采用阶梯形评价系统，既考虑其纵向的评价过程与阶段，也要考虑多元的评价主体。目标的层次性与评价的阶梯性相契合，将会从价值系统中引导成员"各美其美"。该评价机制设立的依据是根据职业教育活动独立于教育的特殊性以及人人都有自我实现需要的假定。

多元评价机制采用多元立体评价模式，如图6-12所示。该评价模式的标准建立应与目标层级型体系相匹配。学生可以根据实际情况申请不同的等级形式，完成某一等级后可以升级。该评价模式的结果形式采用职业等级证书与学历证书分开的制度。这在某种程度上激发了学生的学习主体性，且将企业同时置于评价主体，进而激发企业参与的主体性。该模式的评价方式有学习成绩、实习成绩、社会实践成绩及在企业中的表现等。由于参与教学活动和评价活动的主体不同，所以评价的主体可以是教师单独评价，也可以是企业、社会实践部门、学生与教师一同参与评价。这应根据参与过程与评价的内容而定。

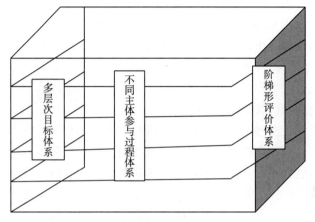

图 6-12　多元立体评价模型

（三）身份认同的资源统整管理机制

职业教育统整的管理体制是以资源统整的视角，通过个体身份认同机制和组织身份认同机制来实现职业人的身份认同，促进区域社会发展与城乡职业教育统筹的互动。组织通常通过各种身份确认路径使组织中的成员认同组织文化。当组织文化被成员认同后，成员会尽可能去个性化而尽力符合其在组织中的身份。职业教育统筹是通过区域文化控制达到城乡人各自认同自己所属文化并欣赏他者文化，而使区域内部文化单元共存共生。

1. 教师编制的身份认同机制

教师编制是确证教师组织身份的认同机制。有学者提出了社会制度对个体身份认同的影响，指出社会赋予了个体以身份，并通过制度路径影响着个体对某一身份的确认，进而建构了人们的身份意识。[①] 教师编制制度就是我国教师身份认同的路径之一，通过编制使教师对自我身份认同。我国教师编制分城市编制和农村编制，这个分类使教师自觉将自己进行群体归类，而且这些分类将引起主体情绪和意义，主体会将该情绪用于工作中。因此，我们提出区域集团内的师资流动制度，该制度是以师资统整为视角，采用人事管理统整模式，建立区域职业教育集团内师资流动制度。为使教师建构统一身份，认同区域文化，提升教师的自我价值和社会层

① 王亮. 制度建构与个体的身份认同问题——我国二元的户籍制度对失地农民身份认同的影响 [J]. 前沿, 2010, (8)：7-8.

次,该制度应将师资人事档案统一归职业教育中心管理,根据生产链式教育集团的师资需要统一调配。这种人事制度管理不仅在价值上引导了需求文化,使需求成为城乡职业教育的第一要务;同时在解释性意义上引导区域内的教师合作文化,使每一位教师都成为该生产链上的重要人物,有助于实现个体的生命价值。而且,这种制度也证明了教师是因自我价值而为某校或者某组织工作,从而提高教师个体的工作主体性。

2.组织的身份认同机制

个体通常在群体中定义自己,在组织中被范畴化为群体,因此,组织身份其实质是群体身份。个体通过"自我刻板化"为群体身份,进行内群感知,并通过群际社会比较来评价自我和组织。区域内农村学校或者某些边缘化院校的成员因为认同缺位而导致不积极的态度或者为个体的自尊而产生社会流动。因此,我们提出用优势教学资源协调配置的方式,使区域内职业教育部门认同自我的优势,从而获得自豪感,用更积极的态度服务于该组织。在一个区域内,地理位置和自然环境的不同,无论是素材性资源还是条件性资源,无论是内隐资源还是生成性资源方面,都有各自的优势,因此区域职业教育资源配置应以资源优势整合为依据,教学管理应采用区域集团化统整模式;教学资源成为各学校彰显自我功能的载体,也是承载学校特色的载体,进而学校和教师通过资源分享而获得组织认同。同时,校校之间也可以通过进行资源交换来加强组织合作的积极性与搭建共享平台。

(四)区域职业人身份型塑的职业教育统筹招生就业机制

城乡二元结构文化建构了城市人与农村人的身份,这种身份类别与个体自我解释将引导农村人期望向城市人流动。另外,我国农村除了自然资源和环境外,其他条件都比较差,因此,在农村工作的人也宁愿做城市人与农村人的身份归类,借此寻找机会调到城市里而提高个体的社会层次。基于上面的解释,我们提出职业教育要通过招生和就业城乡统筹来型塑职业人身份,引导人们在区域人大文化身份框架内归类,进而解释职业人身份的平等性。职业教育招生就业城乡统筹体制需要两种机制保障:一是职业人身份认同机制;二是区域人身份认同机制。

1.职业人身份认同机制

我们这里强调的是职业人的身份属性与解释,而不是职业人的素质。身份归属于社会子系统,有学者采用系统透视方法分析公民身份与社会关系,认为公民身份属于特定目的而分化了的社会次级系统——管理-政治子系统，它仅存在于具有分化的、合理的政治体制的社会中，其作用对于体制一体化非常重要。① 公民权与国家权的相互冲突与平衡推动了社会发展。在我国，城市人、农村人身份范畴的客观成分是地区归属，主观成分是该地区归属的特权建构。例如，城市与农村户口簿的颜色不同代表享受的待遇不同。因此，身份表征的社会意义就在主体间性互动中建构起来，并且不断得到认同。我们提出采用城乡招生就业统筹的路径来确证职业人身份，因为职业人身份认同机制是通过招生和就业统筹制度来实现的，该制度打破城乡编制待遇的不同，从社会需要和个人旨趣出发进行招生与就业。所以，城乡统筹的招生就业制度将型塑人们价值系统中新的归类范畴——职业人。职业人身份的意义在于职业本身的价值与个体兴趣取向，关注个体生命价值的彰显。同时，职业人的身份也指明了平等性，即农村医生与城市医生都是医生，没有差别。

2.区域人身份认同机制

虽然任何身份归类都有其合理性，但是，利于文化发展的身份归类将促进国家和社会的和谐发展。因此，在职业人身份的基础上，我们倾向于引导人们采用区域人的身份属性归类，当区域成为身份归属类别时，销蚀了身份归属的等级范畴。从地理成分看，区域只是地域之别，而非等级与阶层之别。因此，在强调区域职业教育统筹与区域社会发展互动的前提下，以区域作为归类属性增加了平等身份的效应，扩大了他们作为纳税人、选民、福利接受人的公民权。基于此，我们认为，职业教育招生应以职业的需要作为区域统筹的依据，打破待遇等级制。因为公民身份的存在取决于生活世界符号再生产的基本过程，区域人身份的建构应该纳入区域经济和政治以及文化的整体语境之中。职业教育招生就业的区域统筹将帮助职业人建构区域人身份，并在该身份认同的过程中确认和固化身份。

① 尼克·克罗斯利.公民身份、主体间性与生活世界［A］//尼克·史蒂文森.文化与公民身份［M］.陈志杰译.长春：吉林出版集团有限责任公司，2007：46.

第七章　职业教育统筹发展的技术平台

职业教育统筹发展技术平台是为职业教育统筹发展提供资源共享、远程教学、研究互动与统筹管理的网络服务平台，也是由母平台与子平台相互嵌套而成的技术平台系统，其实现依承于多层次分布网络系统结构、分布式架构技术，以及 Web、多媒体与数据库等应用技术。针对当前各个学校各行其政，城乡区域内缺少独立于各校之外且统整各校信息资源共享平台的局面，只有在城乡区域范围内统一规划，构建"分布—聚合"式职业教育网络共享平台以整合分散的信息资源，并建立在角色模拟及流程模拟技术基础上的专业示范基地，才能进一步促进城乡职业教育信息资源共享，实现城乡职业教育优势互补、协调与联动发展。

第一节　职业教育统筹发展技术平台的功能定位

职业教育统筹发展技术平台是为职业教育统筹发展提供资源共享、远程教学、研究互动与统筹管理的网络服务平台。它具有三大特点：第一，以服务为宗旨。职业教育统筹发展技术平台是一种基于 SaaS 的技术平台。SaaS 是 "software as a service" 的英文缩写，中文意思为 "软件即服务"。也就是说，职业教育统筹发展技术平台是一种提供服务的技术平台。正是这种提供服务的技术平台才能使用户从复杂、专业的计算机软件与硬件世界中解脱出来，将有限的人力、物力、财力集中投入到教育发展当中，从而提升统筹发展的质量与效率。第二，以网络为载体。职业教育统筹发展技术平台既不是传统意义上的工作台，也不是城乡统筹发展所需的普通环境或条件，而是统筹发展所需的网络环境。也就是说，职业教育统筹发展技术平台是一种基于网络的技术平台。正是这种网络化的技术平台才能有效突破城乡职业教育资源整合与共享的时空限制，大幅度提升统筹发展的效率、效能与效应。第三，以资源共享、远程教学、研究互动及统筹管理为主要功能。这四大功能是职业教育统筹发展技术平台统筹功能的具体体现，如图 7-1 所示。正是这种提供资源共享、远程教学、研究互动及统筹管理功能的技术平台，才能实现城乡职业教育资源的深度整合与全面共享，从而极大提升统筹发展的效果、效益与效能。

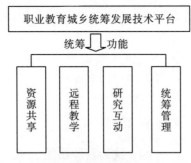

图 7-1 职业教育统筹发展技术平台功能体系

一、资源共享功能

资源共享功能是职业教育统筹发展技术平台最为突出的一项功能。对此可从广义和狭义两个方面来理解。从广义上讲，建立平台的目的就是职业教育统筹发展的各种资源要素，通过各种资源要素的共享来实现城乡职业教育资源要素的双向流动与合理配置，从而推动城乡职业教育实现融合式、共进式发展。因此，共享资源的功能是平台最为重要的功能，职业教育统筹发展技术平台实质上就是职业教育资源共享平台。从狭义上看，资源共享仅是平台的一个功能模块，它主要为电子图书馆和虚拟实训室提供服务，即资源共享模块主要提供图书资源和实训资源的共享服务。

二、远程教学功能

远程教学功能致力于统筹城乡教师资源，为城乡职业教育的融合与共进式发展提供师资保障，它主要依托于远程教学模块来实现。远程教学功能有两大特点：第一，能为多种对象提供教学服务。例如，学生可以通过此模块进行远程学习，教师可以通过此模块进行远程培训，技术工人可以通过此模块进行终身学习。第二，能提供多种类型的教学服务。例如，提供异步式远程教学的"人－机多媒体信息库交互式教学"，提供同步式远程教学的"双向实时会议式教学"。多元的服务对象与服务形式使得远程教学模块能够有效统筹与共享优质的教师资源，从而为城乡职业教育的统筹发展提供重要保障。

三、研究互动功能

研究互动功能旨在为用户提供一个及时交流、互动及在线研究的场所，它主要依托于研究互动模块来实现。研究互动功能主要体现在为用户提供技术研究与交流互动功能。其中，技术研究功能主要表现在为学生的探究学习共同体提供一个学习平台以及为教师、技工的技术研究共同体提供一个研讨平台；交流互动功能主要表现在为所有用户提供一个交流平台。研究互动功能关照了各类用户的互动与研究需求，既有助于开发各类用户的智力资源，还能够促进各类智力资源的共享与增长，因而能够大大提升职业教育统筹发展的效率与效益。

四、统筹管理功能

统筹管理功能是提高职业教育统筹发展效率的一项重要功能，主要依托于统筹管理模块来实现。统筹管理功能主要体现在宏观与微观两个层次。宏观层次的统筹管理功能是指由市（区）职业教育机构对职业教育统筹发展技术平台实施的统筹管理功能，如对发展共同体平台的管理、维护以及为用户提供体验等；微观层次的统筹管理功能是指由职业教育统筹发展共同体对内部各项资源的管理，如教师管理、学生管理、统计分析等。平台的统筹管理功能具有自动化、高效性等特征，能够极大提升平台的工作效率，有效推动职业教育统筹发展的快速实现。

第二节　职业教育统筹发展技术平台的具体范畴

技术平台的具体范畴从管理的角度来看，职业教育统筹发展技术平台是一个由母平台与子平台相互嵌套而成的技术平台系统，如图 7-2 所示。母平台是指由市（区）级职业教育机构管理的技术平台，主要负责对全市（区）范围内的所有职业教育统筹发展共同体的技术平台进行统筹管理；子平台是指由职业教育统筹发展共同体管理的技术平台，主要负责对职业教育统筹发展共同体内部的教育资源进行统筹管理。母平台与子平台之间是一对多的关系，一个母平台往往管理多个子平台；母平台与子平台之间又是相互联系与相互独立的关系，这主要表现在两者的具体范畴中。

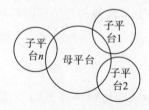

图 7-2　职业教育统筹发展技术平台结构关系

一、母平台的具体范畴

职业教育统筹发展技术母平台主要涵盖平台简介、职业教育动态、发展共同体、资源共享、远程教学、研究互动、统筹管理七大模块，如图 7-3所示。

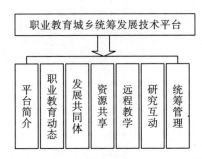

图 7-3　职业教育统筹发展技术母平台内容体系

平台简介模块重在对母平台的功能定位、具体内容等基本情况进行总体介绍，旨在使用户能够了解母平台的基本情况及其存在价值。职业教育动态模块重在及时介绍职业教育政策、职业教育新闻、资格考试与招生就业方面的信息，旨在使用户能够及时了解职业教育方面的政策与法规、新闻与时事，能够掌握最新的资格考试与招生就业信息。发展共同体模块重在对每个职业教育统筹发展共同体进行详细介绍，介绍的具体内容可包括发展共同体的组成、发展共同体的工作进展及成效等，旨在使用户对市（区）里职业教育统筹发展共同体的数量及基本情况等进行较为全面的了解与掌握。在母平台中，资源共享、远程教学、研究互动三个功能模块重在提供三个模块的初步体验，以及链接到子平台的基本接口，旨在使用户较为全面、生动地了解三个模块并且学会如何使用三个模块，同时为用户进入子平台的三个模块提供入口。统筹管理模块重在对母平台进行维护，对子平台进行管理，旨在使管理者能够更好地维护平台运作。

二、子平台的具体范畴

如前所述，职业教育统筹发展技术母平台与子平台之间既相互联系又相互独立。具体而言，相互联系表现在两个方面：一是可以通过母平台直接访问到子平台；二是子平台的六大模块，如图 7-4 所示与母平台的七大模块具有高度的相似性，即除了发展共同体模块，母平台的其他六大模块子平台都具备。

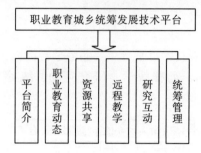

图 7-4　职业教育统筹发展技术子平台内容体系

母子平台的关系主要表现在三个方面：一是母平台中平台简介与职业教育动态两个模块的外延更广，子平台中这两个模块的外延更窄，主要集中于对发展共同体自身的技术平台以及相关的职业技术教育动态进行介绍。二是母子平台在资源共享、远程教学、研究互动、统筹管理模块上的侧重点有所不同。母平台的模块重在为用户提供体验与入口，重在从宏观层面对技术平台进行管理，而子平台的模块重在为用户提供具体的资源共享服务、远程教学服务、研究互动服务及微观层面的统筹管理服务。三是子平台可以独立于母平台存在，从发展共同体内部各个单位的入口直接进行访问。由于资源共享、远程教学、研究互动、统筹管理模块是构成子平台的主体部分，下面对其基本范畴进行更为详细的介绍。

1. 资源共享的基本范畴

资源共享模块主要包含两个模块。一是电子图书馆。电子图书馆里的资料主要有两类：一类是购买的外部资料库；另一类是发展共同体内部生成的资料，如成果、作品等。二是虚拟实训室。虚拟实训室是针对特定专业的技能训练研制的大型系列化仿真实训系统，分单机版和网络版。单机版主要供教师进行演示性教学和实训教师备课使用，网络版主要用于学生进行仿真训练。这部分资源也包括购买的与自制的两大类。

2. 远程教学的基本范畴

从服务对象的角度看，远程教学模块主要包含三个模块：一是学生远程教学，主要服务于在校学生远程学习，可以为在校学生提供侧重于理论培训的学校课程和侧重于技术训练的企业课程；二是教师远程教学，主要服务于教师的远程培训，可以为教师提供教育教学培训课程和职业技能培训课程；三是技工远程教学，主要服务于企业技术工人的远程终身学习，可以为技工提供职业理论培训课程和教育教学技能培训课程。从服务方式的角度看，远程教学模块主要包含两个模块：一是双向实时会议式教学，这是对学校教育的模拟，临场感强、交互性好；二是人-机多媒体信息库交互式教学，这属于多媒体信息检索方式，主要特点是教师的角色被多媒体教学信息库代替，教学不受时空限制。^① 多媒体教学信息库中包括教学视频、多媒体课件、练习测试题、拓展阅读资源等。

3.研究互动的基本范畴

研究互动模块主要包含两个模块：一是技术研究，主要包括探究性学习与技术研发。探究性学习模块主要用于学生的合作学习，技术研发模块主要用于教师、技工等联合进行新技术的研发。二是交流互动，主要包括主题讨论、热点简评、疑难解答、学训心得、问卷调查等，各类用户都可以在此模块中进行交流与互动。

4.统筹管理的基本范畴

统筹管理模块主要包含五个模块：一是学生管理，如进行学生注册、安全策略、学籍管理、专业与课程管理等；二是教师管理，如提供课程管理、培训管理等；三是资源搜索，如支持高效的搜索策略和协议、多种文档类型的检索等；四是教学资源编辑制作工具与管理，如提供课件目录树生成与动态修改机制，提供可视化的用户操作界面等；五是统计分析，如提供用户行为的统计与分析、提交相应的分析统计报表等。

第三节　职业教育统筹发展技术平台的技术支持

职业教育统筹发展技术平台的有效实现，主要依托于宏观层面的多层次分布网络系统结构，中观层面的以分布式技术为主的架构技术，以及微观层面的以 Web 技术、多媒体技术和数据库技术为主的应用技术。

一、系　统　结　构

职业教育统筹发展技术平台功能上的多样性以及用户上的广泛性，决定平台必须采用典型的多层分布式网络系统结构。由图 7-5 可知，全体用户都可以通过 Web 浏览器方便地访问平台内的各种资源，其中教师、学生和技工可以通过客户端软件进入双向实时会议式教学系统，平台内各应用模块的数据支持都来自平台的数据中心。

---

① 勾学荣，于斌.建立现代远程教育技术平台的技术策略［J］.电信工程技术与标准化，2000，(3)：4-6.

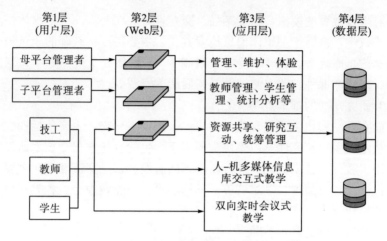

图 7-5　职业教育统筹发展技术平台的系统结构

二、架 构 技 术

分布式技术是平台架构实现的核心技术。分布式技术是一种基于网络的计算机处理技术，具有高度的内聚性和透明性。在一个分布式系统中，一组独立的计算机展现给用户的是一个统一的整体，因此，对用户来说，分布式系统只有一个模型或范型。分布式系统拥有多种通用的物理和逻辑资源，可以动态地分配任务，分散的物理和逻辑资源通过计算机网络可以实现信息交换。因此，分布式操作系统是以全局方式管理系统资源的，它能使服务器分布在世界的各个地方，为用户提供海量、便捷、快速的服务。

三、应 用 技 术

1. Web 技术

Web 页面是当今网络内应用最广泛的人机交互界面，也是用户与职业教育统筹发展技术平台交互的重要渠道。由 JavaScript、XML、Ajax和 JSP 等技术构建的动态网页为用户提供了更好的人机交互环境，并极大提高了平台的易用性和广泛性。其中，Ajax 带来的交互式网页应用技术，能够最直接地提升用户的 Web 体验，而 JSP 作为 Java 语言在 Web中的一个应用，是动态网页实现的服务器端的重要保证，并且 JSP 继承Java 语言跨平台的特性，这为本平台的分布式部署提供了强有力的支撑。

2. 多媒体技术

作为用户感观最直接有效的方式，多媒体在计算机教学方面，有着不可动摇的重要地位。然而，在远程教学当中，优良的画质（音质）与有限的带宽和复杂的网络环境之间，一直存在着不可调和的矛盾。最新的视频编码技术 H264 为我们带来了卓越的画质、超高的压缩比以及强大的网络适应能力，使我们在远程教学的矛盾困扰中找到了一个动态的平衡点，为用户带来了全新的远程教学体验，而 Flash 在流媒体（streaming media）方面的强大支持，使我们在非交互式的远程教学以及 VOD 视频点播中更得心应手。

3. 数据库技术

数据中心的安全、稳定、高效，是职业教育统筹发展技术平台有效运作的基本前提。职业教育统筹发展技术平台的功能与特性决定了平台数据具有海量性与复杂性等特征。而数据库集群技术所具有的"完全的可伸缩性、高可用性、高性能、优秀性能价格比、资源共享"等特性不仅为平台数据中心的安全、稳定与高效提供了重要保障，而且为数据的海量性与复杂性提供了良好的支撑。在众多的数据库产品中，Oracle 数据库凭借其稳定、完善的功能和良好的售后服务成为职业教育统筹发展技术平台数据中心的最佳选择。

第四节　职业教育统筹发展"分布—聚合"交流平台

针对当前各个学校各行其政，城乡区域内出现缺少独立于各校之外且统整各校信息资源共享平台的局面。我们建议，在城乡区域范围内统一规划，构建"分布—聚合"式职业教育网络共享平台，整合分散的信息资源，促进城乡职业教育信息资源共享。

一、"分布—聚合"式城乡职业教育网络的基本属性

"分布—聚合"式城乡职业教育信息资源网络立足于各职业学校的信息资源，在分布式资源管理的基础上，将物理位置相对分散的不同站点的信息资源进行聚合汇总，通过网络平台实现城乡职业教育信息资源共享。所以，分布管理和动态聚合性就成了"分布—聚合"式城乡职业教育信息资源网络的两个最基本的属性。分布管理是指网络内的信息资源由各站点在城乡区域统筹规划的基础上，分别建设，分布式存储。各站点管理员对存储在自己学校服务器上的信息资源进行分布式管理，这样不仅可以避免

资源的重复建设，节省大量的硬件资源，还可以使信息资源建设更贴近职业教育教学的实际需要。动态聚合性具有共享平台动态的聚合、汇总不同站点的信息资源并进行实时发布的属性，共享平台的检索项与各站点间的资源索引目录实行动态链接，实时汇总各站点的资源索引目录，并对总索引目录按资源标志进行分类后呈现给用户，供用户检索查询。"分布—聚合"式城乡职业教育网络除了具有分布管理和动态聚合性外，还能够向用户输出聚合后的信息资源，这是一个开放性信息发散的过程，与此同时它还具有接受用户上传信息及资源的功能、动态的输入输出功能，彰显出网络平台的系统开放性；"分布—聚合"式网络共享平台能够整合各物理站点的信息资源，重新组织后呈现给用户，这表现出明显的信息内容主题关联性特点，这样的资源联结方式适合于学生的自主学习，也便于教师根据需求自行组织。即时更新性，是指共享平台内有两级信息资源目录索引，分别存储在物理站点和共享平台上，并且这两级目录之间具有动态的即时更新功能。

二、"分布—聚合"式城乡职业教育网络的结构

"分布—聚合"式网络共享平台的建设，就是建立一个集中的、统整城乡区域内各个站点信息资源的门户。该门户网站并不是物理性存储各学校站点内的信息资源，而是只存储各资源站点的信息索引目录，同时为各物理站点提供共享平台界面，引导广大用户从门户上寻找需要的教育教学信息资源，待到真正需要下载所需资源时，才通过索引链接到信息资源所在的分布式服务器上。"分布—聚合"式网络共享平台的建设，是要实现在不改变原有资源存储位置的基础上进行资源的同步管理。"分布—聚合"式网络结构，如图7-6所示共分三个层次，分别是物理存储层、共享平台层、虚拟应用层。物理存储层是由参与资源共享的各物理站点共同构成的，它们除了根据国家统一标准进行资源建设外，还负责对自身站点的资源进行存储管理、动态索引、及时更新；共享平台层除了向各节点的用户提供统一的共享界面外，还动态地汇总、分类、更新各资源站点索引目录，共享平台中的互动性交流子平台还为用户提供一个实时的交流空间，并部分性管理、存储用户上传的信息资源；虚拟应用层主要负责各节点用户对共享性门户平台的联结，以使所有用户都在统一的共享界面上操作。

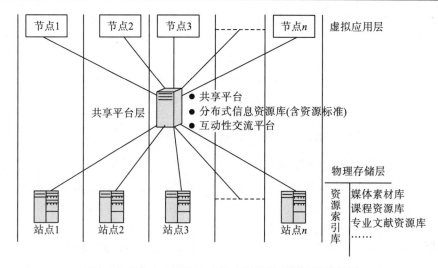

图 7-6　"分布—聚合"式城乡职业教育网络的结构图

三、"分布—聚合"式城乡职业教育网络的资源建设

"分布—聚合"式城乡职业教育网络的实质是共享平台与信息资源物理存储的异地分离。共享平台主要功能是向各级用户提供信息资源索引、查询、下载与上传等，还兼有协作与交流平台的作用，如论坛、博客等。因此，平台本身的建设比较简单，重点是其网络信息资源的建设。"分布—聚合"式网络实行分布式动态信息资源管理，它的信息资源主要来自于两部分：一是分布在各站点上的标准化信息资源，它们是进行资源共享的主要部分，因此，只有标准化建设职业教育信息资源，才能保障城乡职业教育信息共享资源，教育资源标准化建设是促进城乡职业教育信息资源共享的基本前提，这也正是我们前面所强调的观念；二是用户通过共享平台添加到网络上来的信息资源，"分布—聚合"式网络共享平台是一个开放性平台，资源建设并不仅由管理员个人进行，而是由所有用户共同进行建设。用户在对网络平台的现有资源进行检索、浏览、评论、下载的同时，也可以将一些优质资源上传到共享的平台上，只是这类由用户上传的信息资源需要学科资源管理员的审核，只有经过管理员的初步鉴定后，才可以加入到相应的资源库，在这个过程中，管理员有权拒收或修改。至于所上传的资源是否真正的优质，还要由创建者、学科管理员、使用者、浏览者等多方通过量性评分和质性评论综合确定。用户通过共享平台添加的资源在物理上的存储位置要分两种情况，这主要根据上传资源者的网络地址进行判断：当资源上传的网络地址不属于城乡区域内任何一个站点时，

用户上传的资源将直接存储在共享平台的资源库中；当资源上传的网络地址隶属于城乡区域内某个站点时，用户上传的资源将直接存储在他所隶属的站点资源库中。无论资源存储在哪里，在存储的同时，该资源的元数据描述或资源的标志中都将设置专门的字段，记录上传者的网络标志，这包括他的网络地址、用户名甚至所用机器的网卡物理地址等。

四、"分布—聚合"式城乡职业教育网络的共享运行机制建设

1. 集团化领导决策机制

在所有类别的资源中，人的智慧是最重要的资源，智慧型信息资源将是推动城乡统筹职业教育信息资源共享的关键，而集体的智慧决策将是这一工程科学持续推进的有力保障。因此，我们建议"分布—聚合"式城乡职业教育网络的运行实施集团化领导决策机制。决策层由教育局行政官员、学校校长、教育专家（电化教育专家、职业教育专家、信息技术专家）共同组成，主要负责制订城乡职业教育信息资源共享网络的战略发展规划，指引城乡职业教育信息资源建设发展方向；发展与规划建设项目，管理与评估相应项目，避免资源的重复建设；推进城乡职业教育网络运行的制度化建设，促进各单位间的协调等。

2. 二级两类管理员组织管理制

二级管理员是指在网络的运行管理中设置两级管理员，即共享平台管理员和各站点管理员。两类管理员是指每一级的管理员又分为两类，即信息技术管理员和学科资源管理员。信息技术管理员主要负责网络运行的技术性维护，这包括平台界面及相关功能的管理以及管理员、一般用户的账号管理；学科资源管理员主要负责网络学科信息资源共享的观察与指导、资源的审核、归类与评价以及网络教研活动的策划、组织与评价。二级管理员虽然在物理位置上位于中心和各分站点，但他们在逻辑上都是面对共享的网络运行界面，即网络的共享平台。每一个站点的管理员或用户凭账号登录平台后，都可以在应用平台内检索任何一个信息资源。所不同的是，各站点管理员只对自己站点的信息有添加、修改和删除的权利，而对其他站点的信息却只有访问、下载和申请上传资源的权利。

作为一般用户只有访问和申请上传资源的权利，他们可以任意地下载或添加网络资源进入自己的资源库，凡是添加进入用户资源库的资源，在用户端都只保存资源的动态路径，不作实际性的物理存储位置的改变。不过，任何一级用户都有对某一信息资源进行评论、批注的权利，这些评论将以该信息资源的备注文件的形式关联到该信息文件上，同时显现给每一

个浏览该信息的用户，也给该信息的创建者提供了动态修改的建议。需要强调的是，各级学科资源管理员还肩负着组织本学科学术专题研究、网络教研活动的责任，他们负责策划、组织实施、总结评价等活动。他们通过网络协作与交流平台安排教研活动的细节，包括向活动参与者推荐资源链接，明确活动的主题、任务、时间等，组织教师们在共享性实践应用中提升信息智慧。

随着城乡职业学校信息资源配置的不断改善，许多学校都建设了自己的校园网络和教育教学信息资源库，并逐渐打破仅用于信息发布和本校资源共享的局面，广泛开展基于网络环境的教研实践探索，通过城乡统筹，实现区域内职业教育信息资源的共享，逐步建设研究型、学习型组织，实现城乡一体化发展。但我们应该明确，通过资源共享，追求资源应用的最大效益，促进城乡职业教育的公平发展，是一个长期的、不断完善的过程，有待于我们的进一步努力，才能完成或实现城乡职业教育的整体性、持续性、均衡性发展。

第五节　职业教育统筹发展的模拟实训基地建设

模拟教学实训基地是城乡职业教育优势互补、协调与联动发展的角色体验基地。从共生教育的视角来看，职业教育统筹实训基地是在城市高端实训场所与农村基础实训场所之间建立起一种互惠共享、协调共进的学习共同体，以促进城乡职业教育在多极实践教学环节的多种角色体验。因此，统筹管理与资源共享是实现城乡统筹背景下职业教育模拟实训基地建设的关键。职业教育模拟教学实训基地是一个建立在角色模拟以及流程模拟技术基础上的专业示范基地，它能够最大限度地避免人力、物力和财力上的巨大浪费，从而大幅度地提升基地利用率。

一、城乡统筹视域下模拟教学实训基地建设理念

模拟实训基地建设的科学性取决于对"模拟"系统要素分解的完整性。以模拟的方式来构建职业教育实训基地是解决职业教育能力提升与经验缺失之间矛盾的关键。这里的"模拟"是模仿、仿效、效法的意思。"模拟，又称模仿，指照着某种现成的样子学着做。"[①] 照此推之，"现成

---

① 中国社会科学院语言研究所词典编辑室.现代汉语词典［M］.北京：外语教学与研究出版社，2002：1362.

的样子"及"照着做"构成了模拟技术的两大核心指标。"现成的样子"回答模拟技术的"摹本"问题，从来源分析，职业教育实践教学的摹本主要是角色与工种，逼真地模仿生活世界丰富多彩的人与事是职业教育模拟活动的本质规定性。"照着做"回答模拟技术的"怎么模拟"问题，对生活世界的不同理解与感受使得个体对摹本的处理及其显现方式也不同，即同一摹本可以提供不同的模拟体验。

模拟教学实训基地是师生通过角色置换以获取角色体验为直接目的的实践教学场所。从城乡统筹的角度即在城市职业学院与农村职业学校之间建立一种互生共享、优势互补的角度去系统分析模拟教学实训基地建设问题，是职业教育实践教学研究的新视角。"统筹"是兼顾关系、全域考虑的意思，其用意在于共享与协调发展。城乡统筹视域下模拟教学实训基地建设包含共生双赢、区域共享及集约管理三大理念。

1. 共生双赢理念

共生双赢是模拟教学实训基地建设在观念层面的统筹思想，意指城市职业学院与农村职业学校的实训基地建设存在相辅相成、互为促进的共生关系。"共生"作为一个生态学概念，意指"不同种属按某种物质联系而生活在一起，或从一般意义上讲，共生是指共生单元之间在一定的共生环境中，按照某种形式形成的关系"。① 共生双赢暗示地方政府应兼顾城市职业学院的高端技术需求与农村职业学校的基本技术需要，分期分批地建设创生性模拟教学实训基地以及验证性模拟教学实训基地，以满足城乡职业教育的不同需要，达成城乡职业教育的互惠发展。由此，"双赢"的前提是抓好规划共生环境、处理共生关系、设计共生单元三个环节。基于此解释，职业教育模拟实训基地建设在价值取向、模块组合、资源配置、共享平台等方面都应兼顾城乡职业教育实际。

2. 区域共享理念

区域共享是模拟教学实训基地建设在功能定位上的统筹思想，共建中共享是建设高品质实训基地的有效运行机制。区域共享意指地方政府应集中优势资源重点打造特色与示范的模拟教学专业实训基地。职业教育实训基地以"校"、以"企业"举办的传统模式注定其在基地建设上出现"整齐规划"的特点，平均用力的投资策略引发的投入分散、建设重复、使用率低等现象造成了人力、物力及财力上的极大浪费。职业教育模拟实训基

---

① 　曲亮，郝云宏.基于共生理论的城乡统筹机理研究 [J].农业现代化研究，2004，(9)：371-374.

地建设应兼顾辖区内职业教育的教学特点及辖区内职业教育动态，设置合理合适的职业教育专业示范模拟实训基地。

3. 集约管理理念

集约管理是模拟教学实训基地建设在经营管理层面的统筹理念，意指当地政府应集合区域职业学院及相关企业的优势人力、物力、财力，以最有利的组合方式获取最大的报酬。换句话说，集约管理提倡模块教学的组合方式。模块教学是基于标准元件的动态组装过程，由此，集约管理思想是节约与整合思想。基于此解释，职业教育模拟实训基地建设应兼顾各行业、岗位、流程、角色等的内在统一性与外在协调性。

二、职业教育统筹模拟教学实训基地建设的技术路径

从模拟教学的角度研究实训基地建设，对职业教育而言有着内涵十分丰富的学术价值和实践价值。以"模拟"为观测点构建实训基地，体现了职业教育基地建设的"环境仿真性"原理。同时，以"实训"为观测点研究基地教学，体现了职业教育基地建设的"生产流程性"原理。研究模拟教学实训基地建设，需解决模拟技术及建设路径两大问题。

(一)实训基地建设中的教学模拟技术

从情景模拟的角度即将真实的事物或过程通过特殊方式的虚拟再现，以体验其发生、发展的建构论角度去系统分析职业教育实训基地建设问题，是实践教学研究的新视角。情景模拟技术也称模拟教学方法，它最早起源于军事用途的战争模拟，通过模拟军事环境来训练官兵以提高实战能力。基于军事角度的情景模拟技术主张在仿真的情景中通过体验获得职业知识与能力。作为一种渗透着团队协作精神和运用高科技的教育理念的模拟思想，是与实践教学、团队协作、过程体验等思想一脉相承的。职业教育实训基地建设中的情景既可以是现场情景中的真实环境，也可以是网络情景中的虚拟环境。无论是真实或虚拟环境，职业教育实训基地建设的情景模拟要素理应包括角色模拟及流程模拟两大技术。

1. 角色模拟技术

角色模拟是基于角色职能的认识层面的模拟技术，是对某一职业的内在规定性的模仿，以达成"外形逼真"的目的。角色模拟有角色扮演和角色观摩两种模拟方式，其目的是在扮演或观摩中增进角色行为，获得角色体验。所谓角色扮演，就是按照角色的社会行为模式，把自己想象成某一社会角色，在扮演中体验角色所承担的社会责任与义务，由此获得角色期

待的活动。所谓角色观摩，是根据角色模拟软件观摩其他人的角色扮演，在观察中寻找角色差距，在角色调试中获得角色认知的活动。由于角色模拟是对某类人的工作情景表现进行的模拟训练，所以，定位职业核心特征、分解核心特征要素构成了角色模拟的基本要求。角色模拟尤其强调对角色表情、服装和话语体系的模仿及认识。由此，角色模拟的过程是提升职业认同感的过程，角色模拟活动中的造型、动作、话语体系等都应与真实生活角色保持一致。

2.流程模拟技术

流程模拟是基于职业工序理解层面的模拟技术，是对某一职业工种的工序的模仿，其目的是在工序模仿中掌握职业要领，提升职业行为能力。由于流程模拟的摹本是工艺流程，即对某一职业生产流程的过程模拟，所以，正确理解工艺流程的顺序性、认真模仿流程关键动作特征是流程模拟技术的核心。例如，前台"接待流程"模拟、护士"注射流程"模拟、教师"教学流程"模拟等，都需要在岗位流程的理解基础上分步骤设计实训模块要领。由此，流程模拟的关键是设计与工场同步的模拟情景，分环节训练每一步的动作要领，它尤其关注模拟训练中生活积累的激活。由此，流程模拟的过程是提升职业行为能力的过程。

(二)专业取向的职业教育模拟教学实训基地建设路径

一般而言，依学科而建与仿生产流程而建是职业教育模拟教学实训基地建设的两大原则。在城乡联动、协调共进的统筹理论导引下，职业教育模拟教学实训基地建设应有特色专业建设的思想。依专业而建的模拟实训基地建设路径包括规划特色专业→构筑专业模拟教育基地→实训教学基地建设→反馈改进区域四个环节，如图7-7所示。

1.规划特色专业

规划特色专业是兼顾城乡统筹、进行模拟教学特色实训基地建设的起点，只有围绕特色专业而建设的模拟基地才是有效的。规划特色专业应在地方政府、职业院校、企业集团三方联席的基础上共同商议，以解决特色专业实训基地的规模与质量问题。特色专业既是地方政府着力打造的区域效应专业，也是职业院校人才培养的品牌效应专业，还是企业集团经营追求的经济效应专业。选择三方有利的专业进行特色打造，无疑是教学实训基地首先考虑的问题。从城乡统筹的立场分析，规划特色专业应体现：第一，特色专业的"特色"既要满足城市高端人才培养的实践教学价值追求，也应满足农村基础人才培养的实践教学价值追求，特色专业应体现

"专业层级"思想。第二，特色专业的"特色"应有向临近专业辐射的功能，同一特色专业培训可以满足不同的职业需求，以体现"专业群集"思想。第三，特色专业的"特色"应有专业重点模拟点，基于岗位模拟的专业应关注岗位核心特征性，基于流程模拟的专业应突出流程进展的真实性。由此，归结出职业教育实训基地建设的专业规划思想，即模拟实训基地建设应围绕实训专业来规划与建设。

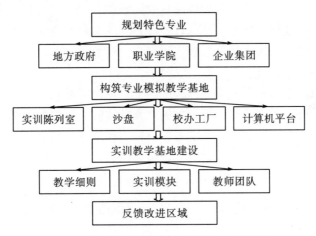

图 7-7　模拟教学特色专业实训基地建设思路

2.构筑专业模拟教学基地

构筑城市与农村职业教育共同需要的专业模拟基地是模拟教学特色专业建设的关键问题。只有建立在功能规划合理、设施设备齐全、实用性强、高仿真基础上的模拟专业实训基地才可能促使师生在身临其境中获得真实的职业体验。基地类型的选择是构筑专业模拟基地的首要问题，因模拟环境的差异可以将模拟实训基地分为实训陈列室、沙盘、校办工厂及计算机平台等类型：第一，实训陈列室是展示职业产品与工具的基地，是达成书本抽象概念与生活实在物体之间一致的通道，其功能是通过视听技术获得职业知识的内化，进而提升职业竞争力。第二，沙盘是直观感知企业运行状况、获得企业经营技术的实战场所，其功能是通过摆弄技术获得职业整体印象。第三，校办工厂是将实训与生产相结合，通过真实的生产活动来体验职业工作过程及场景的校内外操作场所，其功能是在"产学结合"中感知企业文化与经验。第四，计算机平台是借助计算机模拟软件，通过计算机虚拟系统，利用视、听、触等感受职业活动的场所，它既可以通过操控键盘和鼠标达到人机交换的视频模拟，也可以是虚拟触觉模拟。

3. 实训教学基地建设

实训教学基地建设是模拟教学实训基地的核心问题。只有真实反映城乡职业教育实践教学特色流程，突出实践教学流程，凸现实践教学要点的模拟教学才是有效教学。实训教学基地建设应关注：第一，基地教学模拟细则。模拟细则是关于模拟基地功能分区、工艺流程、操作要领的系统介绍，以起到维护仪器设备、规范职业行为的目的。第二，基地教学实训模块建设，包括实训模块的陈列顺序、空间限制、安全事宜等。第三，基地教学教师团队建设。基地教学的教师应是专业教师、企业工程师、熟练师傅的组合团队，采取走访制管理，提高人力资源使用率。

4. 反馈改进区域

反馈改进是检验基地有效性程度的大众评价指标，只有建立在反思环节基础上的模拟教学才能监督师生关注教学体验、评说教学体验，从而达成在寻找感觉中领悟职业行为能力的目标。有条件的基地可以建立反馈改进的专门区域，以简单的标语设计、桌椅摆放，帮助师生及时勾勒教学感觉，达成"习惯反思"的境界。

三、城乡统筹背景下模拟教学网络实训基地建设

利用网络平台实施职业实践教学是统筹职业教育资源、加速发展实训基地建设的新思路。通过网络平台进行学习，可以解决城乡职业教育因地域差异而导致的资源占有不公平、设备更新不及时、师资分配不均等问题。职业教育统筹发展的网络模拟教学平台建设需要解决网络边界、网络治理及网站建设三大核心问题。

（一）模拟教学的网络边界

分析网络边界，意在说明网络平台建设的界面分区问题。"企业的边界是由其资源所决定的，而这种资源可分为有形资源和无形资源两种，因而，企业的边界分为有形资源决定的规模边界和由无形资源决定的能力边界。"[①] 按照实践教学有形资源来分，统筹背景下的网络模拟教学平台边界有岗位角色模拟、专业行为模拟及态势语言模拟三个模块。第一，角色模拟模块。通过角色置换可以亲身体验他人的内心情感，以获得与他们相似或相同的内心体验，从而强化社会行为。第二，行为模拟模块。通过网络软件重复性地模仿他人的职业专门行为，是促使动作技能形成联系，进

---

① 喻卫斌. 试论网络组织的边界 [J]. 广东社会科学, 2007, (2): 45.

而达到自动化的关键。专业行为是基于不同门类之间的工种差异而固有的，反映专业本质规定性的典型行为及其表现，对专业行为进行重点模拟是快速获得职业体验、提升职业行动能力的关键。网络专业行为模拟可以分为精细与粗放两种模拟方式。精细行为模拟重在训练师生的手工模拟技术，可以配备特写图片、语音提示方式同步训练；粗放行为模拟重在训练师生的行为流程技术，要求是专业行为的全程放映和模拟。由此，客房服务中的折叠行为、救死扶伤中的急救包扎行为等可以是精细模拟，餐饮服务中的前台接待、上菜技术则属于粗放行为模拟。第三，态势语言模块。态势语言是利用身体仪表风度、眼神表情、手势动作及装束服饰等态势元素传情达意的交流工具。态势语言具有表意文字的简化性、情感意义的可视性、语境创设的独特性等特点，模拟职业态势语言，可以起到提升职业效能感、增强职业幸福感的作用。通过网络平台模拟不同职业者态势语言是领悟职业精髓、获得职业风度的捷径。同时，态势语言的模仿，可以在无形中帮助自我塑造"同类"形象，为融洽人际关系创设良好环境。根据态势语言的不同表达方式，态势语言模拟有仪表风度模拟，如经理、教师、警察等职业形象模拟；面部表情模拟，如护士、迎宾接待表情模拟；眼神视线模拟，如教师职业课堂眼神及变化的模拟；手势动作模拟，如交警指挥手势、汽车驾驶手势、计算机盲打手势等多种方式。

(二)模拟教学的网络治理

网络治理主要解决松散网络组织形式中在什么条件下可以促进网络组织各个结点之间形成资源整合和能力互动的问题，以发挥协同效应。按照网络关系彼此存在的前提条件来分，统筹背景下的模拟教学的网络治理需要关注信任、权威、声誉等问题。第一，信任。作为一种彼此合作的结构，网络有赖于各成员力量互补、相互尊重、共同受益。为了维持这种关系，彼此间的信任是网络存在的前提。基于知识的信任、基于认同的信任构成了信任的两极，这也是网站设立精品课程、专家平台、远程教学的理论依据。第二，权威。网络资源共享的前提是提供学术以及技术权威摹本，以消除个体的排斥心理。一般情况下，权威人士的言行是人们效仿的摹本，模拟教学基地应尽可能提供本专业内权威人士的网络资源供个体学习与借鉴，以提高网络的交互性。第三，声誉。网络声誉是对网络资源可信度的认同与排名，声誉好坏影响着访问者的人数与回访次数。网络治理应关注网络声誉，在重复访问中通过模仿来提升职业行为能力。

（三）模拟教学的网站建设

同模拟教学相呼应，模拟教学网络平台是一种在网络环境下的人-机互动交互平台。城乡统筹视角下的模拟教学网站建设因模拟教学的内容、边界与治理的有效组合而有效，如图 7-8 所示。

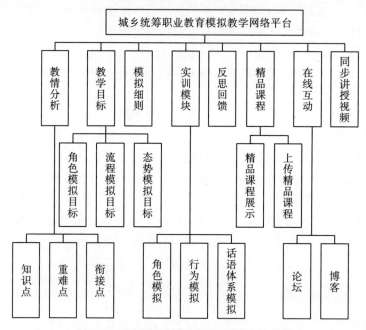

图 7-8　城乡统筹模拟教育网站平台结构图

就统筹取向的模拟教学实训基地网站建设理念而言，共生共享是整合优质资源、分步骤建设不同功能的模拟教学基地的理念。由此，统筹取向的模拟教学网络实训基地是共享型基地。

就统筹取向的模拟教学实训基地网站建设治理而言，信任、权威、声誉是促进网络组织各结点之间形成资源整合以及能力互动的治理机制。由此，统筹取向的模拟教学网络实训基地是基于信任基础上的人-机互动平台。企业工程师、熟练工人、各行业知名人士是提升网站信任度的关键因素。

就统筹取向的模拟教学实训基地网站建设技术而言，角色模拟是针对职业群的行为及态势语言的模拟，是以提升职业认同感为价值追求的模拟技术；流程模拟是针对单个职业工艺流程的演变顺序的模拟，以提升职业行为能力为价值追求的模拟技术。

就统筹取向的模拟教学实训网站内容而言，教情分析意在介绍模拟教学的知识点、关键点、重难点及前后知识衔接点等专题知识；教学目标从角色、专业行为、态势语言等方面提供模拟要点；实训模块是以角色模拟、流程模拟为线索的专项模拟模块，采取的是分类训练策略；模拟细则意在说明模拟教学的注意事项，指明模拟动作的规范要领；精品课程意在介绍某一专业领域的经典课程资源开发案例，以提供学习的示范与操作上的范例；同步讲授视频是以视频方式呈现的经典教学片段，视听结合的课程资源能帮助学习者在重复观摩中掌握职业教育理论或技术；反思回馈是模拟教学后的抒发体验、感受的环节，是交流学习心得的场所。由此，模拟教学实训网站是以专业主题方式呈现的分步骤训练的动态网站。

第八章　职业教育统筹发展的督导评估

职业教育统筹发展，最为重要的是建立合理的督导评价体系，衡量职业教育统筹均衡发展的水平，监测其发展过程中的问题，及时为职业教育统筹决策提供信息，并为其均衡发展指明方向。为此，清晰地了解职业教育统筹发展督导评估的框架、职业教育统筹发展达标的建议及其教育评估内容则成为实施职业教育统筹发展督导评估工作的首要任务。

第一节　职业教育统筹发展的督导评估框架

遵循教育督导评估的框架来合理安排督导工作的步骤，采用科学的评估方法，乃是提高教育督导评估工作效率，保证其成效和质量，并完成督导评估任务和实现督导评估目的的必要条件。

一、职业教育统筹发展督导评估的概念

伴随国家对职业教育重视力度的不断加大，职业教育已迎来一个崭新的发展机遇。如何确保和判断国家发展职业教育的政策、资金在地方教育行政管理机构和职业教育学校落实到位，就需要运用现代化教育管理的重要手段——教育督导评估。所谓职业教育督导评估，是指教育督导部门依据国家有关教育的法律、方针政策和职业教育的科学理论以及教育目标制定评估标准体系，运用科学的方法和手段收集信息，对教育行政部门的工作和职业教育学校的教育过程、服务效益和教育质量进行客观监督、分析和科学指导，并促进其持续发展的教育活动。其根本目的就是促进教育行政部门和职业教育学校在原有起点上持续发展、特色发展和全面发展。

职业教育统筹发展督导评估的作用主要在于对职业教育工作与结果进行鉴别与评定、指导和激励职业教育工作人员更好地发挥积极性和提高工作质量，以及向同级或上级主管领导反馈督导评估建议，为其决策提供科学可靠的依据[①]。

---

① 李平章.浅谈教育督导评估的作用 [J].大庆社会科学，1993(7)：43

二、职业教育统筹发展督导评估的框架分析

要充分发挥职业教育统筹发展督导评估的作用，应从理念、功能、体制、职能、模式、方法等维度做好职业教育统筹发展督导评估工作。

第一，职业教育统筹发展督导评估应坚持整体督导评估与个体督导评估相结合的科学评估理念。职业教育督导评估既要坚持面向整体——使每个地区、每所职业教育学校在既有基础上通过督导评估，得到不同程度的发展和进步，使职业教育学校发展均衡化；又要观照个体，尊重被评估主体，鼓励个体在国家层面的统领下发挥自我规划、自我监控、自我评估、自主发展的积极性，挖掘发展潜力，塑造特色，并通过督导评估的指导和服务达成职业教育区域特色发展。

第二，职业教育统筹发展督导评估更强调发展性功能评估，而非仅关注结果。发展性督导评估不仅关注督导评估质量和结果，还更加关注督导评估过程。只有深入了解职业教育学校的发展过程，才能深入的对话和交流，也才能认识其发展过程的不足，进而提出针对性策略。

第三，职业教育统筹发展督导评估管理体制是一种多元性管理体制，而非一元性管理体制。我国目前在现有职业教育体制下已经建立了自上而下的督导评估管理体系，就督导评估机构的组织形式与称谓而言，主要直属于教育行政部门。这种隶属关系虽然能实现职业教育督导评估机构对学校的"督学"作用，但很难实现职业教育督导评估机构对地方教育行政管理机构的"督政"作用。所以应将国家层面的教育督导评估机构与地方教育督导评估机构的隶属关系分别设置，实现地方督导评估机构直属于当地政府，但独立于当地教育行政部门，从而便于地方教育督导评估机构能够放下"思想包袱"履行其监督、检查、评估和指导的职能。

第四，职业教育统筹发展督导评估部门的职能是督学，而不仅是督政。督政职能是指上级教育督导评估部门依据相关指标体系对同级或下级政府的教育行为进行监督、指导、评估。督学职能是指对同级或下级学校办学质量进行监督、检查、指导、评估。督导的最终目的在于教育质量的提升，而教育质量的提升关键在于学校的办学质量，所以教育督导应兼顾督政与督学，且重心放在督学上。

第五，职业教育统筹发展督导评估是一种形成性评价，而不是终结性评价。强调对城乡职业教育发展过程的评价，注重动态监控，既关注职业教育的现有发展水平，也关注职业教育在原有基础上的提高水平和可持续发展能力。城乡统筹视野下职业教育均衡发展评价的内涵定位了其评价功

能。首先，评价发挥导向功能。职业教育均衡发展评价，就是要引导城乡职业教育以教育方针、职业教育目标等为指导，树立"以人为本"、"发展为本"的职业教育发展理念。其次，评价发挥诊断功能。通过实施职业教育均衡发展评价，全面掌握职业教育的基本情况，及时发现问题并加以解决。最后，评价发挥发展功能。集中体现在促进职业教育统筹发展，为每所职业学校确定个性化的发展目标，根据学校的不同情况，提出具体的、有针对性的改进建议。

第六，职业教育统筹发展督导评估方法是量化评估与质性评估相结合。全面而准确的信息是对教育工作机构办学情况做出正确判断的前提和基础，因而全面而准确的信息采集既离不开量化评价也离不开质化评价，是两者相结合的产物。在督导评估时多看看学校、课堂是怎样运作的，多听听教师、学生、家长、社区人士的认识，这更有助于提高督导评估的效率。

第二节　职业教育统筹发展的督导对策

职业教育统筹发展是一项复杂的工作，需要多方配合与协调。就职业教育系统内部来说，学校是实施职业教育的基层单位，要充分发挥学校的办学自主权，从当地、本校的实际情况出发决定实施职业教育的方案并组织实施；同时，又要政府及其职业教育行政部门加强管理与监督，指导学校实施职业教育。只有上下一致、共同努力，职业教育才能普遍实施并落到实处。为了确保职业教育统筹发展的相关政策得以真正落实，建立健全职业教育督导机构、专业化督导队伍、明确督导内容、建构清晰的督导程序和加强执行问责制度等措施既成为必要也成为必然。

一、成立国家、省级和地方三级职业教育督导机构

当前我国教育督导机构的设置主要有三种情况：一为政府派出机构，与教育行政部门平行相对独立的机构；二为代表政府，相对独立但接受教育行政部门的领导；三为教育行政部门领导下的一个职能部门①。现阶段我国教育督导机构的设置形式以后两种为主，但这两种设置方式不利于对地方教育教育行政部门进行监督、检查、评估和指导，以至于地方虽有教

---

① 邢晖. 职业教育督导亟待加强——对全国省、地两级督导的调查与思考［J］. 中国职业技术教育，2012(13).

育督导机构，但不能发挥其应有的功能而形同虚设。因此，设置国家、省级和地区三级层面的职业教育督导机构十分必要，国家层面的教育督导机构按现有设置方式存在——教育部中的一部门；省级和地方层面的职业教育督导机构则为政府派出机构，与当地教育行政部门平行相对独立。这样，督导机构才能在督导活动中根据教育法律法规、方针政策对地方教育行政机构和学校进行监督、检查、评估和指导。

二、建立职业教育统筹发展的专业化督导队伍

教育督导是教育督导组织及其人员根据党和国家的教育方针、政策和法规，并通过精密的观察、调查和考核，对下级政府、下级教育行政机关和所属各级各类学校的教育、教学、管理工作等，做出审慎的分析和评定，指出优劣，给予明确的评价和指导，使教育、教学、管理工作达到遵循教育规律，提高教育质量的目的。

队伍建设是提升督导水平的重要举措。因此，组建的职业教育督导人员必须具备以下要求，第一，较高的政策理论水平。能够用马列主义的立场、观点、方法去辩证地分析问题、解决问题，并能正确掌握党和国家的方针、政策、法规以及上级有关规定精神，实事求是地评价一个地区和一所学校的工作，尤其应对职业教育相关的政策、理论比较熟悉。第二，良好的思想品德修养。教育督导人员必须具有良好的思想品德修养，严格要求自己，谦虚谨慎，廉洁清正，平易近人。第三，较高的文化水平和较强的业务能力。教育督导工作是一项政策性、业务性很强的工作，从教育指导思想到各项教育工作和各级各类学校的管理，从教育体制改革到教学内容的改革，从教育规划、教育发展战略的制定到人、财、物的管理等等，涉及的业务面十分广泛。为有效地开展督导工作，督导人员必须有较高的文化水平和较强的业务能力，一般应具备大学本科以上学历，从事教育工作的时间一般应在十年以上，既要有一定的管理教育工作的实践和能力，又要有一定的教育工作和教学经验，熟悉和掌握各种教育业务。第四，扎实的现代职业教育理论。教育督导人员除掌握教育督导业务技能外，还必须熟悉和运用现代教育科学的理论和方法。一般说来，教育督导人员应对职业学校管理学、教育行政学、教育学、心理学等有关理论有深入的学习和领会，最好接受过教育管理方面的专业教育或专门培训。第五，强烈的事业心和务实的工作作风。为正确履行教育督导的职责，教育督导人员必须具有扎实的工作作风，对工作认真负责，既能坚持原则，善于发现问题，又能尊重和依靠群众，广泛听取基层单位、学校和教职员工的意见，

共同研究和解决问题。

三、设置科学的督导内容

2011 年 12 月教育部印发的《中等职业教育督导评估办法》中，明确指出了督导评估主要围绕中等职业教育发展的宏观政策制度、经费投入、办学条件保障及发展水平与特色等方面展开。因此对职业教育的督导评估内容也主要涉及政策制度、经费投入、办学条件和发展水平等四方面：其一，政策制度中包括政策建设与制度创新两个一级指标和职业教育规划、教产合作与校企合作、学生资助与免学费、教育管理、教师队伍管理、联席会议制度、就业准入与职业资格、质量保障与评价考核等 8 个二级指标。其二，经费投入中包括总量投入与专项投入两个一级指标和中职预算内教育经费占预算内教育经费总量的比例、教育费附加安排用于职业教育的比例、中职生均预算内教育事业费与普通高中之比、中职生均预算内公用经费占生均预算内教育事业费的比例、师资队伍建设师均投入经费年增长率、免学费的中职学生数占在校生总数的比例、获得国家助学金的中职学生数占在校生总数的比例等 7 个二级指标。其三，办学条件中包括基础设施与教师队伍两个一级指标和中等职业学校办学条件达标率、专任教师师生比、"双师型"教师比例、生均实训基地建筑面积、生均仪器设备值、教学用计算机拥有量、高级专业技术职务教师比例、教师学历达标率、兼职业技术教育师比例、教师培训规模、省市级专业带头人或骨干教师的比例等 11 个二级指标。其四，发展水平包括发展规模和教育质量两个一级指标与中等职业教育发展特色、高中阶段招生职普比、职业培训规模、中职毕业生一次就业率、中等职业教育的社会满意度等 5 个二级指标。

四、督导实施程序

《中等职业教育督导评估办法》提出，中等职业教育督导评估将采取自查和实地督导相结合的方式，按照以下程序开展。

(1)由国家教育督导团向省级人民政府发出中等职业教育督导评估工作通知，就开展中等职业教育督导评估工作提出要求，作出安排。

(2)省级人民政府接到督导评估工作通知后 3 个月内，组织政府相关职能部门根据本办法先进行自查，填写《中等职业教育督导评估有关情况调查表》，完成自查报告，并报送国家教育督导团办公室。各省(区、市)报送的《中等职业教育督导评估有关情况调查表》中的数据，应以公开统计数据为准，没有公开统计数据的以自行上报数据为准，省级人民政府对上报的数据的真实性负责。

(3)国家教育督导团依据《中等职业教育督导评估标准》,对各省(区、市)报送的相关材料进行审核和评估。同时,按照督导工作安排,组织国家督学和有关专家,选取部分省(区、市)进行实地督导。

(4)国家教育督导团根据审核评估和实地督导的结果,向各省级人民政府下达中等职业教育督导意见书,向社会发布中等职业教育督导检查公报。

(5)各省(区、市)根据国家教育督导团的督导意见书制定整改措施,并认真进行整改。在接到督导意见书3个月内,将整改方案书面报告国家教育督导团。国家教育督导团根据各地整改情况进行复查。

五、加强问责制度

《中等职业教育督导评估办法》中明确指出,督导评估的结果主要用于反映各省(区、市)中等职业教育发展的基本情况,总结各地中等职业教育发展的经验与特色,指出发展中存在的问题和建设方向。同时,督导评估的结果作为对被督导检查单位表彰和责任追究的重要依据。对中等职业教育发展和改革成效突出的省级人民政府及相关部门,国家将予以表彰;对于发展职业教育职责落实不到位的省级人民政府及相关部门给予通报批评。

显然对于发展职业教育职责落实不到位的省级人民政府及相关部门仅给予通报批评其惩罚力度不够,不足以引以为戒。为此应加强问责制度——建立健全教育督导报告制度、公示制度、约谈制度、奖惩制度、限期整改制度、复查制度,强化对督导报告的使用,加大整改复查和监督问责力度,提高督导工作权威性。

第三节　职业教育统筹发展的评估体系

教育督学进行督导的基本形式是教育评价。他们要对学校工作、学校的管理者、教师和学生做出评价。建立职业教育统筹发展评估体系的标准系统、指标系统和方法系统成为主要的内容。

一、职业教育统筹发展评估体系的标准系统

职业教育统筹均衡发展评估标准是衡量城乡职业教育均衡发展状况的重要依据,也是评估体系的重要组成部分。它不是单一的、一维的标准,

而是由不同类型、不同层级共同组合而成的复杂的、多维的评价标准。

（一）职业教育城乡均衡发展评估标准类型

职业教育统筹均衡发展评估标准，包括均衡发展效果标准、均衡发展效能标准、均衡发展效益标准、均衡发展效率标准和均衡发展效应标准。这五类标准之间是相互联系、相互制约的关系，如图 8-1，为全面评价城乡统筹职业教育提供多元的衡量标准。

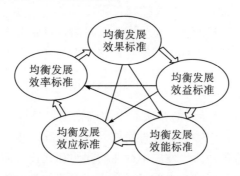

图 8-1　职业教育均衡发展五类评价标准关系网

1. 均衡发展效果标准

近年来，人们对职业教育均衡发展效果的关注，逐渐从政策制定、研究项目支持转向对职业学校办学理念、办学思路和学生发展等方面的关注。用正确的办学理念指导实践是城乡职业学校发展由盲目走向自觉，从感性走向理性的重要标志。因此，职业教育城乡均衡发展效果标准应把衡量办学理念在学校文化、主体精神方面的体现作为重要指标。一所职业学校有没有形成完整而明确的办学思路是衡量其办学效果的主要标志，均衡发展效果标准主要考察城乡职业学校办学思路是否坚持育人为本、德育为先、注重教学改革等方面的情况。在学生发展方面，均衡发展效果标准主要考察城乡职业学校是否注重拓展育人渠道和途径、创新育人模式和方法，是否有健全的学生培养机制，是否促进学生发展水平的提升等。

2. 均衡发展效能标准

职业教育均衡发展效能标准主要指对职业学校办学效率和能力的评价标准，效能是衡量职业教育质量的尺度，效果、效益是衡量效能的依据。职业教育均衡发展效能标准体现在职业教育师生的积极性、主动性和创造性，衡量他们的教学效率和教学能力。当前，城乡职业教育结构的失衡，内在价值的分裂，反映在教育效能实现上就是一种功能缺失。职业教育系统作为社会的一个功能子系统，不仅要通过"输入—输出"机制为整个社会提供人力资源，同时也要为社会提供文化价值。因此建构职业教育城乡均衡发展评价标准时，需要把"生理文化环境、心理文化环境、物质文化环境、交往文化环境、符号文化环境和活动文化环境等"①，列为重要的文化效能标准，为改善职业教育系统文化效能提供评价信息。此外，评价标准建构要考虑职业教育发展的经济效能，主要衡量职业教育统筹均衡发展为经济生活带来的有效影响，为社会生产率提高、社会生产力发展作出的贡献。

3.均衡发展效益标准

职业教育均衡发展效益标准，主要考察城乡职业学校在社会上的声誉、威信和信任程度，还有城乡职业教育对国民经济发展所作的贡献，主要体现在职业教育本身得到的直接效益和由其引起的间接效益。因此，职业教育均衡发展效益标准的建立主要关注城乡职业学校培养职业人才的数量与质量、毕业生在社会上作出的成绩与贡献、社会各界对职业学校毕业生的反应情况等。从职业教育改革的历程来看，目前的农村弱势群体规模非常庞大，且承担了职业教育发展领域的多数教育成本，这使得关注农村职业教育发展效益成了职业教育统筹发展效益标准的重中之重。因此，职业教育统筹均衡发展评价标准的建立要特别强调农村职业教育教学质量、农村职业教育毕业生合格率、毕业生为社会所作的成绩及其创造的经济效益等。

4.均衡发展效率标准

职业教育统筹发展效率标准指职业技术院校在既定成本下所能产生的最大产出量，可以进一步分解为技术效率标准和经济效率标准。技术效率标准是指既定产出下各种投入的最佳比例关系；经济效率标准是指既定产出下投入成本最小的配置比例。由于职业院校效率的高低不像市场一样，凭借内在的利益机制驱动，而是主要依靠政府的投入。政府的投入也需要生产成本信息，政府通过生产效率评价，获得城乡职业院校生均成本的信息。为了使公共支出获得最大收益，政府将评价结果与资源分配结合，建立相应的职业院校拨款方式。在保证基本教育经费的同时，采取市场激励机制。建立均衡发展效率评价标准是正确评价城乡职业院校"输入—输出"效率的依据，对政府和学校都具有重要意义。对于政府，通过经常的、正确的效率评价结果，获得生均成本信息；决定每个职业院校的投入，对于职业院校，根据效率评价可以改进办学状况，提高获得教育资源

---

① 黄甫全.试论信息技术与课程整合的基本策略［J］.电化教育研究，2002(7)：24-29.

的能力。

5.均衡发展效应标准

城乡职业教育均衡发展效应主要指优秀在校生和毕业生为职业学校带来的效应，他们是职业学校价值的延续。激发良好的发展效应需要职业学校拥有很强的教育资源统合能力，将职业学校办学质量通过优秀学生展示给世人。因此，城乡职业教育均衡发展效应标准主要考评在校生的综合素质和追踪毕业生的发展情况。针对在校学生，均衡发展效应标准主要考察他们的课程学习、社会实践、学术论文等情况。针对毕业生，主要考察他们在就业期间的发展、对社会经济发展的贡献以及由此引起的职业结构变化等。均衡发展效应标准的建立有助于城乡职业学校调整专业结构，有重点地发展社会紧缺专业，也有助于职业学校衡量自身发展的潜力，促进职业教育教学改革，建构创新型人才培养模式。

(二)职业教育城乡均衡发展评价标准层级

职业教育统筹发展不单纯是职业教育自身的事情，起码包括了三个层级的内容。首先是职业教育发展与当地经济社会发展协调均衡的问题；其次是城乡职业教育在资源配置上的均等、均衡问题；再次是职业教育在实施过程中每个学生所受到的相对均衡平等的教育服务问题。这三个层级的评价标准如图8-2所示。

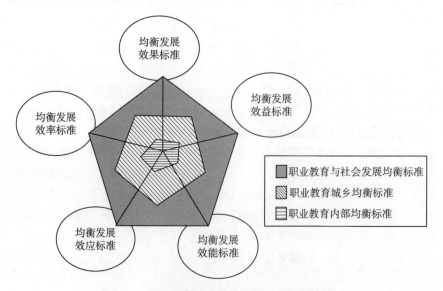

图8-2　职业教育城乡均衡发展评价标准层级

　　第一层级的根本问题是职业教育与社会发展的关系问题，职业教育与地方经济发展的均衡协调问题，还包括政府对职业教育重视程度或职业教育发展环境问题。这一层面的评价标准主要在于把握好这样几方面：全省市生产总值，全年财政收入，全年职业教育经费总额，全年人均职业教育经费，职业教育基建费和事业费，职业教育投入占财政总支出的比例等。

　　第二层级的根本问题是城市职业教育与乡村职业教育的差距问题。这一层面是职业教育统筹均衡发展的核心内容，主要评价城市学校与农村学校在教育资源配置和教育质量上的差异。评价标准制定时应考虑以下几个因素：城乡职业教育学生的入学率和毕业率，城乡职业教育学生生均校产，城乡职业教育教师学历达标率，城乡职业教育教师工资以及接受资格培训的比例等。

　　第三层级根本问题是职业教育在实施过程中，每个学生是否能受到相对均衡的教育服务。在职业教育教学过程中能否面向全体学生因材施教，确保职业教育活动的公平、民主，能否保证全体职业教育学生合格毕业，并把其培养为适应社会需求的综合性技术人才。这一层级的评价标准主要考虑：职业教育毕业生的合格毕业率和毕业生的综合能力。

二、职业教育统筹发展评估体系的指标系统

　　建构完善的职业教育均衡发展评估指标体系，是评价职业教育统筹发展状况的重要依据，也是保证职业教育评价顺利实施的基础。评价指标的建立，应更多地考虑系统性、科学性和可行性等，确保评价指标自身具有较高的信度和效度。

(一)评价指标的设计原则

　　科学性与实用性相结合原则。城乡职业教育均衡发展评价指标设定时，应以科学的理论为依据，确保评价指标目的明确，且能全面反映职业教育统筹发展状况，还能满足计算机对数据的要求，尽量简化，强调实用性。

　　动态性与静态性相结合原则。城乡职业教育系统处于不断发展变化中，选取的指标既要反映职业教育系统的发展现状，又要反映职业教育系统的发展趋势，以便对不同阶段职业教育统筹发展状况作出适时评价，实现时间维度上的动态调控。

　　代表性与可比性相结合原则。选择城乡职业教育均衡发展评价指标时，为了便于描述和说明问题，应选择具有典型性、代表性的指标。由于

城乡职业教育的差异是客观存在的，而且各具特点，故应选择具有可比性的指标，以衡量和对比城乡职业教育发展程度，便于空间维度的整体把握。

系统性与关联性相结合原则。由于教育现象的复杂性，决定了职业教育统筹指标体系的因素、多层面、多侧面的多维结构。这要求城乡职业教育均衡发展评价指标体系，必须能够真实反映城乡职业教育发展的各个方面及其主要特征，各指标间既相互独立又相互联系，共同构成一个有机整体[①]。

经济性与可操作性相结合原则。开展城乡职业教育均衡发展评价活动需要花费相关的人力、物力，因此体系指标的建构应尽可能地降低实际评价活动的成本。此外，建立指标体系时，必须选择可操作性和可行性的指标，且数据易于获得和更新，利于评价实施人员的掌握和操作。

(二)评价指标建立流程

职业教育均衡评价指标体系建立主要是指标选取及指标之间结构关系的确定。一般会采用定性和定量分析结合的方法。其具体建构流程如图8-3所示。

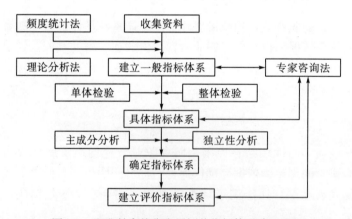

图8-3　职业教育均衡发展评价指标体系建立流程

第一，确立评价指标体系的层级结构。职业教育均衡发展系统是一个复杂的系统，由不同层次、不同要素的若干子系统构成。因此可根据其要素构成进行层次结构分析，确定指标体系的层次总体结构，其结构可分为

①　谢虹.高等职业教育财政支出的绩效评价体系研究［J］.教育与职业，2007(14)：20-22.

目标层、准则层和具体指标层。

第二，初选评价指标体系。通过查阅和收集国内外统计资料、统计信息和统计指标，运用频度统计法、专家咨询法和理论分析法等方法，建立职业教育均衡发展评价的一般指标体系。频度统计法主要是对目前城乡职业教育均衡发展评价研究的论文、报告等进行频度分析，选择使用频度较高的指标。理论分析法主要是对城乡统筹视野下职业教育均衡发展的内涵、要素、特征进行分析、比较和综合，选出重要的和针对性强的指标。专家分析法是在初步建立评价指标的基础上，征询专家意见，对指标进行再调整。

第三，完善评价指标体系。在建立初步的城乡职业教育均衡发展评价指标体系之后，还需要对初选的指标体系进行科学性检验，一般包括单体检验和整体检验，目的是对初选指标体系进行再处理，使其更完善。

第四，确定评价指标体系。在建立具体的城乡职业教育均衡发展评价指标体系基础上，通过计算指标间的相关系数，建立相关系数矩阵，然后进行主成分分析和独立性分析，最终确立完善的城乡职业教育均衡发展评价指标体系。

（三）评价指标内容

城乡统筹视野下职业教育均衡发展评价指标内容是在新职业教育理论、学习理论的基础上，依据科学的设计原则和规范的设计流程，并参考当前研究资料和专家建议，综合考虑职业教育内外部影响因素建构而成，其内容包含：发展资源、发展结构、发展模式、发展能力和发展特色等一级指标。在各一级指标的基础上，进一步划分为二级指标，如图8-4。当然，还可以将二级指标再细化为三级指标、四级指标等。评价指标内容体现开放性、代表性和情境适应性等特点，为职业教育统筹发展起到导向、改进作用。下面主要解读一级指标的内涵。

1. 城乡职业教育均衡发展资源评价："支撑性"指标

发展条件评价是职业教育统筹评价的切入点，因为必要的发展条件是职业学校正常教学的基础、前提和外在保障。发展条件评价的主要关注点是城乡职业教育学校在教育资源配置上的差异，以及由此带来的职业教育质量上的差距。职业教育统筹均衡发展条件评价，首先是办学条件评价。它包括校舍、教学仪器、图书资料、实验设施、多媒体设备等在内的所有的学校物质教育资源，是职业教育实施水平的根本保障。其次是师资队伍评价。它包括教师学历达标率、教师待遇、教师接受省市县任职资格培训情况、师生比例等方面，这是决定职业教育质量的关键因素。最后是教育经费方面。它主要是以教师工资和预算内生均公用经费作为评价内容，经费保障是办好职业教育的根本前提。办学条件、师资队伍、经费投入等方面的指标直接影响着或决定着职业教育发展水平和实施质量。城市和乡村职业教育是否存在差异或是否均衡发展，同样也是由以上因素来决定或通过上述因素来展现的。因此，对办学条件、师资队伍、经费投入等方面进行评价就显得尤为重要。

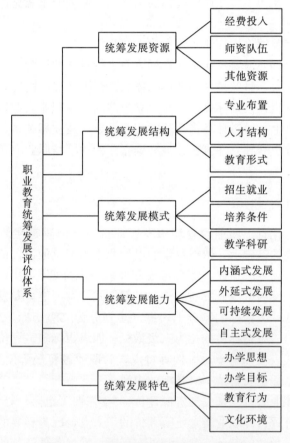

图 8-4　职业教育统筹评价指标体系框架

2.城乡职业教育均衡发展结构评价："协调性"指标

发展结构评价是职业教育统筹评价的重点，因为发展结构是城乡职业教育资源配置合理程度的直接反映。均衡发展结构评价，首先是专业布局结构的评价。由于城乡经济结构、行业结构、技术结构的变化是城乡职业教育专业结构调整和发展的主要依据，因而，这方面的核心评价内容就是专业设置覆盖城乡区域产业结构的程度。其次是层级结构评价。职业教育的层级结构主要由政治制度、城乡区域经济发展水平、文化发展等因素决定。层级结构包括专科、本科和研究生层次的职业教育。由此可见，层级结构的核心评价内容，就是专科、本科和研究生层级的职业教育发展比例。最后是教育形式结构评价。城乡职业教育形式结构应涵盖学历教育和非学历教育两种形式，包括职前培训、在职业技术教育育、转岗转业教育。它们互相沟通，协调发展，满足不同人的需求，它们之间的比例是城乡统筹职业教育形式结构评价的核心内容。

　　3.城乡职业教育办学模式评价："多样性"指标

　　职业教育应如何主动适应并引领经济社会发展，由传统的"经院封闭式"向现代的"开门办学式"转变，加快办学模式的创新，已成为全国职业教育院校共同探讨的重大课题。因此，创办合理的办学模式是职业教育统筹均衡发展的关键。当前职业教育最为主要的办学模式为校企联合办学模式，针对这种办学模式，我们要评价职业教育是否突破校企合作中若即若离的瓶颈；是否紧紧把握校企合作的关键，即建设紧密型基地；是否通过多元办学、科研合作、联合培养、师资共享、文化联姻，实现了校企从"邻居"到"亲戚"的转变。关于招生就业方面，职业教育是否促进专业结构优化，是否强化订单培养方式，招生是否呈现良好趋势。关于教学与科研方面，职业教育办学模式是否促进学校课程的设置和开发更贴近市场，有效保证课堂教学、实验教学与实践教学的质量；是否采取联办应用型研究所或合建学科性公司等方式促成资源共享，凸显大学的社会服务功能。这些方面的评价都是促进职业教育走向均衡发展的关键。

　　4.城乡职业教育均衡发展能力评价："发展性"指标

　　职业教育统筹均衡发展能力评价主要包括内涵式发展、可持续发展和自主发展三个方面的评价。首先是内涵式发展的评价。职业教育统筹评价坚持全面质量观，重心是学校教学质量。由过去注重外延式评价转向内涵式评价，由注重结果的评价转向注重过程的评价，由评价学校客观环境条件转向评价教师教育服务和学生综合素质发展。其次是可持续发展的评价。职业教育统筹评价重视学校发展的过程，挖掘学校发展的潜能。评价不仅要从历史背景、现实条件、当前需求出发，而且以未来可持续发展能力为出发点和归宿，以可持续发展的观点来指导和评价学校的发展过程，及时发现问题，及时反馈信息，及时改进工作。最后是自主发展的评价。职业教育统筹评价充分发挥学校的主体作用，全面调动自我计划、自我监控、自我评估的积极性；引导学校自我设计规划、自我推进发展、自我总结反思；增强学校自我发展的意识、自我发展的行为、自我发展的责任。

5.城乡职业教育均衡发展特色评价："独特性"指标

发展特色是由职业教育学校独特的办学理念、职业教育行为方式和职业教育文化环境三大要素熔炼而成。职业教育统筹均衡发展特色评价就是要对城乡职业学校特色的创建过程及成熟水平进行价值判断。于是，职业教育均衡发展特色评价，首先应是办学理念的评价。理念是一所学校的灵魂，职业学校形成某种特色，实际上是践行一定办学理念的产物。对学校发展特色进行评价时，要考察校长与其他领导成员有没有先进可行的特色管理理念和明确的特色办学目标，城乡职业学校之间的差距往往就体现在学校领导的管理和办学能力上。其次是职业教育行为方式的转变。职业学校特色项目的建设是促进职业学校教育行为方式转变的主要途径，进行评价时，要突出特色发展项目的现在进行时和将来时，兼顾演变过去时。最后是职业教育文化环境，职业学校文化的形成和自觉才是城乡职业学校发展特色评价追求的最高境界。

三、职业教育统筹发展评估体系的方法系统

城乡统筹视野下职业教育均衡发展评价采取定量评价和定性评价相结合，充分利用不同评价方法的优点，更好地接近评价对象的客观实际，更加全面地对城乡职业教育均衡发展作出评价。

（一）检验均衡发展效益的模糊综合评价法

模糊综合评价法是"应用模糊关系合成的原理，将一些边界不清、不易定量的因素准确地予以量化标志"[①]。通过对评价指标的分级、赋值、加权等系列数学处理，为影响职业教育统筹发展效益的主要因素确立定性评价指标。模糊综合评价法还可以从定性评价转换为量化分值，进而对计算结果作出定量的综合评价分析。并且通过对赋值与权重不断修正，提高评价指标的信度和效度，建立适合于各类城乡职业学校的综合评价体系。由于城乡职业教育本身具有明显的不确定性及影响因素的复杂性，模糊综合评价的定量分析只能采取有限精确度描述，其主要目的是在定性分析的基础上给出量化数据，并且尽可能接近定量的分析结果。采用模糊评价

---

①　郭向勇，傅国强. 以模糊数学方法建构多媒体教学质量综合评价体系 [J]. 电化教育研究，2007(3)：76-80.

法，虽然使评价信息的分析过程变得简便易行，却也丢失了一些有效的评价信息，一定程度上影响了评价的全面性、完整性。但无可否认，模糊综合评价法是建立城乡统筹职业教育均衡发展效益的综合评价体系的一种行之有效的评价方法。

（二）描述均衡发展效果的主观综合评价法

主观综合评价法是指根据职业教育评估专家、教育行政人员、教师和学生的主观感知以及体验到的教学质量水平、硬软件设置、校园文化等，衡量城乡统筹职业教育效果的评价方法。进行主观综合评价时，评价主体首先通过观察、听课、访谈和问卷调查等方式，对影响城乡统筹职业教育效果的相关因素进行主观分析，然后借助模糊综合评价法建构的评价指标体系，对城乡职业教育发展效果进行综合打分。该评价方法简便易行，便于日常监督与评价，长期以来得到广泛使用。对城乡职业教育均衡发展效果进行主观综合评价时，由于评价主体不可避免地受到个人生活经历、性格、喜好的影响，进行评价时往往带有较强的个人主观色彩，他们对评价标准的把握和执行也存在差异。因此，在进行主观综合评价时不能只看重评价之前的工作，更应该通过后期评价分析技术来发现评价者的评分偏差情况和整体评价信度、效度情况。重点在解释评价结果时能够考虑到这些情况，并利用相应的技术加以完善，这样就能做到基本上真实反映所评价的城乡职业教育均衡发展效果的实际状况。

（三）跟踪均衡发展效应的质量追踪评价法

职业教育均衡发展的效应，直接关系着社会对职业教育学生综合素质的评价，影响着职业学校的招生和就业等问题。为此，质量追踪评价法为跟踪职业教育效应提供了途径，它能及时评价职业教育学生在校期间的成长情况、就业期间的发展情况以及由此引起的职业结构变化情况，这些评价信息是城乡职业学校进行教育教学改革、提高教学和培养水平的重要依据。建立职业教育学生学习和就业发展档案袋，是追踪评价职业教育效应的最佳方法。档案袋记录职业教育学生的出生、家庭情况、身体状况及联系方式；学生的课程学习情况、学术论文、社会活动及就业情况。通过建立档案袋可以清楚地记录职业教育学生在学校期间和就业期间的成长历程及综合能力发展情况，追踪职业教育体系的综合效应。为了追踪职业学校毕业生质量，需建立一个学校、企业、学生三位一体的评价体系，能够充分反应企业需求情况、职业学校培养情况、毕业生能力发展情况等评价信息。通过动态跟踪和评价城乡职业教育效应情况，以达到"我们培养的，就是企业需要的"培养目标。

(四)评估均衡发展效能和效率的质量增值评价法

"增值评价"的理念是建立在学校可以增加"价值"到学生的学习成就这一假设之上的，而"增值"表示学校所加诸学生身上，使其学习成绩超过一般期望成绩的额外部分①。增值评价作为一种新的发展性评价思路和方法，对客观真实地了解城乡职业学校的效能和效率，判断职业教育学生学业的进步程度提供了科学有效的方法。同时，通过对质量增值的分析，可以得出影响职业学校效能、效率的重要变量，从而为城乡统筹职业教育改革提供依据和参照。质量增值评价是面向城乡所有职业学校、师生的评价，其以职业学校发展、师生成长为依据，以教育增值为核心。评价突出职业学校教学质量在学校功能的中心地位，强调职业学校自主发展及其独特的质量增值表现。职业教育均衡发展评价将增值指标加入现有的评价指标体系中，可以对各城乡职业学校技术、经济"输入—输出"效率实施评价，也可以对不同学科、不同人群的发展效能进行评价，以定位城乡职业学校效能发展的逻辑起点，开发职业学校整体效能提高的潜能，提高其投入产出效率。

----

① ［英］萨丽·托马斯.运用"增值"评量指标评估学校表现［J］.教育研究，2005(9)：21-27.

第九章　职业教育统筹发展的立体路径

职业教育统筹发展离不开职业教育发展所依附的经济系统，而要实现城乡职业教育的统筹发展，职业教育与城乡经济的联动发展是其核心路径。本章主要从职业教育与经济联动的层面探讨实现职业教育统筹发展的路径，以立体化实现职业教育与经济的联动发展，从而促进职业教育统筹发展的最终实现。

第一节　职业教育统筹发展的路径转向

在职业教育统筹发展的实践路径上，城乡之间管理体制的条块分割、人才培养体制脱离市场、办学体制封闭单一等问题和矛盾形成了阻碍职业教育协调发展与良性互动的桎梏顽疾。与此同时，新型城镇化的推进又为探索职业教育统筹发展的路向，搭建职业教育在国家、地方政府、职业院校和社会公众等多元主体参与的路径提供了良好契机，从而突破了当前职业教育城乡之间在发展路径上的"平面化"困境，探寻出职业教育统筹发展的新路向。

一、"内涵式"发展：跟进职业教育统筹发展的时代主题

新型城镇化是职业教育统筹发展在围绕经济社会发展上的重大历史机遇与挑战。党的十八大明确提出城乡一体化发展道路——围绕经济社会发展协调推进新四化，发展和提升服务业，促进工业化和信息化深度融合、新型城镇化和农业现代化相辅相成。职业教育在城乡经济系统中直接对接着经济产业，为经济发展提供人力资本与技术支持，对城乡内工业信息化、农业现代化、经济社会的城镇化作用显著。可以说，职业教育城乡统筹在职业教育与经济协同发展上的效果，也就是职业教育城乡统筹自身的发展水平。因此，新时期职业教育统筹发展路向必须转向内涵式发展和可持续发展，而职业教育城乡统筹的路径则要从"传统"走向"现代"，从"平面"走向"立体"。

二、跳出"平面化"：突破职业教育统筹发展的单维路径

职业教育的城乡统筹发展是一个生态性的、开放的结构要素系统，其中，职业教育统筹发展在系统的两端互为"起点"和"终点"，"起点"和"终点"之间是混沌的"复杂性过程领域"，包含了政策、规则、利益等众多因子和静态与动态、质变与量变等多重过程。在传统的职业教育统筹发展的路径模型中，职业教育是一个端点，城乡经济系统是另外一个端点，两者之间的复杂性过程领域是一个端点，三点共同构成了一个平面。然而，因为复杂性过程领域和城乡经济社会系统之间的关系难以厘清，所以，出现了对职业教育统筹发展路径上的另一种理解，即职业教育作为一个端点，城乡经济社会系统及其内部的其他要素作为更多的发散端点，形成了一个以职业教育为中心的太阳图，如图 9-1 所示。

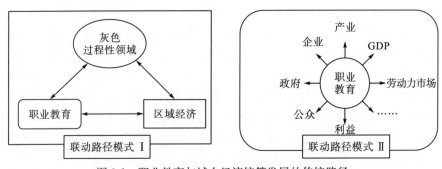

图 9-1　职业教育与城乡经济统筹发展的传统路径

如图 9-1 所示，不管是统筹发展路径模式 I 还是统筹发展模式 II，它们都囿于一个平面之内。两个统筹路径模式，抓住了职业教育与城乡经济的两个"端点"，以及两个端点之间的关系，也在一定程度上推动了职业教育在城乡经济统筹上的发展。然而，这种"平面化"的实践路径把职业教育与城乡经济发展的关系理解成了单向度的、机械式的、线性的合作关系。过多地强调职业教育内部系统的人才培养、专业设置、课程开发、课堂教学和学生评价等面向城乡经济，甚至依附于城乡经济，教育超前于经济发展、教育对经济发展的引导作用被无形消弭。同时，在平面化的路径模型中，职业教育外部系统的定位与分工不明确，政府、企业和社会公众如何参与职业教育与城乡经济的联动发展，职业教育、经济、政府、企业和社会公众之间的统筹关系没有制度化和明晰化。所以，在平面化的路径中，因为公共理性缺失和多重制度阻隔的信息不对称，政府、企业、职业学校以政绩效力、生产效率、办学效益作为统筹逻辑，并不能真正建立合

作博弈关系，职业教育与城乡经济要实现联动发展也只能是"失效"和"虚假繁荣"。

三、走向"立体化"：构建职业教育与城乡经济联动发展的新型路径

伴随着单中心治理模式的消解和多中心、交互性公共治理模式的兴起，多元主体共同治理已经成为流行趋势。在职业教育与经济联动过程中也要遵循多中心治理的原则，应建立包括国家、地方政府、职业院校、企业、社会公众等众多主体共同参与的系统。一方面，结合新型城镇化与科学发展观道路的时代要求，创新校企结合模式、提升社会公众在联动发展过程中的参与度、打造具有城乡经济特色的职业教育园区等新路径，进而实现职业教育与城乡经济形成发展的"共同体"。另一方面，在联动过程中突破利益固化的藩篱，在不同层次上探寻职业教育与城乡经济联动发展的路径，打破职业教育与城乡经济的"二元治理"僵局，破解"职业院校－企业"单一互动现状，在职业教育与城乡经济高效联动发展的过程中，推进新型城镇化的实现。

第二节　职业教育统筹发展的立体路径体系

职业教育与城乡经济的联动发展需要立体路径得以助推。本小节主要以"多维对接"勾勒职业教育与城乡经济联动的"经络"；以"点—线—面"塑造职业教育与城乡经济联动的"血肉"；以"利益""规则""效率"的"三位一体"支撑起职业教育与城乡经济联动发展的"骨架"；通过立体式联动道路的构建，赋予职业教育与城乡经济联动的生命活力。

一、职业教育与城乡经济的"多维对接"路径

现代系统理论将系统组织化状态概括为"结构"，并得出"结构决定功能"的论断。因而，要实现职业教育与城乡经济的联动发展，在结构上实现两者的多维对接是首要前提，如图 9-2 所示。

第一，助推职业教育专业结构与城乡经济产业结构的匹配。随着部分城乡产业结构的调整、优化和升级，现代工业、新型服务业或技术密集型产业的发展成为主要趋势，各产业在生产规模上比例关系的协调与产业间关联程度的提高，使得产业结构逐步合理化与产业间关联的高度化。职业教育的专业结构要实现与城乡经济的产业结构匹配，需要职业院校从产业结构的最新状态出发，实施市场主导型专业设置模式，删减一些重复设置

专业与难就业专业；将相邻相近专业进行整合，设置综合专业；增设与城乡特色资源配套的新兴专业，并瞄准产业结构的新动态，合理调整专业结构的比例，提升专业结构的能级，以期建构与产业结构相匹配的专业结构体系，最终适应产业调整和技术提升的内在要求。

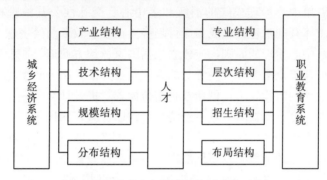

图 9-2　职业教育与城乡经济"多维对接"

第二，推动职业教育层次结构与城乡经济技术结构的对接。城乡经济的技术结构决定了职业教育发展的层次结构。技术结构从等级上可以划分为：尖端技术、先进技术、中等技术、初级技术、原始技术五个级别。现如今，我国仍处于发展中国家行列，中等技术所占比重最大，初级技术、原始技术依旧占有较大比重，而先进技术，特别是尖端技术占很小比重。与发达国家的先进型技术结构相比，我国仍处于后进型技术结构状态。因而，城乡职业教育在人才培养层次上，当务之急是要大力推进高等职业教育在本科及研究生层次人才的培养，为我国先进技术和尖端技术的发展储备高端人才；稳步推进中等职业教育人才培养质量，以中等层次人才为纽带，助推城乡技术结构在原始技术、初级和中级技术上的上移，并黏合初等和高等层次人才的沟通与衔接，为我国高端技术的发展奠定人才基础。

第三，推引职业教育招生结构与城乡经济规模结构的对等。职业教育在招生结构上与城乡经济的规模结构实现对等，能在一定程度上缓解职业院校毕业生就业难的问题。而如何实现两者的对等，是职业教育必须克服的难题。这需要政府、行业、企业以及职业院校通力合作构建城乡内人才需求的预测机制，深入考查城乡经济发展的现状，并对未来经济发展的态势进行有效预测，依据经济发展规模和结构实行扩张性、紧缩性或中性的招生政策，实现两者在结构和规模上的动态式对等。

第四，推进职业教育布局结构与城乡经济分布结构的配套。职业教育要与城乡经济的分布实现配套，通过整合各方优势资源，发挥"1+1>2"

的整体效益，城乡经济原有的分布结构是基础，职业院校本身的布局结构调整是前提。首先，若城乡内占优势地位的企业或经济集团与职业院校之间以及院校彼此间在地理位置上相距甚远，那么不同类型、不同层次职业院校之间可以先进行点对点沟通，再与企业之间进行线到线联结，从而围绕优势企业或经济集团，形成网状式分布结构。其次，若城乡内大型企业或经济集团与职业院校之间以及学校彼此间相隔较近，那么职业院校间可以先将多个不同类型、不同层次的职业学校通过撤销、改办、兼并、联合、升格、合并重组等方式组建职业学校集团，并与在地理位置上相近的行业企业实现沟通，围绕分布集中的经济实体形成片状包围结构，拉近城乡经济实体与职业院校之间的距离，从而减少资源的内耗，实现城乡内部资源的共享与优势互补。

二、职业教育与城乡经济的"点—线—面"联动路径

职业教育与城乡经济之间多层面、多维度的立体化联动是实现两者深度联动的有效路径。这种立体式联动主要表现在主体之间的"点式"联动，以平台为载体的产学研"线式"联动以及城乡内和城乡间的"面式"联动。

首先，主体之间的"点式"联动。主要表现在职业院校之间的联动，职业院校与企业之间的联动以及政府与校企之间的联动。职业院校之间的联动，从横向上触发同级职业院校之间涨落的形成，通过彼此的相互借鉴，共同协作，组建资源共享平台，拉动优秀师资的双向沟通，以示范性职业院校为序参量，触动集团化职业技术教育园区的形成，进而共同打造品牌以提升职业院校的影响力。从纵向上实现中职与高职的有效衔接，通过中高职间的通力协作，在课程设置、专业层次、人才规格等方面进行深度沟通与协作，或创设"3＋2"、"2＋3"等形式的一贯制中高职衔接制度，并建立与之配套的灵活的衔接体制与机制。这样，通过横向和纵向实现职业院校之间的一体化，为与城乡经济的深度联动打下基础。此外，在校企联动上，职业院校与企业之间，可采用组建教育集团、联盟的形式进行结合或通过签订协议进行"契约式"结合。而无论哪种方式的结合，职业院校与企业之间要实现真正的联动，其首要的任务是建立双方的利益协调机制。目前中国职业教育存在的问题，从根本上来说还是企业并没有真正地、心甘情愿地参与到职业教育办学中来，因而要加强职业院校与企业之间的联动，建立双方共同认可的利益协调机制，实行责任共担与利益共享，划清两者之间在合作办学上的权责，为企业参与职业教育扫清后顾之

忧。此外，校企之间通过建立共同的组织管理体制及相应的运行机制，如学校联合企业行业组建职业院校董事会制度，明晰各方的权责，并成立职业院校专业指导委员会等方式，实现校企之间的无缝对接。另外，在政府与校企的联动上，政府应当不断地为校企合作提供政策、资金、信息等方面的支持，为校企密切合作提供保障。例如，政府通过税收政策的调整，将企业需要交付的一定企业所得税以一定方式转移到职业院校的办学中去，并为企业参与职业教育办学营造良好的投资环境，从而提升企业与职业院校合作的积极性。除此之外，还可以通过辅助性的资金支持校企合作，加强与校企的沟通，深入考察校企合作中存在的问题，问责职业院校或企业在合作中的过失，有效解决校企合作中的棘手问题，为校企的深入合作扫除障碍。

其次，以平台为载体的产学研"线式"联动。产学研的一体并非只是一句口号，通过平台的建设为其搭建起功能发挥的"舞台"才能使其真正实现。首先，创建项目型合作平台促进产学研两两结合的"线线"联动。通过创建项目型合作平台，推进学校（职业院校、普通大学）与企业之间、企业与科研机构之间、学校（职业院校、普通大学）与科研机构之间的两两合作，以联合申报国家、省级课题项目的形式，共同攻关国家科技创新项目并进行技术研发，从而共谋发展并实现互惠共赢。其次，创设实体型合作平台促进产学研"一条线"联动。创设实体型合作平台是城乡内学校（职业院校、普通高校）、企业与科研机构三者深度合作的最佳途径。通过高校资深教授、企业高层技术人员、科研机构高端人才共同组建城乡"产教研发联合院"，并下设"产教联合中心"、"技术研发中心"等职能部门，明晰各职能部门的工作职责，将教学、生产、研发等工作相应地分配到学校、企业与科研机构中去；或在城乡"产教研发联合院"的统筹下，整合已有资源直接将学校办在大型工厂和龙头企业中去，并在企业中设置教研、技术研发等部门，从而促使教学、生产、研发一条线运作，利用资源整合优势，最大化地提高效率与降低成本。

最后，城乡内和城乡间的"面式"联动。城乡间的"面式"联动，是指城市与乡镇间的联动；城乡内的"面式"联动主要指城市与城市之间、乡镇与乡镇间的职业技术教育与经济的联动。城乡之间要实现职业教育与经济的联动，对于城市而言，提供与当地农村、农业、农民相匹配的职业教育与培训是基本前提。城市内大、中城市职业教育应与县（市）、乡镇、村一级职业教育与培训网络间实现互通，保证三级农村职业教育与培训体系在乡镇和村一级的全面覆盖，并有效结合农村特有的农业资源，开发相应的职业教育专业。此外，根据农村人口状况，进行对农村剩余人口的职业培训，鼓励一部分农村剩余劳动力留在农村发展特色农业，支持农村经济的发展。对另一部分农村剩余人口，尤其是在新城镇化进程中的失地农民进行转移培训与技能培训，鼓励他们进入城镇中实现再就业，从而为城镇经济的发展奉献力量。另外，城市与城市之间以及乡镇与乡镇间职业教育与经济的联动，由于涉及更多更广范围要素间的联动，而要实现这些要素间的协调，建立国家、城乡政府、职业院校间的"委托—管理—代理"三级治理模式就显得尤为必要。① 这种三级治理首先体现在区域职业技术教育之间的治理，通过统筹各方资源，协调各方利益，实现区域之间职业技术教育的沟通与协作，再以区域间职业技术教育的联动为纽带，拉动城市与城市间、乡镇与乡镇间经济的协同发展并向区域经济的均衡发展迈进。

三、职业教育与城乡经济的"三位一体"协动路径

"利益"、"规则"、"效率"是职业教育与城乡经济在联动发展过程中关系协调的重要杠杆，通过"利益"、"规则"、"效率"三个维度对职业教育与城乡经济联动的支撑，是实现职业教育与城乡经济立体化联动发展的重要路径，如图 9-3 所示。

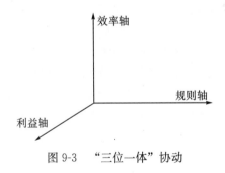

图 9-3 "三位一体"协动

其一，以利益驱动职业教育与城乡经济的联动。利益不仅是职业教育与城乡经济之间实现沟通、协作的逻辑起点，其共享与协调也是职业教育与城乡经济实现联动发展的归宿。在由各利益相关者共同组建的利益集团内部，利益的分配是否公平、利益的协调是否合理、利益的补偿是否到位、利益的激励是否有效均关系到职业教育与城乡经济的联动效率。首先，在利益分配上，利益集团应秉持公平公正的原则，以各利益主体的需

① 朱德全，李鹏. 论城乡职业教育统筹的多重治理逻辑［J］. 西南大学学报（社会科学版），2013，（4）：43-52.

求为基础，以各利益主体在协同合作中所起的作用为标准，建立相应的利益分配机制，科学设定利益主体在利益分配上的相应比重，并以科学的方法进行利益分配。其次，在利益协调上，由于不是任何利益的分配都能保证绝对的公平，所以在利益分配后，建立利益协调机制并辅助以一些协调措施就显得尤为必要。例如，无论是在学校与企业的合作层面，还是城市与乡村或者东西部城乡合作层面，均存在在合作上处于相对弱势地位的利益主体，由此，在利益的分配上，各利益主体出于对弱势主体的保护倾向，在利益分配上也会给予相应"照顾"，这势必会影响到占优势地位的利益主体的利益分配比额。因而，在保护弱势利益主体的同时，对优势主体的受损利益进行补偿是保证主体间合作顺利进行的关键，而这种利益补偿是在各利益主体之间共同实现的。例如，学校帮助企业培训人才，乡村为城市或西部为东部城乡提供基地支持、技术转让、资源共享等方式，对受损利益主体的补偿，从而实现帕累托优化。最后，为保证各利益主体之间的长期合作，建立合理的利益激励机制是重要途径。在利益激励上，政府作为宏观管理者起着举足轻重的作用，如政府通过制定倾斜式政策或运用税收优惠、信贷、财政转移等经济手段为各利益主体之间的良性合作提供持久动力。

其二，以规则保障职业教育与城乡经济的联动。正所谓无规矩不成方圆，利益的共享和协调需要相应的规则作为基准。在职业教育与城乡经济的联动中，各利益主体之间，必须以实践经验为基础，通过调研、议程起草、会议讨论和表决、条约签订等程序，就某些特定的教育与经济问题达成共识，并以合同、协议、章程、制度、法律、道德等方式，协调规范各利益主体之间的行为，明确各利益主体的权利与义务，建立责任共担机制，以及在重大过失上的责任划明与过失追究，通过建立统一的规范激励并约束各利益主体的行为，提高各利益主体的合作效率，为职业教育与城乡经济之间的有效联动提供保障。

其三，以效率促动职业教育与城乡经济的联动。如果说利益是合作的起点和归宿，那么效率则是在合作过程中要考虑的"第一位"因素。强调职业教育与城乡经济的联动发展，以优势城乡带动弱势城乡或以城市带动乡村在职业教育与城乡经济上的互助共赢，这并非意味着各利益主体之间要实现同步发展，也并非要"削峰补壑"，而是要在利益均衡的前提下，合作的效率"共升"与效益"共增"。以效率优先的合作关系，必然要考虑各利益主体合作的参与度以及合作的嵌入度。因而，各利益主体之间要分工明确、各司其职，实现参与的最大化。另外，加强利益集团内部的管理，共同实现人力、物力、财力资本在特定时间内的配置效率和产出效率，实现合作嵌入的深层化。

第三节 职业教育统筹发展立体化路径推进

制度层面的宏观设计、市场层面的调节和政府层面的协控是职业教育与区域经济和谐高效联动的重要保障。建立"制度保障、市场调节、政府调控"三位一体的保障机制，立体化推进职业教育统筹发展，最终实现城乡职业教育、区域职业教育与各层次职业教育的"非均衡突破与协调性发展"。

一、制度引领，宏观规划：营造职业教育统筹发展的公平环境

以诺斯、科斯、阿尔钦等为代表的新制度经济学派将制度视为经济增长本身或经济增长的根本原因。相比较于市场调节机制和政府宏观调控机制，制度保障机制有其自身的独特性和不可替代性。一方面，制度保障为市场主导下的非均衡突破创造了制度环境；另一方面，制度保障为政府宏观调控行为提供了法律保障制度。为此，要实现城乡之间职业教育的非均衡突破与协调性发展耦合，必须依靠法律保障制度的建立和完善，这是营造公正、公平的城乡职业教育发展环境的先决条件。

效率和公平是职业教育与城乡经济联动发展在制度设计上应当重点考量的两个重要因素。效率是制度的应有之义，好的制度必须能够改善职业教育在城乡之间资源的利用效率，充分发挥有限资源的最大经济效益。此外，制度还不能使职业教育在城乡发展上陷入"低水平均衡"的陷阱。当然，只讲效率而缺乏公平的制度也不是一个好制度。长期以来，职业教育的城乡二元体制虽然带来了城市职业教育的大繁荣大发展，但这种体制更多地表现为一种"掠夺型制度"，从而为当下城乡职业教育、区域职业教育与各层次职业教育的巨大差异埋下了祸根。因此，好的制度必须在空间上能够推动城乡职业教育、区域职业教育与各层次职业教育和谐发展，在时间上得以保障职业教育与城乡经济社会系统间的可持续发展。在坚持效率与公平的原则下，实现职业教育在城乡之间的"非均衡突破、协调性发展"必须走制度变迁的道路。首先，要厘清国家、市域、县域三个层面统筹城乡职业教育制度设计的逻辑。国家层面，相关教育行政部门应根据我国城乡统筹发展目标及发展现状，树立城乡职业教育发展的全域理念，全面、综合地对城乡职业教育发展进行统筹规划；市域层面，地方教育行政部门要切实根据中央教育部门制定的制度建设架构，结合地方特色，制定符合当地市情的统筹城乡管理制度；县域层面，要以农村职业教育为重

点，完善补偿性发展制度，实现统筹城乡职业教育发展的基层制度设计目标。其次，在统筹城乡职业教育发展制度的设计过程中，要注意个人利益与集体利益之间的协调性。在强调公共教育利益的同时，还应协调各方利益关系。这里的各方利益关系主要包括城乡之间、城乡职业院校之间、职业院校与师生之间以及职业院校与社会之间的利益关系。具体来说，城乡之间以及城乡职业院校之间的利益关系主要涉及到国家对教育投资以及公共教育资源的分配问题；职业院校与师生间的利益关系主要是学校内部教学管理和教学运行过程中各种利益的协调；职业院校和社会之间的利益关系包括学校的人才培养供给与社会所需之间的关系。第三，在制度内容上要扬弃导致城乡分割、高中职分裂、校企脱离、院（校）地各行其道的各种制度，建立有利于职业教育与城乡经济社会系统各相关主体在职业教育经费投入、招生就业、人才培养、师资培养、实训设备等方面有效联动的制度。从当前来看，迫切需要完善和建立的相关制度包括企业参与制度、现代职业学校制度、职业学校教师流动制度、农民工培训与管理制度、新生代农民工培训制度、免费职业教育（甚至是义务职业教育）与培训制度、城乡职业学校配对（合作）建设制度、涉农专业建设制度等。

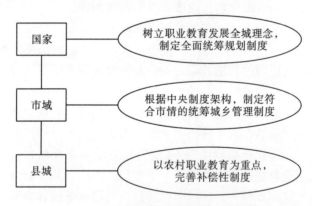

图 9-4　国家、市域、县域统筹城乡职业教育制度设计逻辑

二、市场调节，点轴贯通：推进职业教育统筹发展资源配置一体化

　　市场调节与政策调控是资源配置的两种形式。尽管市场经济的最大逐利性有可能加剧城乡间职业教育的差距，但城乡职业教育、区域职业教育与各层次职业教育发展不能因噎废食而放弃市场法则。要充分发挥市场的调节功能，最关键之处在于打破城乡之间相互分割的壁垒，推进城乡职业教育、区域职业教育与各层次职业教育资源的一体化配置。在通过市场调

节推进城乡职业教育、区域职业教育与各层次职业教育资源一体化配置方面，点轴开发模式不失为一种可资借鉴的路径。

点轴开发模式是增长极理论在实践中的应用。在区域经济发展理论中，"点"即经济中心，"轴"即点与点之间的交通线。点轴开发可以理解为从发达区域大大小小的经济中心（点）沿交通线路向不发达区域纵深地发展推移。在职业教育发展历程中，职业教育初级阶段的发展首先集中在少数条件较好的城市，并成斑点状分布。这些中心既是城乡职业教育、区域职业教育与各层次职业教育发展的增长极，也是点轴开发模式的点。伴随城乡中心职业教育发展的不断成熟，做大做强的需要，要求与腹地或周边城镇职业教育系统之间形成对接，此时人力资源供应链、基础设施共享链、资金供应链不断形成，而这些相互连接而成的链条就是轴线。在区域内部职业教育发展历程中，通过点、轴两个要素的结合，有利于在空间结构上出现由点而轴、由轴而面的格局，呈现出一种立体结构和网格态势，对于区域之间、城乡职业教育资源的横向流动和职业院校之间的横向联系具有较大的优越性。这种职业教育点轴开发模式可以有两种形式：第一种是中心发散型。首先以城市中心或城镇优势职业院校为发展的突破点，其次通过发挥优势职业院校的影响力，吸引农村潜在生源参加职业教育或职业培养，从而提升其品牌号召力和经济效益，最后这些优势职业院校需要通过采取兼并或重建分校的形式获取农村职业教育资源和潜在职业教育需求，从而使优秀职业院校的优质教育教学资源扩散和移植到农村地区。第二种是点与点对接型。城乡间优势职业院校与薄弱职业院校基于共同发展需要或者共同利益追求，达成协议性发展联盟，从而使城乡职业教育、区域职业教育与各层次职业教育在人力资源、基础设施资源、资金等资源得以重组，实现城乡职业教育、区域职业教育与各层次职业教育一体化发展。

三、政府协控，多边联动：促进区域职业教育整体协调发展

以市场调节为主导的城乡内部职业教育资源一体化配置是城乡职业教育、区域职业教育与各层次职业教育一体化的效率基础。但市场调节的经济效益旨趣却是城乡职业教育、区域职业教育与各层次职业教育发展公平性缺失的导火线。为此，在城乡职业教育、区域职业教育与各层次职业教育发展历程中，有必要在充分发挥市场调节机制作用的同时，加大政府宏观调控的力度，充分发挥政府宏观调控对促进城乡内部职业教育协调发展的积极作用。当然，政府调控并不意味着政府以计划配额、行政命令等方式来统管资源或分配资源，而应该充分发挥规划、政策、管理的引导作

用，在宏观上引导城乡内部多主体之间的联结互动，在促进城乡内部职业教育各种资源要素合理流动、优化配置的同时，实现城乡职业教育、区域职业教育与各层次职业教育的协调发展，实现非均衡突破与协调性发展之间的耦合。

政府宏观调控主导下的城乡内部多主体之间的联动可以通过城乡联动、院校联动、院（校）地联动三种具体形式进行。

第一，城乡联动。城乡联动即"按照职业教育发展规律和资源优化配置的要求，走以城带乡，以乡促城，城乡一体，协调发展的路子"。[①] 通过构建"城校企三位一体乡村基地建设模式"来实现城乡联动，由优先发展的城市（政府）运用一定的行政手段，联合所在区域的优质学校和优质企业，在欠发展的区县建立乡村基地，乡村基地包含两大功能：一是通过整合优质学校、企业和乡村的三方资源，为农村发展提供资源保障；二是可以承载学校的实习实训基地功能，为人才培养开辟新的空间。乡村基地建设可以参考当前"新农村综合体"的建设思路和模式，建设的最终指向是在政府调控下城乡联动，真正实现城市对农村的帮扶作用，从而提高城乡职业教育、区域职业教育与各层次职业教育水平。

第二，院校联动。院校联动即区域内高职院校与中职学校在办学目标、资源配置、教学实施、就业升学等各方面的联合行动。政府机构根据区域产业发展特点，积极发挥引导作用，为区域内部的高职院校、中职学校搭建合作平台，从而构建教学链、产业链、利益链"三链合一"，招生就业、专业、课程、师资、实训和培训"六位一体"的中高职衔接的集团化办学模式。院校联动在实施过程中要注意以下两点：一是坚持优势互补、双赢互惠。院校联动要结合每所院校的专业、人才、科研、技术等综合优势，结合中职学校所在地产业、资源等独特优势，充分发挥各自优势，实现优势互补，打造各自的办学特色，增强院校各自的核心竞争力。二是坚持典型示范、全面推进。结对院校要整合资源、集中力量抓典型，通过示范带动，由点到线，由线到面，全面推进，促进结对院校提高自身的教学水平、办学质量和声誉地位，带动职业院校的整体发展、全面发展。

第三，院（校）地联动。院（校）地联动即高职学院或中职学校与院校地理位置所处区域或相关区域范围内的地方政府等部门的联合行动。院（校）地联动是一种双赢互惠的发展路径，有利于职业院校与地方政府整合彼此的优势资源，既推动地方经济社会发展，又促进高职院校成长。在实施

---

① 朱德全.职业教育促进经济社会发展［J］.光明日报，2012-09-24.
① 朱德全.职业教育促进经济社会发展［J］.光明日报，2012-09-24.

上，要实现学校与政府对接，专业与企业对接，师生与农村家庭对接，宏观、中观、微观三个层面的对接。首先是学校与政府的对接要求学校主动了解政府前瞻性的规划，整合全校的资源，做到专业设置与产业需求对接、课程内容与职业标准对接、教学过程与生产过程对接。其次是专业和企业的对接，企业的市场敏锐性决定企业紧随行业技术前沿，院校要提升专业教师的实践性教学能力以及科技研发的针对性，企业学习、实践是必由之路，同时也只有企业能够大量接收学生实习，能为学生提供全真实践环境。三是师生和农村家庭对接，开展师生与农村家庭对接，可以通过这种惠民启智的实践活动让当代大学师生更好地了解社会，接触社会进而提升师生社会责任感。

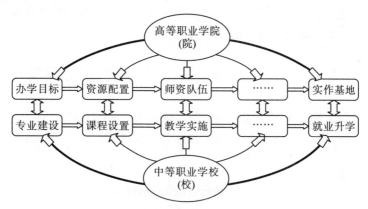

图 9-5　院校联动运行机制运行机制

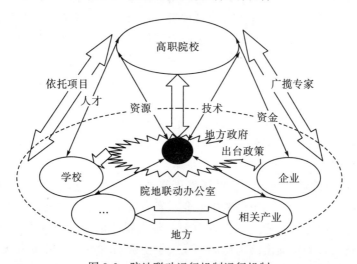

图 9-6　院地联动运行机制运行机制

第十章　职业教育统筹发展的保障措施

职业教育统筹发展包含众多的子系统，统筹发展就是通过对该系统中各个子系统进行时间、空间和功能结构的重组，产生一种具有"竞争—合作—协调"的机制和效应，通过思想观念体系、制度保障体系、管理服务体系和资源保障体系等体系机制的相互调适和协同创新来产生聚众规模效益，其产生的协同效应远远大于各个子系统之和。因此，职业教育统筹发展的保障措施也可以尝试着从职业教育统筹发展的管理与服务保障、资源配置保障和政策制度保障方面加以开展实施。

第一节　职业教育统筹发展的管理服务保障

职业教育统筹发展的管理与服务保障是第一位的保障。主要包括增强政府统筹服务职能、重构职业教育领导和协调机制、理顺职业教育管理体制、健全职业学校内部管理体制。

一、增强政府统筹服务职能

在原有计划经济体制下，政府的角色是多重而模糊的，既是职业教育的举办者，又是职业教育的行政管理者。在市场经济体制下，政府的职能应当及时转变与调整，政府作为职业教育的管理者，其相应职权应进一步调整和规范，要由原来的直接管理变为间接管理，要由原来的微观管理变为宏观管理，要由原来的管理变为管理与服务并重。具体来说，其管理服务职能主要体现在：

（1）统筹规划，对职业教育的发展规模、发展速度、发展模式和布局结构进行宏观调控，统筹职业与普通教育的协调发展、统筹城乡职业教育的联动发展。

（2）统筹政策，根据社会经济发展需要，与时俱进地制定促进职业教育发展的政策措施：如统筹招生就业、实习安排、证书考核、师资聘用和培训管理；制定一系列经费投入政策，建立稳定的经费投入渠道和来源，适当调整教育经费支出结构比例；完善学生资助政策；严格实施就业准入制度等，为职业教育发展营造良好的政策环境。

（3）督促指导，政府部门要坚持依法治教，监督引导职业院校自觉遵守各项法律法规，纠正学校违法违规办学行为，切实保护学生、教师和学校的合法权益；要建立科学的学校评价体系，通过评价手段对职业院校办学行为进行正确的引导；要建立健全以政府为主导的职业教育质量评价和监督机制，制定职业学校设置标准，规定职业学校的办学规模、生均校园面积、生均建筑面积、生均教学仪器设备值、生师比等基本办学条件，同时根据这些政策和标准加强对职业学校的工作监督和指导，全面提高职业学校的基础能力；要依法加强市场监督，指导学校面向市场，维护正常教学秩序，切实防止市场趋利性可能带来的无序竞争。

（4）协调服务，明确政府作为职业教育事业发展服务者的角色，解决学校改革发展中遇到的实际问题，协调校际之间、校企之间、校社之间的关系，为职业教育的发展创造良好的外部环境。

二、重构职业教育领导和协调机制

城乡职业教育、区域职业教育与各层次职业教育的一体化发展必须建立从上到下的相应的领导和管理体制。由省（直辖市）人民政府成立工作领导小组及其办公室，省（直辖市）人民政府分管领导担任领导小组组长，县级相关部门领导作为领导小组成员，形成政府主导、统筹管理、部门配合、校企参与的职业教育统筹发展新格局。完善分级管理、分类指导以及地方为主、政府统筹、社会参与的职业教育管理体制。各区县之间、市政府与各区县政府之间、城乡职业院校之间要保持信息的沟通，在学校的建立、培训基地的建设、专业的设置、教师的流动等方面要相互交流、协商，发挥教育资源的最大效益，防止资源的闲置和浪费。明确统筹城市职业教育一体化发展尤其是农村职业教育发展对缩小城乡差距、促进地区经济均衡发展的重要性，实行教育行政负责和行政问责制，对教育政策不能落到实处，农村职业教育经费得不到切实保障的情况，要对相关责任人进行问责。在城乡统筹的背景下，适应市场对职业技术人才的急剧需求，培养适合市场需要的人才是当前职业教育的重要任务，而这一人才的培养需要职业院校加强与企业的合作。[①] 通过校企合作学校能够及时了解市场的需求，从而调整职业学校的专业设置和培养方案。因此，在建立相应的领导和协调机制的基础上，还要多形式建立教育与相关行业主管部门、行业

---

① 钟光荣，廖其发.重庆市城乡统筹背景下发展农村职业教育的重要性及其对策［J］.当代教育论坛，2011，（2）：15-17.

企业的对话协作机制和平台，加强职业教育联席会议制度建设建立职业教育改革发展咨询委员会和教学改革创新指导委员会，定期或专题研究职业教育发展中的重大政策问题，提高职业教育科学决策的水平，实现城乡职业教育、区域职业教育与各层次职业教育一体化发展。

政府部门要树立全局观、整体观，把"尊重基本人权，促进城乡共同发展"①作为基本定位，以服务为宗旨，以就业为导向，以质量为核心，以改革创新为动力，着眼于满足城乡对不同职业教育的需求，分阶段、分地区循序渐进地进行改革。各县（市、区）人民政府、市职业学校主管部门、各职业学校要高度重视实施城乡职业教育、区域职业教育与各层次职业教育一体化发展的重要性和必要性，在经费投入、设备提供、师资配备、招生就业等方面对城乡职业教育、区域职业教育与各层次职业教育发展进行统筹规划、合理安排，强化各级政府对职业教育的决策力，建立城乡职业教育、区域职业教育与各层次职业教育协调发展的良性机制，努力实现城乡职业教育、区域职业教育与各层次职业教育资源共享、优势互补、共同发展。另外，在提高政府决策力的同时，要保障各种规划、安排能够得到切实的执行。政府每年要根据实施情况进行督促检查，并把实施情况纳入年度目标工作考核范畴，切实保证城乡职业教育、区域职业教育与各层次职业教育一体化发展取得实效。

三、理顺职业教育管理体制

为建立健全职业学校教育和职业培训并举，并与其他教育相互沟通、协调发展的职业教育体系，形成各有关方面分工负责、优势互补、资源共享、通力合作的职业教育工作格局，必须理顺职业教育管理体制。

首先，建立职业教育战略发展领导管理机构，积极构建由教育主管部门统筹规划，由院校、基地、行业、企业等各方面多头参与、横向连接、分工负责、协调合作的高效运行的管理体制，探索建立由教育主管部门领导、教师教育专家、行业企业专家、师资培养院校负责人组成的专家咨询委员会，为职业教育战略发展提供改革思路与策略。

其次，要改革多头管理、条块分割的弊端，理顺管理关系，明确管理职责。教育部门牵头负责教育的统筹规划、综合协调职业教育和学历教育的管理。人力资源部门综合管理职业教育的技能培训、技能鉴定、职业技

---

① 褚宏启.城乡教育一体化：体系重构与制度创新——中国教育二元结构及其破解［J］.教育研究，2009(11)：3-10.

能竞赛等工作，统筹非学历教育培训机构的管理。相关行业部门负责职业技能标准的制定。特别强调的是，行业企业参与职业教育的发展非常重要，将职业学历教育归口到教育部门管理，并不是要否定行业企业参与职业教育，相反，必须由政府出面制定出行业企业参与职业教育的相关政策，从制度上规定并强化行业企业参与发展职业教育的责任和任务，充分调动行业企业参与职业教育的积极性。

四、健全职业学校内部管理体制

职业学校内部管理体制中，人事管理体制和分配管理体制是重点和核心，因此，职业学校内部管理体制改革，应以人事制度和分配制度改革为突破口，启动包括财务、后勤、教学、科研等在内的综合管理体制改革工程。

首先，落实校长责任制。坚持校长职、责、权相统一的原则，要落实校长在学校事业发展的中长期规划、学校人员的聘用、经费的使用和支配及学校教育教学管理决策等方面的权利；校长要按照"特色兴校、质量立校、科研强校、依法治校"的总体要求，对职业学校实行规范化和制度化的管理，建立良好的校风，营造优美、充满活力激情的办学环境。

其次，加强人事制度和分配制度改革。人事制度和分配制度改革的目标和任务是建立和完善包括激励机制、政策导向、规范管理等在内的趋动系统和调控机制，改变管理人员和专任教师比例失衡、人才配置不合理、人事管理制度僵化等不良状况。要完善职称评审和岗位聘任制，在定编、定岗、定职、定责"四定"的基础上，根据按需设岗、公开招聘、平等竞争、择优聘任、严格考核、合约管理的原则，进行岗位聘任。要通过分配制度的改革，改革工资制度，实行绩效工资，克服平均主义、论资排辈倾向，使教职工的工资收入与岗位职责、工作业绩和贡献直接挂钩，真正实现按劳分配、优劳优酬。改革学校内部管理体制，要设置精简、合理、高效的管理机构。机构设置要适当，管理权限要清楚，管理职权要相称。合理是指人才使用要合理，要使学校的各类人员职责清晰，分工明确，各负其责，团结协作，使整个管理系统发挥高效能。

第二节　职业教育统筹发展的资源配置保障

职业教育统筹发展的资源配置保障是第二位的保障。常见措施有城乡职业教育、区域职业教育与各层次职业教育资源共享，规范财政转移支付行为，健全职业教育集团办学，加强职业教育队伍统筹等主要的基本措施。

一、城乡职业教育、区域职业教育与各层次职业教育资源共享

城乡职业教育、区域职业教育与各层次职业教育一体化发展在于通过城乡统筹实现职业教育资源的合理配置和师资、信息等资源的共享。

第一，政府应尽快调整职业教育资源的配置结构，加大对职业教育设备的投资力度，将经济落后区域的职业教育基础设施建设纳入政府投资范畴。加大转移力度，尤其是对农村职业教育实行倾斜政策，统筹兼顾，实行对城乡职业教育、区域职业教育与各层次职业教育的一体建设。这主要通过补偿性原则来实现，即教育资源配置强调"雪中送炭"而不是"锦上添花"，要向贫困地区职业学校和薄弱职业学校倾斜。另外，城乡职业教育、区域职业教育与各层次职业教育一体化发展还要促进各职业学校富有特色和个性的发展，这主要通过差异性原则来实现，即根据不同地区经济文化背景的不同和处在这种背景下的学生的差异，配置不同的教育资源。

第二，职业教育资源共享是融合城乡一元教育结构、促进城乡一体化发展的必由之路。关于新时期我国城乡职业教育、区域职业教育与各层次职业教育一体化发展的任务，《国家中长期教育改革和发展规划纲要(2010—2020年)》用两个"强化"进行了明确：要"强化"各级政府统筹职业教育发展的责任，健全区域职业教育培训网络；要"强化"职业教育资源的统筹协调和综合利用，推进城乡、区域合作。① 因此，实行职业教育资源共享，也是城乡一体化发展，政府转变投入方式的一项重要举措。

教育资源一般包括硬件化物质资源、软件化信息资源和智慧化人力资源等。物质资源方面，为了职业教育统筹发展资源，可实行城乡职校联合办学，由城市优质职业院校与农村区县职业学校联合办学，共同享用双边的教育资源。另外，政府也可出面筹建共享性集约型职业教育实训基地，使资源利用最大化。在教育信息资源方面，利用信息资源可复制、可使用和再生增值性的特点，构建城乡职业学校信息服务平台，开发城乡职业学校招生、就业服务信息网络，实行招生、就业信息资源共享，实施职业技术教育远程教育；开发职业技能网络实训室，搭建城乡职业学校实践教学

① 王忠厚，朱德全. 城乡统筹背景下职业教育信息资源共享研究 [J]. 电化教育研究，2011，(11)：36-40.

信息技术平台。在师资方面，城乡之间的职业院校可实行相关专业教师的流动制，进行短期教师区域流动化教学。[1] 这种职业教育教师岗位流动制不仅有利于教师资源的共享，也有助于教师教学能力的提升，更能推动农村职业教育的发展。

改革教师人事管理制度。为了弥补城乡和校际差距，将教师由现行的学校所有制转为行业所有制，由教育行政部门和行业共同管理城乡职校教师，建立教师和管理者在校际之间、城乡之间合理流动的制度。

实施职业技术教育集团内学生学分互认制度。目前，我国多数单个职业学校由于师资和办学条件的局限，无法完全开设出满足学生个性化需求的各类课程，这就形成了学校教育有限性与学生需求无限性间的矛盾。为此，可让学生在区域内职业技术教育学校间自由选课，各个成员学校学分互认。

积极推进职业学校的办学硬件共享。职业院校的特性决定了其办学硬件建设应注重学习场所建设的情境性。但长期以来，我国同一地区隶属不同管理部门的同类职业学校林立，专业重复设置，教学设备重复建设，面对有限的社会资源和政府资源，城乡职校间更多的是竞争，而不是有效合作，造成各种显性和隐性的资源浪费。为此，政府可通过宏观调控，形成院校联盟，两个或三个同类学校可共同建设一个标准的一体化操作室或模拟车间、校办工厂、校外实习基地、多功能教室等设施，形成良好的"情境场"。

二、完善财政转移支付行为

财政转移支付制度的优化，总体上要有利于各地区职业教育事业实现和谐发展，尤其是要有利于贫困地区达到基本的职业教育发展目标。以重庆市为例，由于各区经济发展状况不同，有必要将教育投入的"以区县为主"上移到"以市为主"，即区县政府和市政府按比例对职业教育经费的投入情况进行管理，但主要由市政府统一负责和调控，以减轻区县财政压力，确保贫困区县和欠发达区县职业教育基本发展经费得到充分保障并享受倾斜或补偿政策，在具体优化过程中应主要做到一般性转移支付行为与专项转移支付行为的优化。

第一，一般性转移支付的优化。按照拨款程度有最低标准模式、机会

---

① 唐强奎.职业教育发展中的贫困生教育公平问题及对策［J].成人教育，2011，(6)：22-24.

均等模式与完全均等模式的选择。以重庆市为例，重庆市的经济总体上还欠发达，可用财力有限的财政状况决定了重庆市在安排职业教育转移资金时只能根据最低标准的要求，即不论在重庆市经济发达区还是在各偏远乡镇，不论是在渝西地区还是在三峡库区都应选择最低标准的模式，同时对贫困地区职业教育经费的差额进行补助。此外，由于重庆市各区(市、县)职业教育支出缺口差异较大，职业教育投入需求结构复杂等，可采用总额补助法进行转移支付，使各地依自身情况可在相关项目之间进行资金合理调剂使用，这样，既有利于上级政府补助工作的操作，又保证了较高的资金使用效率。另外，在确定是否进行财政转移支付时，还需综合考虑各地的财政状况，规定各区(市、县)政府对职业教育投入的程度。

第二，专项转移支付的优化。既要考虑公平问题，也要考虑效率问题。对于职业学校的危房改造、示范校的创建和建设等的专项资金，应当坚持公平原则，农村和一般职业院校增投教育经费，优先满足农村教育发展的基本需要，从而缩小城市和乡村职业院校的差别。对于职业教育信息化建设、重点专业建设、重点学校建设等为提高办学水平设立的专项资金，应当坚持效率优先原则，以扶持部分学校办学质量和教学设施的改善。同时，考虑到各地区职业教育发展的不均衡现状，城乡一体化发展应作为专项转移支付的重点，如在危旧房改造方面的资金投入应占专项资金的 60%~70%。对于重点学科的建设要突出资金的使用效益，可以通过建立项目库进行科学化、规范化管理，并以组织申报的方式进行资金安排，确保经费的投入不是只投不收，最终促使投、管、用都得到有效的保证。

由于目前农村职业教育机构还缺少有章可循、有法可依的经济来源渠道，所以，在国家仍未出台有关保障农村职业教育投入相关法律的情况下，可考虑出台《农村职业教育投入保障条例》，以法律的形式规定各级政府义务，确保农村职业教育投入达到占 GDP 相应指标的目标，使农村成人教育办公室、劳动与社会保障局、教育系统在具体的教育投入工作上有法可依，落实到位。此外，各区县还应积极探索其他新的教育投入体制和投资渠道。

三、规范职业教育集团办学

据统计，高职院校的经费需求是普通本科院校的 2.5 倍。[①] 高投入是

---

① 王梦云.现阶段职业教育的法律思考 [J].山西大学学报(哲学社会科学版)，2007，(6)：102-105.

发达国家发展职业教育的普遍做法，但目前我国大多数省份的职业学校大多面临着经费困难问题。造成此种状况的原因是多方面的，其中，缺乏法律制度的有力保障是一个重要原因。《教育法》第七章第五十五条规定"各级人民政府教育财政拨款的增长应当高于财政经常性收入的增长"。而《职业教育法》第四章第二十七条尽管规定"各级人民政府、国务院有关部门用于举办职业学校和职业培训机构的财政性经费应当逐步增长"，但增长多少，以什么样的速度增长却没有做出硬性规定。

(1)促进职业教育投资行为法制化和具体化。政府应修订《职业教育法》，明确规定各级人民政府职业教育财政拨款的增长应当高于财政经常性收入的增长。同时，我国现在已进入"以工促农、以城带乡"的发展阶段，各级地方政府还可出台将城市教育费附加用于农村职业教育集团办学的政策，促进城乡职业教育、区域职业教育与各层次职业教育的统筹发展。

(2)在区域分配结构上，政府应充分发挥财政转移支付制度对均衡农村职业教育集团发展的作用。财政转移支付属于国民收入再分配的范畴，是政府利用国民收入再分配的权力，根据社会的实际需要，采用财政补贴的方式对社会中部分有特殊需要的人群进行资助，其主要目的是维护社会的公平和稳定。用于均衡农村职业教育集团发展的财政转移支付因其有特定的目的和使用方向，能有效地弥补我国农村职业教育发展的资金缺口。

(3)完善职业教育人才培养成本分担机制。根据"谁受益，谁投资"原则，政府要明确企事业单位在职业教育人才培养中应承担的责任，并确定政府、企事业单位及个人在职业教育人才培养成本中所应承担的比例。建立企业参与职业教育集团化办学的补贴制度。政府可以通过减免税收等政策对企业因进入职业教育集团而产生设备场地的损耗给予必要的补偿。

四、加强职业教育队伍统筹

职业教育教师队伍发展不平衡，农村职业教育师资匮乏、水平不高是制约职业教育统筹发展的又一重要问题，可以说教师资源的失衡严重制约了教育的发展和教育公平的实现，而职业技术教育师资失衡最根本的问题又主要在于缺乏优质职业教育师资。

1.想方设法加快教师补充数量，要在体制机制上解决教师补充渠道单一、管理不畅问题，扩大职业学校用人自主权，实现教师补充多元化

研究制定单独的职业院校教师编制标准。在制定职业院校教师编制标准主要考虑以下因素：一是根据阶段发展、城乡差异、区域特色和职业院

校类型的不同特点，因时因地制定体现特点、适应发展要求的单独的职业院校教师编制标准，不能一个标准固定不变；二是考虑专任教师和专业教师分别在教职工、专任教师中的合理比例，体现职业教育应用性和专业性特点；三是实行灵活的非固定编制，非固定编制教师招录工作由职业院校负责，实行人事代理制；四是要改革职业教育教师补充和准入制度，实现教师补充多元化。教育、人事行政部门在制定职业教育教师编制标准、加强教师编制管理的基础上，应放权于学校，实行由学校自主聘用教师制度。改革职业教育教师招录办法，正式编制教师实行以市级人事部门(或教育行政部门)组织职业教育理论考试作为门槛、以学校组织的教学技能考核为主要的招录标准；对于聘用制教师，市级有关部门只管按指标核拨经费，具体选聘由职业院校决定，扩大职业院校的用人自主权。加大职业教育教师补充力度，打破职业院校与企业行业在专业技术人才流动的壁垒，疏通流动渠道，允许职业院校不受身份限制，面向企业公开招聘具有丰富实践经验的高级技师担任"双师型"教师，提高来自行业、企业一线的兼职专业教师的比例。进一步完善兼职业技术教育师聘用政策和相关管理办法。每年遴选一定数量应用技术本科及以上应届毕业生到企业进行半年实践后到职业院校上岗任教。建立职业教育教师基本职业技能培训和鉴定中心，对志愿从教的非师范专业的专业技术人员进行培训和考核，合格者充实到职业学校任教。开展职业教育师资免费师范生试点工作，鼓励支持一部分品学兼优、志愿当老师的学生到职业学校尤其是农村职业学校任教。

2.统筹"双师型"教师和"名师"队伍的培养力度，建立和完善职业教育教师培养培训体系，不断提高师资队伍总体质量

在当前职业教育教师专业化水平不高的情况下，为适应教师队伍专业化发展的长远需要，必须进一步加大"双师型"教师和"名师"队伍的培养力度。以重庆市为例，重庆市根据"双师型"教师的建设规划、培训进修问题，加大对"双师型"教师队伍建设的经费投入，市职业技术教育师资培训经费主要应用于"双师型"教师培训。研究并制定《重庆市中等职业学校"双师型"教师认证标准》，设立初、中、高级"双师型"教师认定指标体系，每年定期进行教师认证，建立"双师型"教师资源库。建立职业院校"双师型"教师市级培训、异校访学和企业实践制度，为"双师型"教师的专业发展提供支持和帮助。把加强"双师型"教师队伍建设工作与学校的评先评优、绩效考核等工作结合起来，在对中等职业学校进行达标、创重、创示范等检查验收时，把"双师型"教师的数量和质量作为

参照的重要内容之一。要建立中青年骨干教师及学科带头人"名师"培养制度，通过骨干教师培训、课题研究、学术交流、学历学位提升等措施，促使他们尽快成长为具有系统教育理论基础和丰富教育教学、科研实践经验，在教书育人和科研实践方面成绩突出，在较大区域内有重要影响的职业教育"名师"。

要建设一支数量充足、结构合理的"双师"和"名师"队伍，必须坚持政府、行业企业和学校相结合的方针，建立和完善职业教育教师培养培训体系，采取面向全体、重点培养、择优资助、动态管理、不断优化的办法，形成多层次、多渠道的优秀职业教育教师培养培训新格局。一是建立完善职业教育教师培训制度，制订详尽明确的培训规划和计划，完善教师培训证书制度，建立科学有效的教师培训激励机制，建立健全教师培训保障机制、监管机制和评估督导机制，以确保培训工作健康、有序地开展。二是认真落实和加大职业教育教师培训经费，因地制宜地建立教师培训的经费分摊机制，明确政府、行业企业、职业院校和教师个人承担的费用项目或比例。积极争取国家培训经费，明确行业企业培训经费投入、加强培训专项投入，加强各类培训经费统筹管理，严禁挪用和挤占教师培训经费，保证足额专款用于教师培训。三是加强职业教育教师培训基地建设。联合高校、企业加强国家级和市级职业教育教师培训基地建设，建设多个国家级的师资培训基地，对全市职业教育教师进行分批轮训，聘请国内外高水平技师到培训基地授课培训。对国家级和市级职业教育教师培训基地要加强统筹规划，高标准严要求进行建设和管理。四是加强职业教育教师职前培养和职后培训一体化建设，在本科师范院校开办职业教育师资专业，与企业联合办学，实行联合培养制；在条件具备的高校可开设职业教育专业硕士，以培养高水平的职业教育师资。

3.从制度上要建立健全职业教师聘任制度、职称评审制度和社会保障制度

职业教育统筹发展需要建立一种能满足职业学校需要的教师聘任制度，以减少职业学校教师队伍的固定编制比例，扩大流动编制比例。高水平的教师可以跨校兼课，社会、企业的高级技术人员可以兼职授课，改变职业学校教师来源结构单一的状况，加强职业学校同社会、企业高级技术人员的流动。改革完善职称评审机制。建立单独的职业院校教师专业技术职务系列，单独设立职业教育教师专业技术职务评审制度，对"双师型"教师的职称评审，要把教师参与企业技术研发的成果，教师本人参加或带领学生参加技能大赛获得的奖项，教师组织学生到企业进行专业实践、实

习的时间与成效要求等内容作为评审的重要条件。建立健全社会保障制度。针对职业教育教师社会保障需求多元化的特点，应分类建立职业教育教师社会保障制度。对公办职业教育教师，应尽快实行绩效工资制度，依法保证职业教育教师平均工资水平不低于甚至高于国家公务员平均工资水平并逐步提高；对民办职业教育教师，应督促民办学校举办者，提高薪酬水平，购买"三金五险"，免除其后顾之忧；对公办职业院校招聘的教师，应为解决他们的"身份"问题，市教育行政部门可成立劳务派遣公司，实行工作派遣制度，把个人利益与学校的发展联系起来。

第三节　职业教育统筹发展的政策制度保障

职业教育统筹发展的资源配置保障是第三位的保障。主要包括统筹职业教育发展规划，实施职业教育一体化发展工程、建立职业教育帮扶政策，出台一系列吸引各种力量投资办学的补贴政策等基本措施。

一、统筹职业教育发展规划

在统筹制订职业教育发展规划时，应注意统筹职业教育与经济社会协调发展、统筹职业教育与基础教育、高等教育协调发展，统筹职业教育城乡、区域协调发展，统筹制订职业教育内部结构和布局规划。

一是统筹职业教育与经济社会协调发展。根据区域发展目标和趋势以及经济、社会、教育发展情况和未来产业结构调整，全面推动职业教育随着经济增长方式变"动"，跟着产业结构调整升级"走"，围绕企业人才需要"转"，适应社会和市场需求"变"，着力推进教育与产业、学校与企业、教材内容与职业标准、专业设置与职业岗位的深度对接，不断增强职业教育服务经济社会发展、服务经济结构调整、服务产业建设、服务城乡统筹、服务现代农业发展的针对性和实效性，主动适应区域经济发展方式转变、战略性新兴产业的发展和产业结构优化升级的需要，为满足区域经济社会发展提供更大的智力支持、技能支撑和人才贡献。

二是统筹职业教育与基础教育、高等教育协调发展。例如，重庆市把职业教育纳入《重庆中长期教育与改革发展纲要》的总体框架下，统筹职业教育与其他各类教育的协调发展，统筹中职与高职的协调发展，统筹职业学校教育与职业培训的协调发展，统筹职业教育规模、质量、结构、效益的协调发展。

三是统筹职业教育城乡、区域协调发展。要以农村职业教育为重点，加大对城市（经济腹地）中的农村职业教育发展，城市繁荣圈内的城市职业教育重在整体优质发展，重在品牌特色发展。城市职业教育要捆绑帮扶、辐射引领农村职业教育，推动城乡职业教育、区域职业教育与各层次职业教育走向"特色发展"和"一体化发展"。

四是统筹制订职业教育内部结构和布局规划。要根据区域内产业结构和布局，适时适地调整职业教育的专业结构，合理规划国家级示范职业学校、国家级职业教育师资培训基地、国家级职业教育精品课程等优质资源的布局，重点向区域内新兴发展产业所需要的专业倾斜，在区域布局时，要重点兼顾农村薄弱地区的发展。

二、实施职业教育一体化发展工程

城乡职业教育、区域职业教育与各层次职业教育发展一体化不是"削峰填谷"式发展，不是"整齐划一"和"限制性"的发展，而是一种协调的发展和动态的均衡，它要求在城乡互动、共生和交融的过程中通盘考虑农村职业教育的发展问题。因此，为促进城乡职业教育、区域职业教育与各层次职业教育一体化发展，在建立健全领导和督导制度的同时，还要实施相应的城乡职业教育、区域职业教育与各层次职业教育一体化发展工程。因此，要实现职业教育一体化，应当从以下几方面入手：

1.办学基础实现一体化

首先，政府与职业学校应优化高职院校的专业设置，避免每个学校陷入专业设置一味追求大而全的思想桎梏。职业院校走"特色办学"之路，就应当以办"特色专业"为突破口和检验标准。引导职业院校根据自己的文化传统和特色优势，集中人力、物力、财力办好具有优势和特色的几个甚至是一个专业，在统一的标准下，实现规范化办学，从而形成职业教育的特色办学模式，给城乡学生提供更多的选择。其次，推动优质职业教育资源的正常流动和充分整合，实现城市优质教育资源向农村地区流动的常态化帮扶模式，使城乡优质高职业技术教育育资源同步扩增，合理分布。第三，在办学场地、校舍面积等硬件基础设施上，实现规范化建设，保证城乡学生都享受到优质的校园环境；同时，充分利用互联网的便捷，大力发展现代远程教育，利用现有信息网络资源优势，进一步推动提升农村职业学校的专业建设、课程建设力度，提升办学水平。

2.师资队伍建设实现一体化

首先，加快教师补充数量，要在体制机制上解决教师补充渠道单一、管理不畅问题，扩大职业学校用人自主权，实现教师补充多元化。要改革职业学校教师补充和准入制度，实现教师补充多元化。其次，重点加强农村职业院校师资队伍的建设。从政策、经费、制度等各个方面对农村职业院校师资队伍建设提供积极的支持和切实可行的帮助，定期对教师进行新知识、新技术、新方法的全员培训和继续教育，不断提高教师综合素质。第三，继续加强和完善现有的城乡"校对校"一帮一的活动。定期选派优秀中青年骨干教师到相对薄弱的农村职业院校支教、示教；定期选派各级、各类优秀中青年管理人员到相对薄弱的农村职业院校挂职；定期选送农村职业院校的教师到城市师范院校进修。实行教师流动制，鼓励教师到农村职业院校任教，以调节和改变现在各高职院校存在的师资力量和教学水平不均衡的现象。

3. 办学水平上实现一体化

首先，保持规范管理水平的一体化。职业院校应对遵循国家的政策、法规进行规范运作，力求在规范中创新。学校的管理制度不应随领导的变化而改变规章制度，影响整个学校的管理水平和办学风格。要进一步创新和完善教育督导的管理办法和细则，做到有章可循、按章办事，确保在一定制度的监督下，各高职院校的管理水平达到基本均衡。其次，建立、健全教育管理经验交流制度。定期举办各级、各类领导干部，管理人员，教师代表的专门论坛；经常召开各种经验交谈座谈会，分享教学管理中的经验和教训；举办教师说课、授课大赛；开展教学改革、教学创新等研究活动。不断的总结经验，宣传经验，潜移默化的影响、带动各高职院校的共同发展。

因此，在城乡二元结构突出，城乡差距加大的现实背景下，各地区需要在城乡一体化的趋势下，探索城乡职业教育、区域职业教育与各层次职业教育一体化发展的体制和机制，推进职业教育办学模式改革，探索规模化、集团化、一体化的办学路子，但一体化不是平均化，要在承认差距、缩小差距的理念下实现城乡职业教育的共同增长。

三、制定完善职业教育法律法规

完善法律法规是政府管理促进职业教育发展的有效手段，是政府统筹协调职能的重要内容和最鲜明体现。改革开放以后，我国在《教育法》的基础上，先后出台了《职业教育法》、《教师法》、《社会力量办学条例》、《就业准入制度》、《中外合作办学条例》等法律法规，在规范职业教育的发展方面起到了重要的保障和促进作用，但随着形势的发展，尤其是在大力加强职业教育城乡统筹发展方面，我国的法律法规体系还有欠完备。为此，我们当务之急，一是要完善现行的《职业教育法》，明确规定职业教育在经济社会发展中的战略发展地位并有具体措施予以落实，明确各级政府统筹协调职业教育发展的管理职能，明确职业教育由省级人民政府统筹、区县政府落实负责、教育部门主管的政府职能和管理体制，明确规定违反职业技术教育法规定、不履行职业教育义务必须承担的法律责任及相应的后果，明确规定政府和企业应是职业教育经费最主要的投入方，明确规定不同地区职业教育经费由政府、企业和个人分担的比例，以及各级政府应该分担的比例等等。二是要尽快出台有利于职业教育城乡统筹发展的规章制度，使城乡职业教育统筹协调发展更有针对性、适宜性和可操作性。如，明确规定城市职业教育有义务和责任帮扶农村职业教育，明确规定农村职业教育经费占职业教育经费的比例，明确规定农村职业教育经费主要由省级政府统筹、市县政府负责，同时实现财政转移支付，明确规定全国农村职业学校生均经费的最低标准。

四、建立职业教育帮扶政策

城乡职业教育、区域职业教育与各层次职业教育帮扶政策不是忽视城市职业教育发展、要求城市"无私"帮助农村职业教育的发展，而是使城乡职业教育、区域职业教育与各层次职业教育实现优势互补，资源共享，共同发展。由于高校的扩招，城市职业学校的生源减少致使优质设备、师资和实训基地闲置浪费；而农村有一些急需职业技能培训的适龄学生，却缺乏优质的资源。所以，可以在城市职业教育和农村职业教育中开展"手拉手"活动。本着平等互惠的原则，在招生、专业设置、学生培养等方面进行整体规划，从而实现资源的最大利益和双方的双赢互惠。结对的城乡职业学校可以在管理干部和专业教师交流、专业建设、课程开发、实训基地建设、行业企业联系、校园文化建设、教学设备、学校信息化建设等方面自由流动。农村职业学校的条件较差，所以职业教育的管理部门与相关城市职业院校，应在校舍改造、设备配备等方面对农村职业学校给护优先保障。同时根据教育经费情况，设立捆绑帮扶发展专项经费，用于支持农村职业学校发展；对到农村职业学校支教的教师，应在其工资待遇、评职评优等方面给予优先考虑，以提高支教教师的积极性。

城乡职业教育、区域职业教育与各层次职业教育一体化发展的关键是农村职业教育的发展，农村经济的落后，贫困家庭的教育投资观念淡薄，使贫困家庭的孩子得不到接受职业教育的机会，而未经受过职业技能训练的孩子走进社会后，必然无法适应社会各行各业对高素质人才的要求。加上经济落后地区职业院校和一般的职业院校因为资金不足、教师待遇不佳，导致教学设施落后与不足，优质师资的缺乏和外流。落后地区职业教育资源的缺失，又造成了贫困家庭学生的职业教育问题。也就是说，尽管贫困家庭把孩子送到了学校，也不能取得很大的收获，于是更多贫困地区、贫困家庭的孩子选择了辍学，这种恶性循环导致了农村职业教育的"势单力薄"。另外，职业教育的对象也是个特殊的群体，据有关调查显示，职业教育80％以上的学生来自于贫困的农村和城市贫困家庭。① 这些学生改善家庭生活境遇的愿望十分强烈，能否改进职业学校的办学水平、专业设备、师资力量等，能否推进城乡职业教育、区域职业教育与各层次职业教育一体化不仅关系到能否为社会、经济发展提供人力资本，而且关系到社会弱势群体及子女能否提升基本生活质量。为此，各级政府应该重视发挥财政在职业教育等公共物品供给方面的功能，特别是提高职业教育学校尤其是农村职业学校的生均经费，为贫困生加大财政拨款，构建合理的家庭经济困难学生资助政策体系，减免贫困生的书费、学杂费，发放生活补贴，使更多的贫困孩子走进学校，从而促进城乡经济的均衡发展以及城乡职业教育、区域职业教育与各层次职业教育的一体化。

五、建立健全职业教育投入保障机制

职业教育在发展的过程中存在着发展不平衡、投入不足、办学条件比较差等现实困难，因而建立灵活多样的投资、办学方式是走出困境的有效途径。因此，政府应降低准入门槛，只要各企业、团体、法人按照一定的标准，按照合法程序提出申请，就应及时把其吸纳过来，为职业教育争取更多的资源，同时在土地、税收、收益分配等方面给予方便，让投资者乐于投资，在农村职业教育的投资方面给与政策倾斜。

1. 倡导联合办学

依托高职院校和企业资源，实行面向市场的订单式培养，即由联办单位进行人才预测，制定招生计划，提供教学设备和实习基地，保证部分经费供应，由职业教育机构负责教育教学，推动职业院校更好地面向社会、面向市场办学。

2. 建立多元化的教育投入格局

要在政府教育投入为主的条件下，大力推进职业教育投入多元化，多

---

① 顾馨梅，苏君阳. 城乡职业教育体化的基本内涵与社会价值探析［J］.中国职业技术教育，2011，（30）：25-28.

渠道、多形式筹集资金，逐渐减少对政府教育投入的过度依赖。一是根据《民办教育促进法》，大力发展各类民办职业学校。这类学校的办学经费主要由企事业和个人筹集，以社会资金为主，政府适当给予补助。二是积极鼓励支持社会力量参与职业教育办学，支持"股份制"、"公司化"、"公办民助"等新型职业学校，运用股份制手段融合社会资金办教育，实现职业学校资产所有权与学校管理权分离。三是将现有部分学校改制为公有民办。在评估资产（包括无形资产）现值的基础上，实行学校改制，转由社会团体、企业或个人举办，改制后的这类学校，基本建设由政府承担，经常性费用则由举办者筹集。四是积极加强职业学校国际合作，吸纳海外资金和项目投入到职业教育中。

　　3.引进绩效预算的方法，改革职业教育经费拨款办法

　　"要建立一套科学合理的教育投入分配机制，必须改变只重视'投入'不重视'产出'的预算分配模式，要把绩效预算的思想和方法引入到重庆市教育投入分配机制，突出教育经费的使用效果，实现教育经费预算分配方法的科学化、合理化，最大限度地用好宝贵的教育预算资源"。具体政策建议如下：一是采用定员定额预算和绩效预算相结合的绩效预算分配模式，即基本经费主要实施定员定额预算法，项目预算支出应当实行绩效预算的方法。二是制定合理的有差异的生均教育经费支出定额标准，要体现各类学校之间、地区之间、城乡之间、学科之间的差异。三是建立科学合理绩效评价体系，基本经费的绩效考评可以与学校办学水平评估结合起来，作为预算经费分配考虑的一个重要因素，专项经费应根据不同项目的特点建立不同的绩效评价标准。四是预算分配要与学校招生规模相联系，而招生规模又要与学校的办学绩效相联系，在预算分配制度上要有利于学校规模合理化，实现可持续的良性发展。

主要参考文献

21 世纪初中国中部地区农村职业教育发展理论和模式的研究与实验课题组. 2001. 发展农村职业教育的比较研究 [J]. 中国职业技术教育, (3).

卞韵. 2009. 职业教育发展的新特点及应注意的问题 [J]. 湖南工业职业技术学院学报, (4).

蔡昉. 2008. 中国农村改革三十年——制度经济学的分析 [J]. 中国社会科学, (6).

陈亮, 袁顶国. 2010. 城乡统筹背景下职业教育发展技术平台建设研究 [J]. 电化教育研究, (9).

褚宏启. 2009. 城乡教育一体化: 体系重构与制度创新——中国教育二元结构及其破解 [J]. 教育研究, (11).

丁国杰, 朱允荣. 2004. 欧盟三国农民教育培训的经验及借鉴 [J]. 世界农业, (8).

董仁忠. 2009. 统筹城乡职业教育发展研究 [J]. 职业技术教育论坛, (11).

顾馨梅, 苏君阳. 2011. 城乡职业教育体化的基本内涵与社会价值探析 [J]. 中国职业技术教育, (30).

郭向勇, 傅国强. 2007. 以模糊数学方法建构多媒体教学质量综合评价体系 [J]. 电化教育研究, (3).

韩立福. 2006 论我国学校教育督导评估范式的转型策略 [J]. 教育理论与实践, (3).

郝文武. 2007 平等与效率相互促进的教育公平论 [J]. 教育研究, (11).

花鸥, 周启国. 2013. 后大众化视野下我国高等职业教育发展——基于理性特征的分析 [J]. 职业技术教育论坛, (30).

黄甫全. 2002. 试论信息技术与课程整合的基本策略 [J]. 电化教育研究, (7).

黄永秀, 朱福荣, 朱德全. 2012. 城乡职业教育一体化发展的保障机制研究 [J]. 职业技术教育论坛, (16).

姜大源. 2011. 中国职业教育发展与改革: 经验与规律 [J]. 职业技术教育, (19).

金凡路. 2013. 职业教育立体多元化项目主题式教学评价构想 [J]. 职业技术教育论坛, (3).

柯春晖. 2011. 城乡统筹发展中的教育政策取向和政策制定 [J]. 教育研究, (4).

李康, 孔维宏. 2007. 现代教育信息资源开发思想探析 [J]. 电化教育研究, (6).

李鹏, 周甜, 林克松, 等. 2013. 重组与优化: 教育资源配置的产权安排 [J]. 教育学术月刊, (10).

李平章. 1993 浅谈教育督导评估的作用 [J]. 大庆社会科学, (7).

李松林. 2013. 基础教育区域性发展战略与实践——基础教育未来发展新特征研究" 专题研讨会综述 [J]. 教育研究, (3).

李涛. 2008. 统筹城乡教育的实践探索 [J]. 教育发展研究, (20).

李涛, 邬志辉, 邓泽军. 2011. 中国统筹城乡教育综合改革: 统筹什么? 改革什么? ——《国家中长期教育改革和发展规划纲要(2010—2020 年)》视域下的 "城乡治理论" 建构 [J]. 西南大学学报(社会科学版), (5).

梁成艾, 朱德全, 金盛. 2011. 论职业教育统筹发展发展的动力机制 [J]. 职业技术教育, (13).

梁成艾，朱德全. 2010. 国外职业教育统筹发展比较研究 [J]. 职业技术教育，(28).

梁成艾，朱德全. 2011. 文化同构境域：职业技术教育城乡一体化发展的体制与机制研究 [J]. 教育与职业，(11).

梁姿，李全生. 2009. 浅析高等教育规模经济的内涵 [J]. 商业时代，(10).

廖晓衡，李岭，宋乃庆. 2012. 城乡统筹下的职业教育战略发展地位与对策研究——以重庆为例 [J]. 教育与经济，(2).

林克松，朱德全. 2012. 从零和博弈到正和博弈：城乡职业教育协同发展的理念变革 [J]. 教育与职业，(5).

林克松，朱德全. 2012. 职业教育均衡发展与区域经济协调发展互动体制与机制研究 [J]. 教育研究，(12).

林毅夫. 2007. 职业教育对缩小城乡差距至关重要 [J]. 中国老区建设，(5).

刘芹茂，杨东. 1992. 我国教育发展的动力机制 [J]. 教育与经济，(3).

刘文君. 2007. 职业教育与经济发展——日本的经验教训对 [J]. 教育与经济，(2).

柳思维，晏国祥，唐红涛. 2007. 国外统筹城乡发展理论研究述评 [J]. 财经理论与实践，(6).

吕洋，周彩. 2008. 挪威统筹城乡发展：措施、成效与启示 [J]. 北京理工大学学报(社会科学版)，(3).

罗豪才，宋功德. 2011. 行政法的治理逻辑 [J]. 中国法学，(2).

马树超. 2003. 关注职业教育的双重属性特征 [J]. 职业技术教育论坛，(13).

毛健. 2005. 发展职业技术教育培养技能型人才——南非的经验和启示 [J]. 现代教育科学，(1).

南国农. 2002. 教育信息化建设的几个理论和实际问题 [J]. 电化教育研究，(11).

倪花. 2006. 协调发展初论 [J]. 理论学习与探索，(1).

欧阳河. 2005. 职业教育基本问题初探 [J]. 中国职业技术教育，(12).

亓国俊，庞学光. 2008. 德国"双元制"职业教育内涵的多维度分析 [J]. 教育发展研究，(11).

萨丽·托马斯. 2005. 运用"增值"评量指标评估学校表现 [J]. 教育研究，(9).

施丽红，朱德全. 2012. 和谐共生：职业教育统筹发展体制与机制研究 [J]. 高等教育研究，(1).

宋乃庆. 2009. 教育对经济发展的贡献测度：重庆的证据 [J]. 改革，(5).

王念哲. 2009. 和谐视域中的我国职业教育管理体制创新 [J]. 职业技术教育论坛，(6).

王书林，林克松，朱德全. 2010. 职业教育统筹下学生媒介素养教育的现实与路径 [J]. 职业技术教育，(13).

王忠厚，朱德全. 2011. 城乡统筹背景下职业教育信息资源共享研究 [J]. 电化教育研究，(1).

邬志辉. 2012. 中国农村职业教育的战略转型 [J]. 社会科学战线，(5).

吴志樵. 2011. 教育督导与素质教育 [M]. 沈阳：辽海出版社.

邢晖. 2012 职业教育督导亟待加强——对全国省、地两级督导的调查与思考 [J]. 中国职业技术教育，(13).

阳作林，梁成艾，朱德全. 2010. 职业技术教育城乡统筹发展理论基础研究：系统科学视角 [J]. 职业技术教育论坛，(4).

杨俊，黄潇. 2010. 基于教育差距引致农村贫困的背景观察 [J]. 改革，(3).

袁顶国，朱德全. 2010. 职业教育城乡统筹研究多重理论视角探寻 [J]. 职教论坛，(16).

翟海魂. 2008. 比较视野下职业教育的时代特征 [J]. 职业技术教育，(11).

张家琼. 2010. 重庆职业教育统筹发展背景研究：本体系统的视角 [J]. 职业技术教育，(28).

张瑞，朱德全.2010.城乡统筹背景下职业教育课程资源开发与信息技术整合研究［J］.电化教育研究，(10).

赵旭东.2008.乡村成为问题与成为问题的中国乡村研究——围绕"晏阳初模式"的知识社会学反思［J］.中国社会科学，(3).

张家琼，沈军.2010.城乡统筹背景下职业教育模拟教学实训基地建设研究［J］.电化教育研究，(10).

朱德全，林克松.2010.重庆职业教育统筹发展理论研究——经济学的视角［J］.教育与经济，(3).

朱德全，等.2010.政策建议报告：重庆市职业教育统筹发展研究［R］.

朱德全，林克松.2011.信息技术视角下的职业教育统筹发展理论研究［J］.教育与职业，(1).

朱德全.2012.和谐与互动：职业教育均衡发展的体制机制研究［J］.河南大学学报(社会科学版)，(9).

朱德全.2012-9-24.职业教育促进经济社会发展［N］.光明日报.

朱德全，杨鸿.2012.职业教育城乡均衡发展问题表征与统筹保障——以重庆市为例［J］.教育研究，(3).

朱德全，李鹏.2013.论城乡职业教育统筹的多重治理逻辑［J］.西南大学学报(社会科学版)，(4).